아산재단 연구총서 제418집

국내 출생 다문화가정 청소년의 아픔과 분투

사회적 차별로부터의 회복과 성장

국내 출생 다문화가정 청소년의 아픔과 분투: 사회적 차별로부터의 회복과 성장

This Edition was published by Jipmoondang Publishing Co. in 2017, Seoul, Korea.

아산재단 연구총서 제418집

국내 출생 다문화가정 청소년의 아픔과 분투
사회적 차별로부터의 회복과 성장

서 영 석

집문당

서영석(徐永錫) 고려대학교 심리학과 졸업
University of Minnesota 교육심리학과 상담심리 전공 석사 졸업
University of Minnesota 교육심리학과 상담심리 전공 박사 졸업
현재 연세대학교 교육학과 교수
백근영(白僅英) 연세대학교 대학원 교육학과 박사과정
이상학(李相學) 연세대학교 대학원 교육학과 석사과정
이정윤(李廷允) 연세대학교 대학원 교육학과 석사과정
황인지(黃仁智) 연세대학교 대학원 교육학과 석사과정

아산재단 연구총서 제418집

국내 출생 다문화가정 청소년의 아픔과 분투
사회적 차별로부터의 회복과 성장

2017년 4월 20일 1판 1쇄

저 자 | 서영석
발행인 | 임동규
발행처 | **집문당**
등 록 | 1971. 3. 23. 제300-2012-69호
영업부 | 10881 경기도 파주시 광인사길 85
(02)743-3192~3 팩스(02)742-4657
전자우편 | sale@jipmoon.co.kr
편집부 | 03134 서울시 종로구 돈화문로 82 집문당빌딩 5층
(02)743-3096~7 팩스(02)743-0227
전자우편 | edit@jipmoon.co.kr
홈페이지 | www.jipmoon.co.kr

편 집 | 장이지
디자인 | 임용우

ISBN 978-89-303-1756-6
978-89-303-1500-5(세트)

가격 15,000원

이 도서의 국립중앙도서관 출판시도서목록(CIP)은 e-CIP홈페이지(http://www.nl.go.kr/ecip)와
국가자료공동목록시스템(http://www.nl.go.kr/kolisnet)에서 이용하실 수 있습니다.
(CIP제어번호: CIP2017008252)

머리말

세상 어디든 '소수자'로 살아가는 것은 힘든 일이다. 유독 소수자에게 관대하지 않은 우리 사회에서 피부색깔과 언어, 종교가 다른 소수자로 살아가는 것은 더더욱 버거운 일이다. 소수자로 10년 이상 외국에서 생활한 적이 있는 저자로서는 이들의 경험이 낯설지가 않다. 본 연구는 소수자로서의 개인적인 경험과, 최근 들어 소수자에 대한 관심이 부쩍 증가한 우리사회의 현실, 그리고 최근 몇 년 동안 '외상(또는 역경) 후 성장'이라는 키워드로 관계에서 고통받는 청소년들을 만나본 경험이 동인이 되어, 우리사회의 소수자인 다문화가정청소년들의 차별 경험과 회복 및 성장이라는 주제로 연구를 시작하게 되었다.

차별을 경험한 사람들이 모두 외상(trauma)과 같은 고통스러운 증상을 보이는 것도 아니고, 차별을 경험한 사람들이 모두 회복하고 성장하는 것은 아니지만, 차별과 고통의 과정을 견뎌낸 후 이를 극복했을 뿐 아니라 이전보다 더 성장한 모습을 보이는 다문화가정 청소년들이 있지 않을까 궁금했다. 누구에게나 차별경험은 끔찍한 일이지만, 관계 가운데 더 성장해야 할 청소년들에게 사회적 차별은 자신의 정체성마저 흔들 수 있는 괴물과 같은 경험임에 틀림없다. 차별을 경험했어도 주저앉지 않고 회복하고 성장한 청소년들을 만날 수 있다면, 이들이 터득한 노하우와 지혜를 끌어낼 수만 있다면, 지금 이 순간에도 차별의 희생자로 어려움을 겪고 있는 다문화가정청소년들에게 실질적인 도움을 줄 수 있을 거라 판단했다. 본 연구에서 어떤 성과가 있다면, 그것은 모두 차별로 인해 힘들어 하고 고통 가운데 이를 극복하고 성장한 연구 참여자들의 몫이다.

연구 시작부터 마지막까지 열과 성으로 전국에 있는 다문화가정청소년들을 만나 인터뷰를 진행한 백근영, 이상학, 이정윤, 황인지 선생에게 고마움을 전한다. 자료수집에 도움을 주신 모든 분들, 연구를 허락한 아산사회복지재단, 책을 출간하는 데 도움을 주신 도서출판 집문당에게도 감사의 마음을 전한다. 무엇보다, 자신의 아픈 이야기를 마다하지 않고 연구진에게 전해준 연구 참여자들에게 감사하고 싶다. 무책임하게 희망을 이야기하는 것은 이들이 마주한 날 선 현실을 왜곡하는 것임을 잘 알고 있지만, 그래도 이들 앞에 보석처럼 빛나는 찬란한 인생이 펼쳐지기를, 우리사회에 소수자를 존중하고 다양성을 축복하게 될 날이 곧 도래하기를 소망해 본다.

2017년 이른 봄 신촌에서

대표 저자 서영석

| 차 례 |

제3장 연구 방법 · 29

제4장 연구 결과 · 57

| 표 차례 |

| 그림 차례 |

제1장

서 론

제1장 서 론

1. 연구의 필요성과 목적

최근 악성 댓글로 인해 상처받는 다문화가정 청소년이 사회문제화 되면서 이들이 경험하는 사회적 차별에 대한 관심이 높아지고 있다(동아일보, 2013. 05. 06). 여성가족부가 실시한 조사에 따르면, 사회적 차별을 경험한 다문화가정 자녀 비율은 2009년 36.4%에서 41.3%로 증가하였고, 또래에게 폭력을 당한 다문화가정 자녀 또한 약 63%에 달하는 것으로 나타났다(정예리, 이숙희, 2009). 다문화가정 자녀들은 한국에서 태어나 한국 아이들과 동등한 교육을 받고 있음에도 불구하고, "다문화"라는 언어 자체가 주는 낙인으로 또래관계에서 따돌림, 폭력, 무시, 배제 등과 같은 어려움을 경험한다(조민식, 송시형, 2012). 사회 전반의 비우호적인 태도, 편견, 차별로 인해 다문화가정 자녀의 소외감과 박탈감은 더욱 가중되고(양계민 등, 2012), 이후 비행 및 심리적 부적응에 영향을 미친다(전영실, 신동준, 박상희, 김일수, 2012). 이런 현실에도 불구하고 지금까지 이들이 경험한 사회적 차별을 다룬 연구는 소수에 불과하며, 관련 연구에서도 다문화가정 자녀가 한국사회에서 어떤 차별 경험을 겪고 있고 이를 극복하기 위해 어떤 노력을 하는지 심도 있게 살펴보지 않았다(정예리, 이숙희, 2009; 조민식, 송시형, 2012; 최운선, 2012).

1997년 이후 그 수가 급증한 국내 다문화가정 자녀들은 이제 청소년기에 진입하고 있다. 청소년기는 신체가 급격히 변화하고 새로운 사회적 압력과 요구에 직면하면서 자신의 존재를 탐색하게 된다. 따라서 이 시기에 형성하는 긍정적인 자아개념은 이후 발달단계에서 경험하는 위기를 극복할 수 있는 원동력이 된다. 반면, 청소년기에 충분한 사회적 지지를 경험하지 못할 경우 부정적인 자아상을 형성하게 되고, 우울, 불안 등의 심리적 어려움을 경험할 수 있다(오승환, 2001; Jessor, Turbin, & Costa, 1997). 특히, 다문화가정 청소년은 사회로부터 편견 및 차별 등 거부와 배척을 경험한다고 보고되는데, 이는 다문화가정 청소년이 긍정적인 자아상을 확립하고 이후 건강한 성인으로 성장하는 데 있어 부정적인 영향을 미칠 가능성이 있음을 시사한다.

한편, 인종/민족적 소수집단 청소년이 경험하는 사회적 차별은 외상 사건으로 간주된다(Bryant-Davis & Ocampo, 2005). 사회적 차별은 가해자—피해자 형태로 나타나고 사회 체제 내 약자의 지속적인 피해 경험을 포함하기 때문에 강간 또는 가정폭력과 유사한 정도의 외상 사건으로 인식된다(Bryant-Davis & Ocampo, 2005). 실증적 연구들에서도 사회적 차별을 경험한 소수민족 집단 청소년은 전쟁, 강간, 가정폭력 등 다른 종류의 외상 사건을 경험한 청소년과 유사한 정도의 외상 후 스트레스 장애를 보고하는 것으로 나타났다(Braunt-Davis & Ocampo, 2005; Butts, 2002; ComasDiaz & Jacobsen, 2001; Johnson, 1993). 즉, 청소년기에 경험하는 사회적 차별은 극복해야 할 외상 사건 중 하나로서, 심리적 장애를 유발하는 주요 병인이며(Carter, 2007; Scurfield & Mackey, 2001), 국내 다문화가정 청소년의 건강한 성장과 발달을 위해 주목해야 할 현상이라 할 수 있다.

이미 국내 문헌은 다문화가정 청소년이 경험하는 사회적 차별 수준이 심각한 것으로 보고하고 있다. 이들에 대한 편견적 태도뿐만 아니라(심우엽, 2010; 임주용, 오윤자, 2010), 사회 전반에 만연한 결혼이주여성, 외국인노동자, 새터민 등과 같은 이주 1세대에 대한 배타적 태도가 이들 자녀에게 투사됨으로써 다문화가정 자녀는 소외감과 박탈감을 이중으로 경험하고 있다(박주희, 정진경, 2007; 오성배, 2005; 정하성, 우룡, 2007). 사회 및 가정에서 경험하는 스트레스와 고립감은 다문화가정 자녀들에게 부정적인 자아상 확립, 우울, 불안, 공격성 등과 같은 정서적 부적응, 비행, 약물 사용 등과 같은 행동상의 부적응을 유발한다(고홍월, 황매향, 2012; 박주희, 정진경, 2007; Rudmin, 2003; Vivero & Jenkins, 1999). 더욱이, 사회적 차별 경험은 다문화가정 청소년의 이후 직업 선택, 결혼, 자녀 양육 등에 부정적인 영향을 미칠 수 있기 때문에 안정적이고 행복한 삶을 영위하기 어렵게 만들 가능성이 매우 높다(Spencer & Markstorm-Adams, 1990).

그러나 국내 문헌에서는 다문화가정 청소년이 경험하는 사회적 차별을 외상 사건으로 인식하지 않고 있을 뿐 아니라 그로 인한 증상에 주목하지 않고 있어, 차별로 인해 심리적 어려움을 해소할 수 있는 구체적인 도움을 제공하지 못하고 있다. 더욱이, 외상 사건을 경험한 사람은 외상으로 인한 심리적 어려움을 극복하고 이전보다 더 성장할 가능성이 있다. 하지만 기존 문헌에서는 차별 경험을 부정적으로만 바라보기 때문에 외상 사건으로서의 차별경험에 대한 포괄적 이해를 제공하는 데 한계를 지니고 있다(최운선, 2012; Tedeschi & Calhoun, 1996).

만일 사회적 차별과 관련된 외상이나 스트레스를 경험하더라도 이를 극복하고 이전보다 더 성장한 다문화가정 청소년이 존재한다면, 이들의 개인적 특성과 보호 요인을 도출할 경우 사회적 차별을 경험하고 이로 인해 힘들어 하는 다문화가정 청소년의 적응을 돕는 데 유용한 시사점을 제공할 수 있을 것이다.

2. 연구 목적 및 연구 문제

이 책에서는 다음과 같은 연구 목적을 달성하고자 하며, 각 연구 목적을 달성하기 위해 아래와 같이 연구 문제를 설정하였다.

연구 목적 1. 다문화가정 청소년이 한국사회에서 경험하는 외상 사건으로서의 사회적 차별과 관련 증상을 살펴보고자 한다.

연구 문제 1-1) 다문화가정 청소년은 어떤 종류의 사건을 사회적 차별로 인식하는가?

연구 문제 1-2) 다문화가정 청소년은 사회적 차별로 인해 어떤 외상 관련 증상들을 나타내는가? (예, 인지, 정서, 행동, 대인관계, 학교생활 등)

연구 목적 2. 다문화가정 청소년은 어떤 측면에서 사회적 차별로부터 회복하였고, 회복에 영향을 미친 요인은 무엇인지 살펴보고자 한다.

연구 문제 2-1) 다문화가정 청소년은 사회적 차별 경험 이후 어떤 측면에서 회복하였는가?

연구 문제 2-2) 다문화가정 청소년이 사회적 차별을 경험한 후 회복하는 과정에서 영향을 미친 요인은 무엇인가?

연구 목적 3. 다문화가정 청소년이 사회적 차별을 경험한 후 성장한 내용 및 영역, 이러한 성장에 영향을 미치는 요인을 살펴보고자 한다.

연구 문제 3-1) 다문화가정 청소년은 사회적 차별을 경험한 후 어떤 측면에서 성장하였는가?

연구 문제 3-2) 다문화가정 청소년이 사회적 차별을 경험한 후 성장하는데 있어서 영향을 미친 요인은 무엇인가?

3. 용어의 정의

1) 다문화가정 청소년

법제처(2011)의 「다문화가족지원법」을 바탕으로 한국에서 출생하였고 한쪽 부모가 출생 시 외국인인 가정의 2세 중 현재 만 13세 이상 만 18세 이하의 청소년들로 조작적 정의하였다.

2) 차별

Carter(2007)의 정의에 따라 기본적으로 평등한 지위의 집단을 자의적 기준으로 불평등하게 대우함으로서 특정 집단을 사회적으로 격리시키는 행위인 통제 형태로 정의하였다. 차별의 종류로는 간접적 차별(배제, 접근의 어려움, 정보 제한, 기만당함), 직접적 차별(육체적, 대인관계적, 언어적 공격, 고정관념을 바탕으로 대우, 위험 또는 범죄자로 가정함), 사회구조적 차별(입시 제한, 자격에 대한 의문 등)이 있다.

3) 외상 사건

서영석, 조화진, 안하얀, 이정선(2012)의 정의에 따라 자신 및 타인의 생명과 신체적 안전을 위협하고, 자기개념 및 관계 패턴, 대응기제 및 대처 능력 등을 위협하는 것으로 인식되는 일회성 또는 반복적인 사건으로 정의하였다. 차별과 관련된 구체적인 사건들은 정예리와 이숙희(2009)의 연구를 참고하였다.

4) 외상 증상

이 책에서는 외상 사건으로 인한 인지, 정서, 행동, 대인관계, 학교생활 측면에서 나타나는 부정적 상태를 외상 증상으로 정의하였다.

5) 외상 회복

Harvey(1996, 2003)가 제시한 여덟 개의 영역 중 한 개 이상의 영역에서 사회적 차별로 인해 경험한 부정적 상태(심리 · 정서적 외상)에서 본래의 상태로 복원된 것을 외상 회복으로 정의하였다.

6) 외상 후 성장

이 책에서는 Calhoun와 Tedeschi(1990)의 정의를 바탕으로, 차별과 관련된 사건으로 인한 심리 · 정서적 외상에서 사건 경험 이전보다 특정 영역(자아상 또는 대인관계의 변화, 새로운 삶의 가치관 형성 등)에서 더 향상된 긍정적 변화가 있을 경우 이를 성장한 것으로 간주하였다.

제 2 장

이론적 배경

제2장 이론적 배경

1. 연구의 필요성과 목적

외상 후 스트레스 장애(posttraumatic stress disorder; PTSD)가 1980년대 이후 진단 및 통계편람(Diagnostic and Statistical Manual: DSM)에 공식 정신 장애로 포함되면서, 외상 사건과 이로 인한 심리적 외상이 학자와 임상가들에게 주목을 받기 시작하였다. 한편, 외상 후 스트레스 장애 진단 기준은 DSM-5(American Psychiatric Association, 2013)가 출판되기 전까지 주로 단순 외상 사건으로 국한되었기 때문에, 외상 관련 연구 및 임상 장면에서는 주로 전쟁, 강간, 가정폭력 같은 사건들에 주목하고 이들의 영향을 확인하였다. 그러나 DSM-5에서 일회성의 충격적인 사건뿐 아니라 주기적이고 반복적으로 경험하는 사건을 외상 사건으로 포함시켰고, 자연재해뿐 아니라 타인의 고의적 행동을 외상 사건의 범주에 포함시켰다. 이는 외상이 될 만큼의 스트레스를 야기하는 다양한 사건을 외상 사건으로 파악하고 그 영향을 평가할 수 있게 되었음을 의미한다.

특히, 최근에는 일회성 단순 외상 사건이 아닌 지속적이고 반복적으로 발생하는 사건과 그로 인해 나타나는 복합외상(complex PTSD)에 대한 관심이 높아지고 있다(김지애, 이동귀, 2012; 한노을, 2008). 여기서 복합외상이란 '대인관계에서 지속적이고 반복적으로 경험하는 폭력 또는 이와 유사한 사건으로 인한 외상'을 의미하며, 대표 사례로 아동폭력피해, 포로경험, 난민경험, 성매매나 인신매매(안현의, 2007), 성적 · 정서적 · 신체적 아동학대, 가정폭력 피해, 죽음이나 폭력의 목격(고나래, 2008) 후 경험하는 외상을 들 수 있다. 결국, 다문화가정 청소년이 대인관계에서 경험하는 사회적 차별을 외상 사건으로, 사회적 차별 경험으로 인해 야기되는 심리 · 정서 · 행동상의 어려움을 외상으로 간주할 수 있음을 의미한다.

외상 사건은 성인에 비해 청소년에게 더 많은 영향을 미친다(McCormick, Mathews, Thomas, & Waters, 2010). 구체적으로, 외상 사건은 간섭적 사고와 낮은 주의 집중력 등 인지적 손상을 초래하고(Brewin, Kleiner, Vasterling, & Field, 2007; Vasterling & Brailey, 2005), 우울, 불안 등 정서적 어려움(McComick, et al., 2010)과 품행장애, 충동장애, 또래관계의 문제 등 행동상의 부적응을 야기할 뿐 아니라(우채영, 박아청, 정현희, 2010), 대학입시 등 학업 수행에도 부정적인 영향을 미친다(Rutkowski, Vasterling, Proctor, & Anderson, 2010). 특히, 우리나라 청소년의 경우 '관계에서 경험하는 갈등이나 거절 및 실패' 등 24가지에 이르는 다양한 사건을 외상 사건으로 인식하고 경험한 것으로 나타났다(서영석 등, 2012). 특히, 최근 우리사회에서 문제시되는 학교폭력이나 집단 따돌림 등 또래로부터의 거절이나 관계 갈등을 외상 사건으로 인식하는 경우가 많았다. 발달 시기상 청소년은 기성집단의 간섭과 통제에서 벗어나 개별적 존재로 독립을 시도하는데, 이 과정에서 불안정한 자기 정체성을 경험하게 되고 해소 방안으로 또래 집단에 의존·동조하는 현상이 강하게 나타난다. 결국, 청소년에게 있어 또래의 영향력은 그만큼 클 수밖에 없는데, 또래로부터의 거절이나 관계상의 갈등은 외상 사건으로 인식될 만큼 매우 큰 심리적 영향을 미치게 된다. 청소년기에 외상 사건에 노출될 경우 그 영향은 성인기까지 이어져 이후 다양한 적응상의 문제를 초래할 수 있다. 따라서 이 시기에 경험하는 외상 사건 및 그로 인한 심리·사회적 어려움을 이해하고 이를 극복할 수 있는 개입 방안을 마련하는 일이 중요하다.

앞서 기술한 것처럼, 외국은 인종/민족적 소수자가 경험하는 사회적 차별을 복합외상을 초래하는 외상 사건으로 간주한다(예, Bryant-Davis & Ocampo, 2005). 특히, Carter(2007)는 사회적 차별 경험이 발생 여부 및 시기를 예측하기 어렵다는 점과 지속적이라는 점에서 복합외상 사건으로 분류할 수 있고, 인종, 민족, 문화적 소수집단의 심리적 안정과 적응에 매우 큰 영향을 미칠 수 있다고 주장하면서, '인종에 기반한 외상 스트레스 상처(Race-Based Traumatic Stress Injury)' 모델을 제안하였다. 〈그림 2-1〉에서 볼 수 있듯이, Carter(2007)는 인종적 괴롭힘(적대감), 인종차별(회피), 차별적 괴롭힘(회피적 적개심)과 같은 사회적 차별로 인해 인종/민족적 소수자들은 갑작스럽고 통제가 불가능한 고통스러운 정서를 경험하고, 침범, 회피, 각성과 같은 반응과 불안, 분노, 우울, 낮은 자존감, 죄책감, 수치심 등의 증상을 겪는 것으로 보았다. 실증적 연구들에서도, 차별 경험을 보고한 인종/민족적 소수자 대부분이 차별사건을 스트레스 유발 사건으로 인식하는 것을 확인하였으며(Carter & Forsyth, 2010), 몇몇 연구에서는 차별사건으로 약물남용(Cheng & Mallinckrodt, 2015; Flores, et al., 2010)과 해리증상(Polanco-Roman, Danies, & Anglin, 2016)을 경험하는 것으로 나타났다.

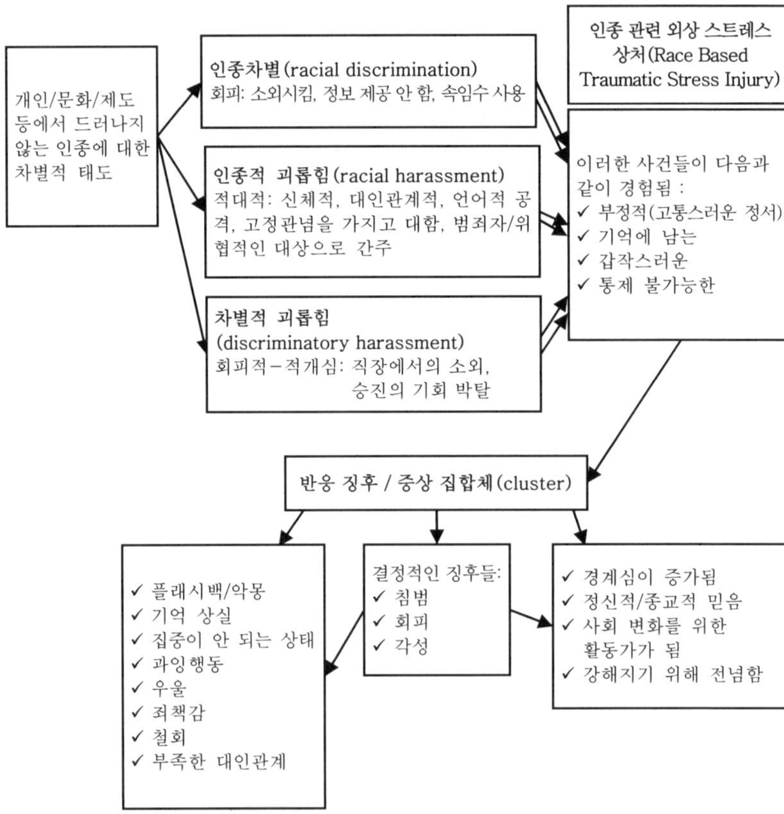

〈그림 2-1〉 인종에 기반한 외상 스트레스 상처 모델(Carter, 2007)

이처럼, 인종/민족적 소수집단 구성원이 경험하는 사회적 차별은 이들에게 지속적인 영향을 끼치는 외상 사건으로 이해할 수 있다. 한편, 국내에서 다문화가정 청소년의 차별 경험을 외상 사건으로 정의하여 구체적 사건의 종류와 내용을 조사한 문헌은 찾을 수 없었다. 다만, 정예리와 이숙희(2009)는 교사의 관점에서 다문화가정 아동이 경험하는 차별의 종류를 살펴보았고, 정예리(2010)는 다문화가정 아동의 입장에서 사회적 차별 경험의 종류를 탐색하였다. 정예리(2010)에 따르면, 연구에 참여한 다문화가정 아동의 50% 이상이 따돌림, 폭력, 오해나 무고, 멸시, 협박, 놀림, 거부나 무시 등을 경험하는 것으로 나타났는데, 이는 일반 아동이 또래로부터 따돌림을 경험하는 비율이 17.6%인 것과 비교하였을 때 매우 큰 수치임을 알 수 있다. 이 연구들은 다문화가정 아동이 경험하는 차별을 확인하고 그 심각성을 살펴보았다는 의미가 있으나, 차별 사건을 복합외상을 유발하는 외상 사건으로 바라보지 않았다는 한계가 있다. 몇몇 다른 연구에서 다문화가정 자녀들은 같은 반 친구들과 교내에서만 같이 시간을 보낼 뿐 그 외 시간에는 혼자 시간을 보내거나 다른 다문화가정 자녀들과 어울리고(조민식, 송시형, 2011), 심리적 외상을 경험한 다문화가정 아동은 부정적인 자아상을 형성하고 친구 관계에 대해 부정적 정서를 표출하는 것으로 나타났다(고홍월, 황매향, 2012). 이는 다문화가정 자녀들이 학교 안에서 또래로부터 거절 또는 이와 유사한 차별을 경험할 가능성이 높고, 또래관계 또는 사회적 차별이 관계에서 발생하는 복합외상 사건으로서 이들의 인지, 정서, 행동, 대인관계에 부정적인 영향을 미칠 가능성이 있음을 시사한다.

2. 사회적 차별로 인한 외상 증상

대부분의 사람들은 크고 작은 스트레스에 노출되고 이에 적응하며 살아간다. 그러나 강력하고 충격적인 사건이 발생할 경우 극심한 심리적 상처를 경험할 수 있는데, DSM-5에서는 이를 '외상 및 스트레스 사건 관련 장애'로 분류하고 있다. DSM-5에서는 외상 사건이 발생한 이후 침투 증상, 회피, 인지와 감정의 부정적 변화, 각성과 반응성의 뚜렷한 변화가 발생할 경우 외상 후 스트레스 장애로 진단한다(APA, 2013).

앞서 언급한 Carter(2007)의 인종에 기반한 외상 스트레스 상처 모델은 다문화가정 청소년이 외상을 초래하는 스트레스 사건을 경험하고 있으며, 우울, 침범, 화, 각성, 신체화 반응, 낮은 자아존중감, 회피 등 일곱 가지 증상을 경험한다고 보고하였다. 또한 많은 연구에서 사회적 차별을 경험한 인종/민족적 소수자들이 인지왜곡, 불안, 죄책감/수치심, 회피/감각마비, 각성 등 DSM-5에 기술된 외상 후 스트레스 증상과 매우 유사한 증상들을 호소하는 것으로 나타났다(Carter & Forsyth, 2010; Cheng & Mallinckrodt, 2015; Flores et al., 2010; Pieterse et al., 2010). 특히, 사회적 차별을 경험한 소수민족 청소년들은 전쟁, 강간, 가정폭력 등 다른 종류의 외상 사건을 경험한 청소년들과 유사한 정도의 외상 후 스트레스 장애를 보고하는 것으로 나타났다(Braunt-Davis & Ocampo, 2005; Butts, 2002; ComasDiaz & Jacobsen, 2001; Johnson, 1993).

한편, 국내에서 다문화가정 청소년의 차별 경험을 외상 사건으로 정의하고 이와 관련된 증상을 탐색한 문헌은 찾을 수 없었다. 다만, 다문화가정 청소년을 대상으로 차별 경험과 우울, 불안 등의 심리적 증상 및 적응 간의 관계를 살펴본 연구들은 존재하였다(김채윤, 배윤진, 임지영, 2013; 김혜미, 원서진, 최선화, 2011; 오승환, 좌현숙, 2015; 최운선, 2012). 예를 들어, 최운선(2012)의 연구에서 한일 다문화가정 청소년은 차별 경험을 인식할수록 위축, 우울/불안, 비행, 공격성의 문제행동을 일으키는 것으로 나타났으며, 오승환과 좌현숙(2015), 김혜미 등(2011)의 연구에서도 차별 경험이 많을수록 다문화가정 청소년의 우울과 불안감 수준이 높은 것으로 나타났다. 또한, 김채윤 등(2013)의 연구에서는 다문화가정 청소년의 편견과 차별 경험이 많을수록, 교사

관계, 교우 관계, 학교수업 적응, 학교 규칙 적응 등 학교생활 전반에서 어려움을 겪는다고 나타났다. 이러한 연구들은 차별 경험이 다문화가정 청소년의 심리적 어려움과 관련 있음을 시사한다. 그러나 선행 연구들에서는 사회적 차별을 외상 사건으로 보지 않았을 뿐만 아니라, 사회적 차별이 유발할 수 있는 다문화가정 청소년의 심리·사회적 어려움이 다양할 수 있음에도 불구하고, 문제 행동 또는 적응 등으로 한정해 살펴보았다는 한계가 있다. 구체적으로 다문화가정 청소년을 돕기 위해서는 이들의 생생한 목소리를 바탕으로 외상 사건으로서의 사회적 차별로 인해 경험한 어려움 및 증상들이 무엇인지를 살펴보는 것이 필요하다.

3. 외상으로부터의 회복

회복(recovery)의 사전적 의미는 원래의 상태로 돌아가거나 원래 상태를 되찾는다는 뜻으로(국립국어원, 2008), 심리학에서는 '스트레스 원이나 외상에도 불구하고 손상되고 변형되었던 심리적 기능이 점차 정상 기능으로 복원되는 것'을 의미한다(Erikson, 1963). 그러나 외상 회복(trauma recovery)의 개념은 본래 상태로의 복원에만 그치지 않고 통합 및 발달 등을 포함하는 개념으로까지 확장되고 있다. 예를 들어, Brown과 Fromm(1986)은 정신적 외상 회복을 '안정화, 기억의 통합, 추동의 통합과 자기 발달' 3단계로 정의하였고, Herman(1992)은 '안전 확립, 기억과 애도, 연결의 복구' 등 3단계로 구분하고 외상 회복의 핵심 목표를 '권한강화(empowerment)와 새로운 관계 창출'에 두었다.

최근, Harvey(1996)는 관계외상 등 복합외상에 적용할 수 있는 회복 기준을 8개 하위 차원으로 세분하여 제시하였다. ① 외상 사건을 회상하고 기억해 낼 수 있는가, ② 외상 사건이 그에 대한 감정과 함께 상기되는가, 과거 사건에 대한 현재의 감정도 인지할 수 있는가, ③ 외상 사건에 더 이상 압도당하지 않고 방어적인 무감각이나 분리 없이, 외상 사건과 관련된 감정을 느끼고, 명명하고, 견뎌낼 수 있는가, ④ 외상으로 인해 지속되는 증상이 비교적 줄어들거나 증상을 더 잘 다룰 수 있는가, ⑤ 자기존중감이 복구되었는가(죄책감 또는 수치심을 느끼거나 자기비난을 멈추고 자신을 돌볼 가치가 있는 존재로 여기게 되었는가), ⑥ 자기통합감이 복구되었는가(스스로를 더 조화롭고 통합적으로 느끼는가), ⑦ 관계능력이 복구되었는가(고립에서 벗어나 신뢰와 애착 능력을 되찾았는가), ⑧ 외상 경험에 새로운 의미를 부여하는가. 즉, 외상 회복은 단순히 외상 사건의 중단이나 외상으로 인한 증상이 사라지는 것이 아니라, 심리·정서적으로 더 이상 외상 경험에 압도당하지 않고 지속되는 증상을 조절하며 외상 경험의 의미를 이해할 수 있는 상태를 의미한다.

다문화가정 청소년을 대상으로 이들의 차별경험을 외상 사건으로 간주하고 외상으로부터 회복하는 과정 및 양상을 살펴본 문헌은 찾을 수 없었다. 하지만 난민 또는 북한이탈주민의 외상 및 회복 과정을 살펴본 문헌들은 소수 존재한다. 난민의 경우, 복합외상으로서 이주 이전 경험이 이주 후 스트레스 원과 더불어 증폭되지만 안정화, 기억의 통합, 자기개발 및 통합 추구 과정으로 외상에서 회복되는 것으로 나타났다(Alcock, 2003; Beiser & Hyman, 1997; Tedeschi & Calhoun, 1995). 북한이탈주민의 경우, 이주 과정에서 외상 사건 및 외상 증상을 겪지만 대처능력이 생겨 빠른 회복력을 보이고 자신의 고통 경험을 이야기할 수 있는 것으로 나타났다(김현경, 2007). 한편, 난민이나 북한이탈주민은 이주 그 자체를 외상 사건으로 경험할 뿐만 아니라 이주 후 사회적 차별과 몰인식을 외상 사건으로 인식하는 경향이 강한데, 그럼에도 불구하고 삶의 구축, 통제, 자기 성찰 등의 개인 요인, 도구적·정서적 지지 등 사회적 요인, 종교적 대처 등으로 외상 경험이 초래하는 고통을 극복하고 회복한다고 나타났다(김현경, 2007; Alcock, 2003).

이상의 연구들을 통해, 인종/민족적 소수자가 경험하는 사회적 차별이 외상 사건으로서 삶에 지속적인 영향을 미치지만, 다른 외상 사건들과 마찬가지로 소수 집단 구성원은 차별로 인한 외상 후 증상에서 회복됨을 알 수 있다. 그러나 개인이 가진 내적·환경적 보호 요인에 따라 외상 후 회복 양상과 수준이 다르기 때문에, 다문화가정 청소년 역시 사회적 차별로 인한 외상 증상의 회복 양상이 다를 가능성이 있다. 이 책에서는 사회적 차별이라는 외상 사건을 경험하였지만 어려움으로부터 회복할 수 있었던 다문화가정 청소년들의 생생한 목소리를 바탕으로, 회복이 어떤 측면에서 나타나고 이에 영향을 미친 요인들이 무엇인지 탐색하고자 한다. 이는 현재 사회적 차별로 인해 외상 증상을 경험하는 다문화가정 청소년들을 도울 수 있는 구체적인 개입 방안을 제시하는 데 도움이 될 것이다.

4. 외상 후 성장 및 성장 요인

Tedeschi와 Calhoun(1996)은 외상 사건을 겪은 개인에게 항상 부정적인 증상만 나타나는 것은 아니며, 오히려 이러한 역경으로 성장할 수 있다고 제안하며 이를 PTSD와 대비되는 '외상 후 성장(Post-traumatic Growth: PTG)'으로 개념화하였다. PTSD가 외상 결과로 초래되는 부정적인 측면인 반면, PTG는 극심한 스트레스 상황에 저항

하거나 그로부터의 손상을 넘어서는 변화를 의미하며, 단순히 외상 이전의 적응 수준 회복이 아닌 그 수준을 뛰어넘는 변형과 기능의 질적 변화를 포함한다(Tedeschi & Calhoun, 2004).

Tedeschi와 Calhoun(1996)에 따르면, 개인은 외상 사건이 발생하였을 때 부정적인 심리 상태에 빠지고, 세계관, 신념 체계, 인생 목표에 커다란 손상을 입지만, 부정적인 정서와 고통이 줄어들고 이를 조절하게 되면서 의도적이고 성장 지향적인 사고를 시작하게 된다. 이러한 성장과정을 통해 개인은 정신적으로 성숙하고 지혜를 발달시킬 수 있으며, 남은 고통을 통해 완화시킬 수 있다. 실증적 연구들에서도 여러 외상 사건들로부터 성장한 사람들이 보고되었는데, 심장병, 심근경색 등의 질병에 걸린 사람들(Affleck, Tennen, Croog, & Levine, 1987; Sheikh, 2004), 다운증후군 자녀를 둔 부모, 소아 백혈병에 걸린 자녀를 둔 부모(Best, Streisand, Catania, & Kazak, 2001; King, Scollon, Ramsey, & Williams, 2000) 등과 같이 삶에 지속적으로 영향을 미칠 수 있는 복합외상 사건에 노출된 사람들의 삶이 실질적이고 내구성 있게 변화된 것으로 나타났다.

Tedeschi와 Calhoun(1996)은 외상 후 성장이 자기 지각의 변화, 대인관계 변화, 인생관의 변화 등 세 가지 측면에서 나타난다고 주장하였다. 첫째, 자기 지각의 변화(changed perception of self)는 외상을 극복하는 과정에서 자신이 지닌 내적인 힘을 더 확신하게 되고 삶의 새로운 가능성을 발견하는 것을 의미한다. 둘째, 대인관계에서의 변화(relating to others)는 외상 경험 이후 타인에 대한 친밀감, 연민, 동정, 자기개방 등의 증가를 의미한다. 셋째, 인생관의 변화(changed philosophy of life)는 외상 경험 이후 삶의 우선순위에 변화가 오고 자신의 삶과 주변 사람들에 대해 감사하는 마음의 증가를 의미한다. 실제로,

외상 후 성장한 사람들은 '대인관계의 깊이 증가', '새로운 가능성 발견', '개인 내적 힘의 발견', '삶에 대한 감사', '영적·종교적 관심의 증가'와 같은 특성을 보이는 것으로 나타났다(Tedeschi & Calhoun 1996). 이를 바탕으로, Tedeschi와 Calhoun은 외상 후 성장 척도를 개발하였는데, 국내에서도 유사한 의미구조를 지닌 것으로 나타났으며(송승훈, 이홍석, 박준호, 김교현, 2007), 암환자 가족(이영선, 2009), 소아암 환아의 어머니(송주연, 이희경, 2010), 정신보건사회복지사(윤명숙, 박은아, 2011), 응급구조원, 지하철 승무원(이영선, 이소래, 주성아, 고영빈, 김예진, 한인영, 2012), 북한이탈주민(김현경, 엄진섭, 전우택, 2008; 윤지혜, 오영림, 2010) 등에게 적용 가능하다고 나타났다.

한편, Calhoun, Cann과 Tedeschi(2010)는 〈그림 2-2〉와 같이 외상 사건을 경험한 후 성장 과정을 모형으로 제시하였는데, 의도적 반추, 자기개방, 사회적 지지 등을 외상 후 성장과 관련된 주요 요인으로 가정하고 있다. 여기서 의도적 반추란 자동적 반추에 대비되는 개념이다. 외상 사건을 경험한 사람들은 외상 사건을 계속해서 떠올리는 반추(rumination)를 한다. 초기에는 이것이 부정적이고 자동적으로 일어난다. 그러나 부정적인 정서가 줄어들고 이를 조절할 수 있게 되면서 부정적이고 자동적인 반추는 의도적이고 성장 지향적인 반추로 바뀌게 된다. 전자는 불안이나 우울 등의 증상을 유발하는 데 비해, 후자는 사건을 이해하고자 하는 반성적·고차원적 인지처리과정과 연관되며 이 과정이 외상 후 성장에 핵심 역할을 하게 된다(신선영, 2009; 이양자, 정남운, 2008; Calhoun & Tedeschi, 2006; Tedeschi & Calhoun, 1996, 2004). Calhoun과 Tedeschi에 따르면, 자기개방과 사회적 지지는 이러한 자동적 반추를 의도적 반추로 바꾸는 데 중요한 영향을 행사한다(〈그림 2-2〉 참고). 즉, 자신의 경험과 이를 통해 느끼는 감정들을 솔

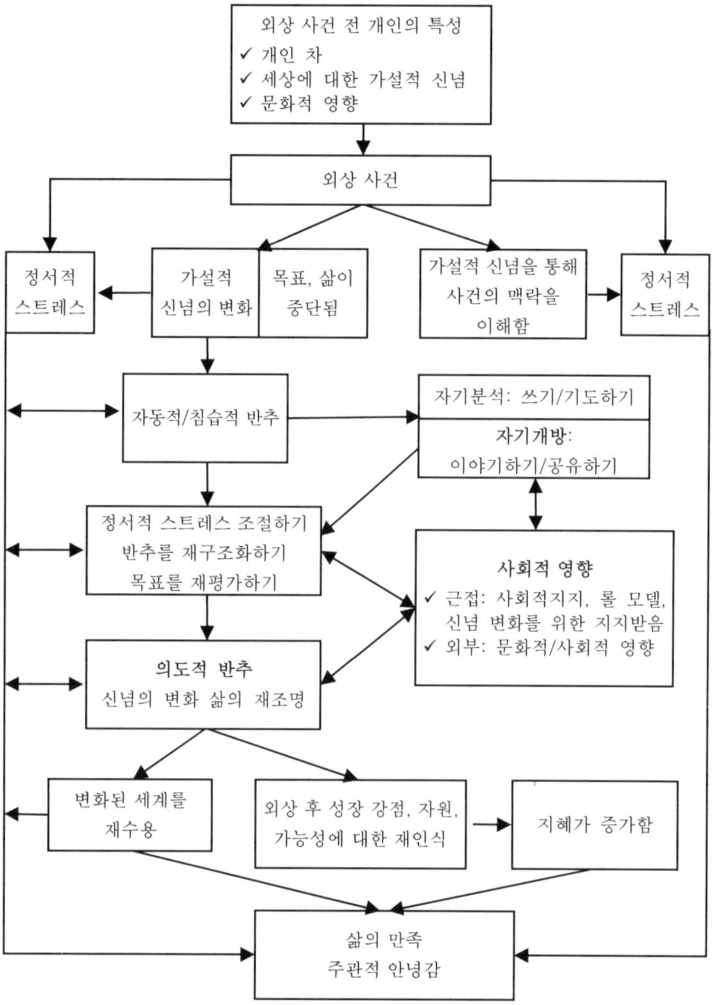

〈그림 2-2〉 외상 후 성장의 종합적 모델(Calhoun, Cann, & Tedeschi, 2010)

직히 표현하고 주요 타인들에게 이에 대한 지지를 얻게 되면, 부적응적인 사고방식이 좀 더 적응적으로 바뀌는 촉진제 역할을 하게 된다.

국내 대학생의 경우에도 의도적 반추와 자기개방을 많이 하고 사회적 지지를 많이 경험할수록 외상 후 성장이 더 많이 이루어지는 것으로 나타났다(김지애, 이동귀, 2012).

청소년을 대상으로 외상 후 성장 경험을 살펴본 문헌은 많지 않다. 해외 문헌들은 청소년 역시 외상 후 성장 경험이 가능하며, 발달 과정 상 오히려 성인에 비해 외상 경험 자체에 취약할 가능성이 높기 때문에 성장 또한 가능성이 역시 크다고 보고하고 있다(예: Meyerson, Grant, Carter, & Kilmer, 2011). 또한, 성인과 마찬가지로 청소년 역시 자기개방과 사회적 지지로 의도적 반추 현상이 나타나며, 이는 외상 후 성장 경험에 긍정적인 영향을 미치는 것으로 나타났다(Kilmer & Gil-Rivas, 2010; Kimhi, Eshel, Zysberg, & Hantman, 2010; Wolchik, Coxe, Tein, Sandler, & Ayers, 2009). 이러한 연구결과는 다문화가정 청소년 또한 사회적 차별과 같은 외상 사건으로부터 성장 경험을 할 가능성이 있고, 의도적 반추, 자기개방, 사회적 지지가 이에 영향을 미칠 수 있음을 시사한다.

한편, 다문화가정 청소년들의 성장 경험 및 이에 영향을 미치는 요인들은 기존의 문헌에서 보고한 것과 다를 가능성이 있다. 우선, 기존 문헌에서 아동·청소년들의 외상 후 성장 경험의 내용 및 수준이 외상 사건의 종류에 따라 다르게 나타났다(Meyerson et al., 2011). 예를 들어 미국 빈민가에 거주하는 청소년들의 경우, 사랑하는 사람의 죽음, 임신 등의 외상 사건을 경험한 청소년이 관계상의 문제를 경험한 청소년보다 성장을 더 경험한 것으로 나타났다(Ickovics, Meade, Kershaw, Milan, Lewis, & Ethie, 2006). 또한, 관계상의 문제를 외상 사건으로 경험한 청소년은 다른 외상 사건을 경험한 청소년보다 대인관계의 깊이 증가, 내적 힘의 발견, 삶에 대한 감사 영역에서 성장 수준이 낮은 것으로 나타났다. 뿐만 아니라, 인종에 따라 외상 후 성장 수준이 다른 것으로 나타났는데, 미국 흑인 아동의 경우 백인 아동에 비해 더 큰 성장 경험을 하는 것으로 나타났고(Phipps, Long, & Ogden, 2007), 성인 역시 소수민족 구성원이 외상 후 성장을 더 경험하는 것으로 나타났다(Helgeson, Reynolds, & Tomich, 2006; Stanton, Bower, & Low, 2006). 이러한 연구 결과는 다문화가정 청소년이 인종적/민족적 소수자라는 점과, 이들이 경험하는 사회적 차별이 죽음, 임신 등 일회성 사건과는 구분되는 복합외상일 가능성을 고려하였을 때, 다문화가정 청소년이 경험하는 성장 양상 및 영향을 미치는 요인 또한 다를 것으로 예상할 수 있다.

국내에서는 다문화가정 청소년을 대상으로 성장 경험 및 이에 영향을 미치는 요인을 살펴본 문헌을 찾을 수 없었다. 그러나 남한으로 이주한 지 7년 이상 되는 후기 청소년기의 탈북 대학생들을 대상으로 외상 후 성장 경험을 살펴본 문헌이 있었다(윤지혜, 오영림, 2010). 이 연구에서는 북한에서의 경험, 탈북 과정, 한국에서의 경험 등 세 가지 측면으로 외상 사건을 바라보았으며, 탈북 대학생들은 관계의 확장, 성숙함, 공간에 대한 새로운 인식 등의 성장 경험을 하는 것으로 나타났다. 또한, 사회적 지지를 경험한 탈북 대학생들의 성장 경험이 더 많은 것으로 나타났다. 이 연구는 소수 집단인 탈북 대학생들 역시 외상을 겪은 후 성장을 경험하였음을 실증적으로 확인하였고, 이러한 성장이 어떠한 양상을 띠고 영향을 미치는 요인들이 무엇인지 구체적으로 탐색하였다는 측면에서 의의가 있다. 그러나 다문화가정 청소년은 이주 1세대가 아닌 한국에서 태어난 이주 2세대라는 점에서 이들의 성장 양상 및 영향 요인은 탈북 대학생과 다를 가능성이 있다. 국내 출생 다문화가정 청소년이 탈북 대학생과 유사한 내용의 성장 경험을 할지, 사회적 지지가 성장 양상에 영향을 미칠지는 경험적으로 확인해볼 필요가 있다.

5. 관련 선행 연구의 제한점 및 본 연구의 필요성

다문화가정 청소년이 경험하는 사회적 차별을 외상 사건으로 바라보고 이에 따른 증상 및 회복과 성장 과정을 실증적으로 탐색한 연구는 현재로서는 찾아볼 수 없다. 이 책에 시사점을 제공한 유사 관련 선행 연구들의 한계를 살펴보고 본 연구의 필요성을 논하고자 한다. 첫째, 기존 문헌에서는 다문화가정 청소년이 경험하는 사회적 차별을 외상 사건으로 정의하지 않았을 뿐 아니라 그들의 목소리를 통해 외상 사건의 종류를 탐색하지 않은 한계가 있다. 앞서 기술한 것처럼, 정예리와 이숙희(2009)는 선행 연구 분석과 유아교육기관 교사들과의 면담으로, 다문화가정 아동들이 따돌림, 폭력, 차별대우, 오해, 무고, 멸시, 협박, 놀림, 불친절, 거부, 무시 등과 같은 차별을 경험하고 있다고 보고하였다. 또한, 정예리(2010)는 선행 연구로 추출된 다문화가정 유아의 차별 유형을 바탕으로 유아들에게 직접 따돌림, 폭력, 차별 대우 등의 차별 사건을 얼마나 경험하였는지를 질문하고 빈도를 측정하였다. 이 연구들은 다문화가정 아동의 관점을 반영하지 않았거나 또는 차별 경험을 외상 사건 및 외상 증상과 관련짓지 않았다는 한계를 지닌다. 앞서 기술한 것처럼, 사회에서의 차별 경험은 발생 여부 및 시기를 예측하기 어렵고 지속적이라는 점에서 복합 외상 사건으로 분류되며, 인종, 민족, 문화적 소수 집단의 심리적 안정과 적응에 매우 큰 영향을 미칠 수 있다(Carter, 2007). 이 책에서는 소수 집단인 다문화가정 청소년들이 한국사회에서 경험하는 차별을 복합

외상 사건으로 간주하고, 이들의 생생한 목소리를 바탕으로 어떤 종류의 차별 사건을 외상 사건으로 경험하는지를 확인하였다.

둘째, 다문화가정 청소년이 차별로 인해 겪는 외상 관련 증상을 포괄적으로 살펴본 연구가 부재하다. 우선, 국내 문헌들은 다문화가정 청소년이 경험한 차별 사건이 우울, 불안 등 심리적 증상과 관련이 있는지를 통계적으로 확인하였을 뿐(김채윤 등, 2013; 김혜미 등, 2011; 오승환, 좌현숙, 2015; 최운선, 2012), 외상 사건으로서의 차별 경험이 실제로 어떠한 심리·사회적 어려움을 유발하는지는 확인하지 않았다. 또한 인종/민족적 소수자의 외상 경험을 살펴본 국내 문헌들은 대부분 결혼이주여성, 북한이탈주민 등 이주 1세대의 경험에 초점을 맞추고 있다(고은주, 2009; 김미자, 2010; 김화선, 2010; 양계민, 황순택, 2008; 이겨레, 2011; 최현옥, 손정락, 2011; 한선영, 윤여상, 김현아, 2007). 예를 들어, 202명의 북한이탈여성의 외상 경험을 분석한 김미자(2010)의 연구에서는, 탈북 과정에서 경험한 정신적, 신체적, 사회적 고통이 외상 경험과 외상 증상을 유발하는 것으로 나타났다. 이민 2세대 다문화가정 청소년을 연구한 고홍월과 황매향(2012)의 연구에서는 다문화가정 자녀들의 차별 경험을 외상 사건으로 간주하고 있지만, 부모, 형제, 친구 등 주요 타인과의 관계에서 경험하는 어려움에 초점을 두고 있다. 따라서 이 책에서는 이주 2세대인 다문화가정 청소년이 외상 사건으로서의 사회적 차별을 경험한 후 어떤 어려움(예, 인지, 정서, 행동, 대인관계, 학교생활 측면)을 호소하는지를 실증적으로 살펴보았다.

셋째, 이주 2세대들이 경험하는 사회적 차별을 외상 사건으로 정의하고, 이로부터 회복 및 성장 경험과 이에 영향을 미치는 요인들이 무엇인지를 살펴본 연구는 찾을 수 없었다. 다만, 난민 등이 경험한 외상 후 회복 또는 성장 경험을 살펴본 연구들은 소수 존재한다(김현경, 2007; 윤지혜, 오영림, 2010; Kira, Templin, Lewandowski, Ashby, Oladele, & Odenat, 2012). 특히 북한이탈주민이 '탈북'이라는 외상 사건 이후 회복의 과정을 경험하고(김현경, 2007), 더 나아가 고통을 통한 성장을 이루는 것(윤지혜, 오영림, 2010)은 국내에 거주하는 인종/민족적 소수자들이 외상 후 회복과 성장을 경험할 가능성을 시사한다. 그러나 이들 연구는 이주 1세대의 경험에 초점을 맞췄고, 외상 사건을 사회적 차별로 한정 짓지 않았다는 점에서 본 연구와 차별 된다.

종합하면, 이 책에서는 선행연구에서 제안한 외상 후 회복 기준(김현경, 2007; Harvey et al., 2003)과 외상 후 성장 양상(윤지혜, 오영림, 2010; Calhoun & Tedeschi, 2012)을 바탕으로, 다문화가정 청소년이 차별과 관련된 외상 사건을 경험한 후 어떤 과정과 내용으로 회복되고 성장하는지를 살펴보고자 하였다. 이 과정에서, Brown과 Fromm(1986)이 제안한 회복 및 성장 과정(1단계 : 안정화, 2단계: 기억의 통합, 3단계: 자기 개발, 통합 추구)과 Calhoun과 Tedeschi의 외상 후 성장 모델을 바탕으로, 한국 출생 다문화가정 청소년이 차별과 관련된 외상 사건을 경험한 후 회복하고 성장하는 데 있어서 영향을 미치는 요인들을 살펴보았다. 구체적으로, 탄력성(Olsson, Bond, Burns, Vella-Brodrick, & Sawyer, 2003), 강인성(Lang, Goulet, & Amse, 2003), 자발성(Frankl, 1967), 종교적 신념 체계(Rothbaum, Weisz, & Snyder, 1982), 의도적 반추, 자기 개방, 사회적 지지(Calhoun & Tedeschi, 2012) 이외에도 다문화가정 청소년이 외상 후 회복하고 성장하는 데 영향을 미치는 추가적인 요인이 있는지 살펴보았다.

제 3 장

연구 방법

제3장 연구 방법

1. 근거이론

근거이론은 현상에 대해 알려진 바가 거의 없거나, 이론적 기반이 빈약한 분야, 또는 기존 이론을 명료화하거나 새로운 이해가 필요할 때 활용할 수 있는 접근이다(Strauss & Corbin, 1998). 특히, 근거이론은 연구 참여자의 문제 상황 대처와 반응을 이해하는 데 유용하며, 특정 주제와 관련된 현상을 구조화된 도식으로 추상적 이론을 형성하거나 발견하는 데 유용하다(Schreiber & Stern, 2001). 이 책의 목적은 다문화가정 청소년이 경험하는 사회적 차별을 외상 사건으로 간주하고, 이에 따른 증상 및 회복과 성장 과정의 실증적 탐색이다. 국내에서는 다문화가정 청소년을 대상으로 사회적 차별을 외상 후 스트레스, 복합외상 스트레스, 또는 외상 후 성장과 관련지어 살펴본 연구를 찾을 수 없었다. 물론 해외 문헌 중 사회적 차별을 외상 사건으로 간주하여 외상 후 스트레스 관련 이론의 적용 가능성을 살펴본 문헌(예, Carter, 2007)이 존재하지만, 이를 근거로 외상 관련 이론을 국내 거주 다문화가정 청소년의 사회적 차별 경험에 적용하기에는 한계가 있다. 따라서 국내 다문화가정 청소년의 실제 경험을 토대로, 사회적 차별과 외상 경험, 회복 및 성장 관련 이론의 발견과 형성이 요구된다. 즉, 기존의 외상 관련 이론을 적용하는 연역적 방식의 접근이 아니라, 실제 경험을 바탕으로 이론을 형성하는 귀납적 접근이 필요하다. 이에, 수집한 자료에 기반을 두고 체계적인 과정을 거쳐 주제에 대한 이론을 생성하고 발전시키는 근거이론이 적절한 연구 방법이라고 판단하였다.

이 책에서는 근거이론 접근 중 보다 체계적이고 분석적인 방식을 취하는 Strauss와 Corbin(1998)의 근거이론 분석 절차를 활용하였다. 이들이 제안한 접근 방법은 다음과 같은 특징을 지닌다. 첫째, '이론적 표본 추출(theoretical sampling)' 절차에 따라 자료를 수집한다. 이 절차는 사전에 참여자 선정을 확정하지 않고, 자료를 수집하고 분석해가면서 누적되고 구체화되며, 모든 범주가 포화되었다고 판단될 때까지 계속 진행된다. 둘째, '지속적인 비교 방법(constant comparative method)'을 사용한 자료 분석이 특징이다. 이는 자료를 수집하고 분석하는 과정에서 출현한 개념들을 이전에 도출된 개념과 지속적으로 비교하면서 유사점과 차이점을 발견하고 범주화해가는 것을 의미한다. 이때 주된 관심은, 개념이 얼마나 자주 출현하고 다양한 조건 하에서 어떻게 보이는가인데, 지속적인 비교 과정은 더 이상 새로운 통찰이 생기지 않을 때까지 반복된다(Glasser & Strauss, 1967). 마지막으로, 분석과정은 개방코딩(open coding), 축코딩(axial coding), 선택코딩(selective coding) 순으로 진행되는데, 이 책에서는 연구 목적 및 연구 문제를 고려하여 축코딩까지 진행하였다.

개방코딩은 원자료로부터 개념을 발견하고 명명하며, 유사하거나 의미상 관련이 있는 개념들을 하위범주로 통합하여 범주화하는 과정이다. 본문에서는 축어록을 한줄 씩 읽고 분석하는 줄 단위 분석방법을 사용하였다. 다문화가정 청소년의 사회적 차별 경험이 회복되는 과정과 긍정적 변화 및 성장으로 이어지는 과정을 중심으로, 연구자에게 의미 있다고 여겨지는 부분에 표시를 하고 개념을 명명하였다. 이 때 연구자들은 면접 내용의 맥락을 고려하여 참여자가 진술한 바를 추상적으로 해석하거나 체험코드(in vivo code)라고 불리는 참여자의 표현을 직접적으로 인용하는 방식을 사용하였다. 한편, 지속적 비교방법으로 동일 현상에 속해 보이는 개념들을 하나로 묶는 범주화 과정을 진행하였다. 또한 모든 연구 참여자에게서 공통적으로 도출되는 현상을 분류하여 범주화하였다.

축코딩은 개방코딩 과정에서 분해된 자료를 재조합하는 과정이다. 즉, 현상을 보다 정확히 설명하기 위해 범주의 속성과 차원을 계속 발달시키고, 범주를 속성과 차원에 따라 하위범주로 연결시키며, 패러다임 모형을 이용하여 범주들이 서로 교차되고 연결되는지를 보여주는 과정이다(Corbin & Strauss, 2014). 축코딩은 크게 범주분석과 과정분석으로 구분되는데, 이 책에서는 연구 목적에 따라 범주분석까지만 수행하였다. 범주분석은 패러다임 모형을 구성하는 분석과정인데, 범주 간 일련의 관계를 분석한다. 패러다임은 현상의 발생이나 발전을 유도하는 인과적 조건, 경험의 중심현상, 현상에 영향을 미친 상황이나 정황을 만들어 낸 맥락적 조건, 작용/상호작용을 촉진시키거나 방해하는 중재적 조건, 현상을 조정하고 수행하는 작용/상호작용, 작용/상호작용에 의해 나타나는 결과로 구성된다. 이 책에서는 범주의 속성과 차원을 고려하면서 범주들을 연결시켜 패러다임을 발전시켰다.

2. 연구 참여자, 연구자

1) 연구 참여자

연구자들은 총 54명의 다문화가정 청소년과 연락을 취하였고, ① 참여자 선발 기준(한국에서 출생하였고, 출생 시 한쪽 부모가 외국인인 가정의 2세 중 현재 만 13세 이상 만 18세 이하의 청소년)에 부합하는지, ② 연구 참여 의사가 있는지를 확인하였다. 학교나 연구자의 지인에게 다문화가정 청소년을 소개받은 경우, 면접 전 청소년이 연구에 참여하고 싶은지와 국내에서 출생하였는지를 확인하기 힘든 경우가 있었다. 따라서 소개받은 다문화가정 청소년과 연락 과정에서, 해외에서 태어나 중도에 입국한 청소년(2명), 부모님 두 분 다 외국인인 청소년(1명), 부모님이 면접을 허락하지 않은 청소년(4명), 면접 참여에 불편을 느낀 청소년(4명)은 자료 수집을 위한 면접을 진행하지 않았다(총 11명). 연구자들은 이론적 표본 추출 절차에 따라 자료를 수집하였는데, 자료를 수집하고 분석해가면서 모든 범주가 포화되었다고 판단될 때까지 표본 추출을 진행하였다. 최종적으로, 연구자들은 43명의 다문화가정 청소년을 직접 만나 면접을 진행하였다(표 〈3-1〉 참조). 이 중 사전 면접에서 구체적인 차별사건 경험이 없거나, 차별사건에서 충분히 회복하지 못한 것으로 드러난 14명의 청소년들은 심층 면접을 진행하지 않았다.

사전 면접과 심층 면접에 모두 참여한 청소년들은 총 29명으로, 그중 11명이 남자, 18명이 여자였고, 평균 나이는 16.34세(SD=1.76, 범위=만 13-18세)인 것으로 나타났다. 참여자들은 자료 수집 당시 중학생 15명, 고등학생 13명, 대학생 1명이었고, 거주 지역은 서울 7명, 인천 및 경기도 8명, 대전 및 충청도 6명, 대구 및 경상도 3명, 강원

〈표 3-1〉 사전 면접과 심층 면접에 모두 참여한 다문화가정 청소년

	성별	나이	출생 시 국가			참여	지역
			본인	부	모		
참여자1	남	15	한국	한국	일본	전체참여	경기
참여자3	남	14	한국	일본	한국	전체참여	경기
참여자5	여	14	한국	한국	필리핀	전체참여	경기
참여자8	남	15	한국	한국	필리핀	전체참여	경기
참여자9	남	15	한국	한국	일본	전체참여	경기
참여자12	여	16	한국	한국	중국	전체참여	서울
참여자14	여	17	한국	한국	필리핀	전체참여	서울
참여자15	남	18	한국	한국	중국	전체참여	서울
참여자16	여	15	한국	한국	필리핀	전체참여	경상
참여자17	남	15	한국	한국	필리핀	전체참여	경상
참여자18	여	15	한국	한국	필리핀	전체참여	경상
참여자20	남	15	중국	중국	한국	전체참여	경기
참여자21	여	17	일본	일본	한국	전체참여	서울
참여자22	여	17	한국	한국	일본	전체참여	서울
참여자23	여	14	한국	한국	중국	전체참여	충청
참여자24	여	16	한국	한국	중국	전체참여	충청
참여자25	여	18	한국	한국	중국	전체참여	강원
참여자29	여	17	한국	일본	한국	전체참여	경기
참여자36	여	14	한국	한국	필리핀	전체참여	충청
참여자41	남	19	한국	한국	중국	전체참여	충청
참여자42	여	19	한국	한국	중국	전체참여	충청
참여자43	여	17	한국	한국	중국	전체참여	충청
참여자44	남	16	한국	한국	중국	전체참여	경기
참여자46	여	17	한국	한국	중국	전체참여	강원
참여자48	여	14	한국	한국	태국	전체참여	서울
참여자49	남	19	한국	한국	대만	전체참여	서울
참여자50	여	18	한국	한국	필리핀	전체참여	강원
참여자53	남	19	한국	한국	일본	전체참여	강원
참여자54	여	19	한국	한국	일본	전체참여	강원

〈표 3-2〉 사전 면접에만 참여한 다문화가정 청소년의 인구학적 특성

	성별	나이	출생 시 국가			참여	지역
			본인	부	모		
참여자2	남	14	한국	일본	한국	사전 면접	경기
참여자6	여	14	한국	한국	일본	사전 면접	경기
참여자11	남	15	한국	한국	일본	사전 면접	경기
참여자26	여	17	이란	이란	한국	사전 면접	서울
참여자27	여	17	한국	한국	일본	사전 면접	경기
참여자30	여	17	한국	일본	한국	사전 면접	경기
참여자31	여	17	한국	일본	한국	사전 면접	경기
참여자32	여	17	한국	한국	일본	사전 면접	경기
참여자35	여	17	한국	한국	일본	사전 면접	경기
참여자39	여	15	한국	한국	중국	사전 면접	경기
참여자40	남	18	한국	한국	일본	사전 면접	충청
참여자47	남	15	한국	한국	태국	사전 면접	서울
참여자51	남	15	한국	한국	일본	사전 면접	서울
참여자52	남	18	한국	한국	베트남	사전 면접	강원

도 5명이었다. 29명 중 27명의 출생지는 한국이었다. 나머지 2명은 일본과 중국이었으나 출생 즉시 한국으로 입국한 것으로 나타나 본 취지에 부합한다고 판단하여 자료 분석에 포함시켰다. 참여자의 부의 출생국가는 한국이 25명으로 가장 많았고, 일본 3명, 중국 1명이었다. 참여자의 모의 출생 국가는 중국이 10명으로 가장 많았고, 필리핀 8명, 일본 5명, 한국 4명, 태국 1명, 대만 1명으로 나타났다.

사전 면접에만 참여한 청소년은 총 14명(남자 6명, 여자 8명)이었는데, 평균 나이는 16.14세(SD=1.41, 범위=만 13-18세)으로 나타났다. 중학생이 6명, 고등학생이 8명이었고, 거주 지역은 서울 3명, 인천 및 경기도 9명, 대전 및 충청도 1명, 강원도 1명으로 나타났다. 14명 중 13명의 출생지가 한국이었으며, 1명은 이란으로 보고하였다. 부의

출생지는 한국이 10명, 일본 3명, 이란 1명이었고, 모의 출생지는 일본 7명, 한국 4명, 중국 1명, 태국 1명, 베트남 1명으로 나타났다.

2) 연구자

이 책에서는 연구책임자를 포함하여 총 5명(남성 2명, 여성 3명)으로 연구팀을 구성하였다. 연구자들은 상담 전공 박사 1명, 상담 전공 박사 과정생 1명, 상담 전공 석사 2명, 상담 전공 석사 과정생 1명이었고, 연령은 29-47세까지 분포하였다. 연구 책임자는 성학대 피해자, 난민, 이민가정 청소년을 대상으로 수년 간 임상 수련을 받았고, 다양한 계층의 사람들을 대상으로 외상 관련 현상을 연구하였으며, 근거이론 방법을 사용한 논문을 출간한 경험을 가지고 있다. 학위 과정 중에 있거나 학위를 취득한 연구자들은 다문화, 상담자, 상담 과정 및 상담 윤리와 관련해서 양적/질적 연구를 수행한 경험이 있다. 연구자들은 연구방법의 이해를 심화하기 위해, 대학원에서 질적 연구방법론을 수강하거나 근거이론의 이론적 접근 및 연구 실제를 다룬 워크숍에 참석하였다.

두 명의 연구자는 10년 이상 해외에서 인종/민족적 소수자로 거주하면서 사회적 차별과 편견을 경험한 적이 있었다. 그중 한 연구자는 소수자로서 아동 청소년기를 보냈고, 그 과정에서 차별로 인한 심리적 어려움 및 정체성의 혼란을 경험하였다. 또 다른 연구자는 중고등학교 시절부터 친하게 지내온 친구 중 한 명이 다문화가정 청소년이었고, 친구가 차별로 인해 어려워하는 것을 목격한 경험을 가지고 있었다. 또한, 인권 단체에서 인턴으로 일하거나 소수자들을 대상으로 봉사활동을 한 연구자도 있었다. 연구자들은 사회적 차별이 다문화가정 청소년에게 심각한 영향을 미칠 것으로 예상하였고, 이들이 지니고 있는 내적 특성과 함께 환경 요인들이 이들의 사회적 차별 경험과 극복 과정에 영향을 미칠 것으로 예상하였다.

3. 면접 질문지

이 책에서 사용한 면접 질문지는 다음 과정을 거쳐 제작되었다. 첫째, 문헌 연구를 바탕으로 질문지를 작성한 후, 다문화가정 청소년을 상담하였거나 또는 다문화 관련 연구를 수행한 경험이 있는 세 명의 전문가에게 질문지의 적합성 및 타당도를 확인받았다. 전문가 평정지(부록1)에는 우선 연구 개관을 제시하였고, ① 각 질문의 내용, 표현 및 구성의 적절성을 5점 척도로 평정하도록 요청하였으며, ② 적절성을 3점 이하로 평정한 경우 그 이유와 보완 방법을 기술하도록 요청하였다. 뿐만 아니라, ③ 질문의 가독성, 연구 윤리에 관한 질문 또한 포함시켰다. 면접 질문지 평정에 참여한 전문가는 ① 다문화 관련 연구소에 재직 중인 연구원으로 임상 또는 상담 경력은 없으나 다문화가정 청소년을 대상으로 한 다수의 연구를 수행하고 논문을 출판한 전문가와 ② 이주배경청소년지원재단의 팀장으로 임상 또는 상담 경력은 없으나 다문화가정 청소년을 대상으로 한 연구와 프로그램을 진행하고 있는 전문가, 그리고 ③ 다문화가정 청소년을 대상으로 10년 이상의 상담 경력이 있는 전문가로 구성하였다.

평정 결과, 총 13개의 질문들의 평정 점수 평균은 3.33점(SD=0.73, 범위=2.33-4.33)이었으며, 이 중 3개 질문의 평균 점수가 3점 이하인 것으로 나타났다. 전문가의 구체적인 보완 요청사항은 다음과 같다. 첫째, 도입 부분에서 연구의 필요성과 이로 인한 참여자의 이득에 대한 자세한 설명과 의사 표현의 확인을 받는 지시문이 수록되어야 한다. 둘째, 심층 면접지의 마무리 부분이 더욱 치유적으로 구성되어야 한다. 예를 들어, 연구에 참여해 얻었던 도움이 무엇인지를 질문에 추가해야 한다. 셋째, 외상 회복에 있어서 주위의 도움을 받지 못한 경우가 있다면 기분이 어땠는지, 어떻게 극복할 수 있었는지 등에 대해 따뜻함을 기반으로 한 면접자의 질문이 필요하다. 본 연구팀은 이러한 전문가들의 제안을 반영하여 면접 질문지를 수정・보완하였다.

둘째, 면접 자료와 참여자 모집 홍보문 등 잠재적 연구 참여자들에게 노출되는 제반 자료 및 절차의 윤리적 적합성을 연세대학교 연구윤리심의위원회(IRB)로부터 승인받는 과정을 거쳤다(승인번호: 1040917-20140 6-SB-187-03). 승인 과정이 필요한 이유는 연구 대상이 법적 보호가 필요한 청소년일 뿐 아니라 사회적 소수자(인종/민족적 소수자)이고, 연구 참여 과정에서 심리적 스트레스가 유발될 수 있기 때문이다(예: 외상 사건에 대한 환기). 참여자가 면접에 참여해 발생할 수 있는 부작용을 최소화하기 위해, 면접 도중 참여자가 신체적 피로감이나 심리적 불편감(예: 외상 사건 환기로 인한 불안, 우울, 분노감 등)을 호소할 경우 즉시 면접을 종료할 수 있고, 참여자가 원할 경우 개인상담(1:1, 최대 3회기)을 무료로 제공하거나 또는 외부 상담센터와 연계할 수 있도록 연구 절차를 마련하였다.

마지막으로, 연구 대상과 동일한 연령대의 청소년들에게 면접질문이나 활동지가 이해하기 쉬운지를 확인받았다(2014년 6월). 이때, 질문지의 타당도를 검토하기 위한 예비 면접을 다문화가정 청소년과 진행할 경우 이들 또한 부정적인 영향을 받을 수 있다는 IRB의 제언을 토대로, 동일 연령대의 비(非)다문화가정 청소년들에게 면접 자료의 가독성만을 평가받았다. 본 연구팀은 지인들에게 청소년을 소개받았는데, 면접 자료의 가독성을 평가한 비(非)다문화가정 청소년은 중학교 3학년 남학생 2명, 고등학교 1학년 여학생 1명이었다. 본 연구팀은 학생들을 개별적으로 만나 사전/심층 면접지 및 활동지를 검토하고 가독성을 평가하도록 요청하였다. 3명 모두 질문지와 활동지의 내용 및 구성이 이해하기 쉽다고 보고하였다.

본 연구에서는 연구 목적에 맞는 참여자를 선발하고 참여자를 보호하기 위해 사전 면접지와 심층 면접지를 구분하여 제작하였다. 구체적으로, 사전 면접에서는 연구 참여를 희망하는 다문화가정 청소년이 ① 사회적 차별을 경험하였는지, ② 사회적 차별로 인한 외상 증상을 경험하였는지, ③ 외상 증상으로부터 회복되었는지를 확인하였다. 만일 면접 당시 다문화가정 청소년이 외상 사건으로 인한 증상을 여전히 경험하고 있고 외상 사건을 회상하기 어려울 정도라고 판단되면 더 이상 심층 면접을 진행하지 않았다. 심층 면접에서는 ① 사회적 차별 사건, ② 사건으로 인한 외상 증상, ③ 외상 증상으로부터 회복하는 데 영향을 미친 요인, ④ 외상 증상으로부터 성장한 경험의 양상 및 이에 영향을 미친 요인이 무엇인지를 확인하였다.

1) 사전 면접 질문지

사전 면접 질문지는 면접자용 사전 면접지(부록2-1)와 참여자용 활동지(부록2-2)로 구성되어 있다. 우선, 면접자용 사전 면접지는 ① 사전 면접의 목적, ② 면접 대상자 평가로 구성되어 있다. 면접 대상자 평가는 첫째, 다문화가정 청소년이 차별을 경험하였는지를 물어보는 지시문이 수록되어 있으며, 다문화가정 청소년이 '차별'이라는 어휘를 이해하고 있는지를 검토하는 과정도 포함되어 있다. 만약 '차별'이라는 어휘를 이해하지 못하는 청소년의 경우, 청소년이 차별을 이해하고 지양할 수 있도록 제작된 동화(이경혜, 2006)를 보여주었다. 또한, 본 연구팀은 다문화가정 청소년들이 차별 경험 여부 및 그 종류를 수월하게 보고할 수 있도록 활동지(부록2-2-1. 사전 면접 활동지1. 차별 경험 체크리스트)를 제작하였다. 활동지에는 Bryant-Davis와 Ocampo(2005), Carter(2007), 정예리와 이숙희(2009), 최근 뉴스 등 문헌연구에서 선별한 24가지의 차별을 그림과 함께 제시하였다(예: '놀림을 받는다', '내가 제시한 생각이나 의견이 무시당한다'). 또한, 24개의 차별 밑에는 경험한 당시의 연령, 가장 힘들었던 차별이 무엇인지를 적을 수 있게 하였다.

둘째, 다문화가정 청소년이 차별 사건으로 인해서 외상 후 스트레스를 경험하였는지를 확인하기 위해, 이 책에서는 외상 후 스트레스 체크리스트를 제작하고(부록2-2-2. 사전 면접활동지2. 차별로 겪은 어려움 체크리스트) 이를 바탕으로 외상 후 스트레스를 경험하였는지를 확인하는 기준을 만들었다. 외상 후 스트레스 체크리스트는 '달리 분류되지 않은 극단적 스트레스로 인한 장애(Disorders of Extreme Stress Not Otherwise Specified; DENOS)'의 진단 기준 중 6항목에 대한 Complex PTSD Interview; CPTSD-I(Ouimette, Wolfe, & Chrestman, 1996)를 양계령(2008)이 자기보고식으로 번안·수정한 것을 바탕으로 제작하였다. 청소년들이 차별을 겪었을 때와 현재 느끼는 스트레스 정도를 0점에서 100점 사이로 각각 응답하도록 활동지를 구성하였으며, 각 문항들을 이해하기 쉽도록 구체적인 예를 들었다. 예를 들어, '심하게 불안해지고 우울해진다'라는 문항은 '안절부절못하고, 가만히 있지를 못하겠어요'라는 예시를 포함시켰다. Ouimette 등(1996)이 제안한 기준에 따라 차별을 경험하였을 당시에 모든 문항의 평균 점수가 25점

이하일 경우 차별로 인한 외상 후 스트레스를 경험하지 않았다고 판단하여 심층 면접을 진행하지 않았다. 평정 시 면접자가 참고할 수 있도록 '외상 후 스트레스'에 대한 정의를 면접지에 수록하였다.

마지막으로, 사전 면접 질문지에 참여자가 외상 후 스트레스에서 회복되었는지를 확인하는 평가 항목을 포함시켰다. 우선, 앞서 설명한 외상 후 스트레스 체크리스트에 대한 반응을 확인해서 '현재'와 '차별을 겪었을 당시'의 스트레스 수준이 다르지 않거나 오히려 현재 경험하는 스트레스 수준이 클 경우 회복하지 못한 것으로 판단하였다. 반면, 현재 경험하는 스트레스 수준이 차별 당시와 비교해서 낮은 것으로 나타나면, 차별 사건을 경험할 당시와 비교해서 낮다고 보고한 문항들에 대해 질문하고 참여자의 반응을 바탕으로 외상 후 스트레스에서 회복되었는지를 판단하였다. 또한 면접자는 Harvey가 제안한 회복 기준을 적용해서 기준에 하나 이상 부합할 경우, 현재 참여자가 회복 단계에 있다고 간주하였다(예, 외상 사건을 명료하게 회상할 수 있는가?). 즉, 연구 참여자의 회복 여부를 판단하기 위해 면접자는 외상 후 스트레스 체크리스트의 응답 내용뿐 아니라 Harvey의 회복 기준을 참고해서 참여자가 심층 면접에 참여할 수 있는지를 판단하였다.

2) 심층 면접 질문지

심층 면접 질문지는 연구 문제에 따라 5개의 영역으로 구성하였으며, 각 영역의 전과 후에 지시문을 수록하여 반구조화된 질문지 형식으로 제작하였다(부록3-1. 심층 면접지(면접자용)). 첫 번째 영역은 구체적인 차별 관련 외상 사건을 탐색하는 영역으로, 연구 참여자가 가장 힘들었던(외상 증상이 심각하였던) 사건을 자세히 이야기할 수 있도록 질문을 구성하였다. 각 질문은 육하원칙에 따라 확인하는 형식으로 제작되었고, 차별이 복합외상 사건임을 고려하여 차별 사건의 횟수와 지속기간을 물어보고 당시의 대처 방식을 확인하였다.

심층 면접 질문지의 두 번째 영역은 차별 사건으로 인한 증상을 탐색하는 영역으로, 사회적 차별을 경험하면서 인지, 정서, 행동, 신체, 대인관계, 학교생활 등에서 어떤 증상과 문제가 발생하였는지를 물어보았다. 이때, 청소년들이 자신의 경험을 이야기하기 수월하도록 활동지(부록3-2-1. 심층 면접활동지1. 외상증상 목록)를 제작하였다. 활동지에는 Race-Based Traumatic Stress Symptom Scale(RBTSSS; Carter, Mazzula, Victoria, Vazquez, Hall, & Smith, 2013)과 우채영 등(2010) 등의 문헌들을 바탕으로 인지, 정서, 행동, 신체, 대인관계, 학교생활 영역에서 나타날 수 있는 외상 후 스트레스 증상을 포함시켰는데, 청소년의 흥미, 이해도, 집중도를 높이기 위해 각 증상과 관련된 그림을 함께 수록하였다. 활동지에는 청소년이 자신의 증상을 이야기하기 어려워하거나 자세히 설명하기 어려워할 경우에만 활용할 것을 명시하였다.

세 번째 영역은 외상 회복 양상 및 회복에 영향을 미친 요인을 탐색하는 영역으로, 사회적 차별 사건으로 인한 외상 증상에서 어떤 점이 회복되었고, 이에 영향을 미친 요인이 무엇인지를 물어보는 질문들이 포함되어 있다. 이때 참여자가 외상 증상과 회복의 개념을 쉽게 이해할 수 있도록 활동지(부록3-2-2. 심층 면접활동지2. 외상, 회복, 성장 그림)를 제작하였다. 활동지에는 사회적 차별, 외상 증상, 회복, 성장으로 이어지는 심리 과정을 설명하는 그림들을 포함시켰다. 이 과정을 설명하기 위해 본 연구팀은 3가지 버전을 제작하였는데, 첫 번째 버전에서는 사과를, 두 번째 버전은 조개, 세 번째 버전은 나무를 활용하였다. 각 버전은 부록에서 확인할 수 있다. 면접지에는 부록3-2-2

의 활동지를 활용하여 외상과 회복에 대한 개념을 설명을 하도록 유도하는 지시문을 수록하였고, 참여자가 이해하였다고 판단될 경우에만 회복과 관련된 질문을 하도록 지시하는 문구를 삽입하였다. 회복되었다고 느껴지는 부분이 무엇인지를 물어보는 질문과 이에 영향을 미친 요인이 무엇인지를 물어보는 두 가지 종류의 질문을 구성·수록하였다. 이 중 회복에 영향을 미친 요인이 무엇인지를 탐색하는 질문들은, 스스로 노력한 점과 외부로부터 도움을 받은 점을 구분하여 질문하도록 구성하였다. 마지막으로, 유사한 경험을 하고 있는 친구들에게 하고 싶은 말을 하도록 유도하는 질문을 포함시켜, 실제 도움을 줄 수 있는 요인을 추출하면서도 질문에 응답하는 참여자가 자신의 극복 과정을 돌아보게 함으로서 자긍심을 느낄 수 있도록 하였다.

네 번째 영역은 외상 후 성장 양상을 탐색하는 질문들로 구성하였다. 구체적인 질문에 들어가기 전에, 앞서 활용하였던 활동지(부록3-2-2)를 사용해서 참여자가 외상 후 성장 개념을 이해할 수 있도록 지시문을 포함시켰다. 질문들은 개방형 질문으로서, 외상 후 성장한 양상이 무엇인지를 이야기할 수 있도록 유도하는 질문과, Tedeschi와 Calhoun(1996)이 제안한 외상 후 성장 양상을 바탕으로 구체적인 질문들로 구성하였다(예: "힘든 일을 겪고 시간이 지나고 나니 내 자신에 대해 새롭게 느끼거나 생각한 것이 있나요? 만약 있다면, 어떤 점에서 새롭게 느끼거나 생각하게 되었나요?"). 본 연구에서는 참여자가 외상 후 성장 양상을 쉽게 설명할 수 있도록 활동지(부록3-2-3. 심층 면접 활동지 3. 외상 후 성장 목록)를 제작하여 사용하였다. 활동지는 외상 후 성장 척도(Posttraumatic Growth Inventory; PTGI)의 하위 척도인 '사람들과의 관계가 깊어짐', '마음이 강해짐', '삶에 감사하게 됨', '영적으로 성숙함', '새로운 가능성을 발견함' 5개의 양상으로 구성되어 있으며, 외상 후 성장 척도의 문항 및 개정판 스트레스—관련 성장 척도(Revised Stress-Related Growth Scale; RSRGS), 지각된 혜택 척도(Perceived Benefit Scale; PBS)의 문항들을 예시로 포함시켰다.

마지막 영역은 외상 후 성장에 영향을 미친 요인들을 탐색하는 질문들로 구성하였다. 회복에 영향을 미친 요인들을 탐색하는 질문과 마찬가지로, 스스로 노력한 점과 외부로부터 도움을 받은 점을 구분하여 질문하였다. 마지막으로, 심층 면접에서 느낀 점을 탐색하고 불안을 해소할 수 있도록 지시문을 구성하였으며, 다문화가정 청소년의 입장에서 잘 적응하기 위해서 어떠한 도움이 필요한지를 물어보는 질문을 수록하였고, 마무리로 궁금한 점을 물어보는 질문을 포함시켰다.

4. 연구 참여자 모집 및 자료 수집 절차

1) 연구 참여자 모집

이 책에서는 3가지 방식/경로로 연구 참여자를 모집하였다. 첫째, 다문화기관의 담당자 및 다문화 중점 학교 교사에게 연락하여 다문화가정 청소년의 연락처를 습득한 후 면접을 진행하거나, 둘째, 본 연구팀에서 제작한 다문화가정 청소년을 대상으로 한 자아존중감 향상 프로그램을 중/고등학교에서 실시한 후 원하는 학생을 대상으로 면접을 진행하거나, 마지막으로 다문화가정 청소년들이 많이 모이는 장소에 본 연구팀에서 제작한 홍보물(포스터)을 직접 부착 또는 다문화 관련 기관에 부착하여 이를 보고 연락한 청소년들을 면접하였다.

(1) 연구 참여자 모집 문건 제작

앞의 3가지 방식으로 연구 참여자를 모집하기 위해, 다문화 관련 기관 및 학교에 보낼 협조 요청 공문을 작성하였다(부록4-1, 부록4-2, 부록4-3). 이 문건의 구성 요소 및 순서는 다음과 같다. 우선, 본 연구의 개관 및 절차, 방법을 간단히 소개하고 연구 참여자 모집의 3가지 경로를 각각 제시하였다. 특히, 다문화가정 청소년을 위한 자아존중감 향상 프로그램의 내용과 순서를 상세히 서술하였다. 또한, 세 번째 경로의 이해를 돕기 위해 각 기관에 공문을 보낼 때 홍보물(포스터) 역시 첨부파일로 함께 전송하였다. 홍보물의 경우 잠재적인 연구 참여자에게 직접 노출되는 것이기 때문에, 연구윤리심의위원회(IRB)의 심의를 거쳤다.

(2) 모집 과정

① 교육청 및 학교 연락망을 통한 연구 참여자 모집

연구자들은 총 74개의 학교와 연락을 시도하였고 이 중 38개 학교가 본 연구에 협조하였다. 그중, 7개 학교는 다문화 담당 교사가 연구 참여를 희망한 다문화가정 학생의 연락처를 연구팀에게 직접 전달하였으며, 3개 학교는 자아존중감 향상 프로그램 진행을 요청하였고, 28개 학교는 연구 참여 포스터를 교내에 게시해주었다. 다문화가정 청소년을 위한 자아존중감 향상 프로그램에 참여한 학생은 총 28명(A교 11명, B교 11명, C교 6명)이었다. 그중 A교에서는 8명, B교에서는 6명, C교에서는 1명이 연구에 참여하기를 희망하였고 연구원들이 해당 학교로 방문해 면접을 진행하였다. 이 밖에도, 연구원들은 앞의 세 학교를 포함해 총 16개의 학교로(또는 학교 근처) 직접 방문해 다문화가정 청소년과 면접을 진행하였으며 이러한 경로로 연구에 참여한 청소년은 총 28명이었다. 반면, 총 36개 학교에서 연구 참여자 모집을 거절하였는데 그 이유는 다음과 같다. 첫째, 본 연구의 대상인 다문화가정 청소년이 없거나, 있어도 중도입국 다문화 청소년들이었다. 둘째, 해당 학교에서 다문화가정 청소년을 위한 프로그램들이 충분히 진행되어 학생들이 연구 참여를 거부하였다.

② 지인을 통한 연구 참여자 모집

다문화 관련 기관에서 근무하는 지인을 통해서 다문화가정 청소년 11명과 면접을 진행하였으며, 교사의 소개로 3명의 청소년과 면접을 진행하였다.

③ 홍보물을 통한 연구 참여자 모집

홍보물에 적힌 이메일 주소로 다문화가정 청소년이 연구 참가 신청을 하는 경우도 있었으나 대부분 본 연구의 대상이 아니었다(예: 중도 입국 청소년, 외국인 노동자 자녀).

2) 자료 수집

자료 수집 절차 및 유의 사항들은 〈그림 3-1〉에 요약해서 제시하였다.

① 연구 참여자와 신뢰감 형성

면접 진행에 앞서 연구자와 다문화가정 청소년 간의 신뢰감 형성이 중요하였다. 다문화가정 청소년이 연구에 참여하게 된 경로에 따른 방식으로 신뢰감을 형성하였고, 참여 의사를 결정할 수 있도록 독

연구 참여자와 신뢰감 형성	연구 참여 동의	사전 면접	심층 면접
• 연구원과 연구 참여자가 익숙해지고 면접 참여에 대한 부담을 줄이는 과정	• 연구 참여자가 연구의 절차와 내용 및 목적을 충분히 이해한 후 참여할 수 있도록 함	• 내용: ① 다문화가정 청소년으로서 사회적 차별 경험 여부 ② 이 차별 경험으로 인한 외상 증상 유무 ③ 사회적 차별로 인한 외상 증상으로부터 회복 하였거나, 회복 과정 중에 있는지 여부 ● 소요시간: 30분 내외	• 내용: ① 사회적 차별 경험에 대한 질문 ② 사회적 차별로 인한 외상 증상에 대한 질문 ③ 사회적 차별로 인한 외상 증상으로부터 회복한 모습과 그 과정에 대한 질문 ④ 사회적 차별로 인한 외상 증상으로부터 성장한 모습과 그 과정에 대한 질문 ● 소요시간: 1~1시간 30분

※ 연구 유의사항
1) 연구 참여자들이 직접 참여 여부를 결정하도록 함
2) 연구 목적에 맞는 참여자를 선별하기 위해 사전 면접을 진행함
3) 연구 참여자의 부모님께 직접 연락하여 연구 참여에 대한 승낙을 얻음
4) 면접을 진행하면서 차별로 인해 상처를 받은 다문화가정 청소년들에게 치유 경험이 될 수 있도록 노력함

〈그림 3-1〉 자료 수집 과정 및 유의사항

려하였다. 우선 교사 소개로 연구에 참여한 다문화가정 청소년들의 경우, 참여 동기가 높지 않고 연구 참여에 불편감을 느낄 가능성이 높았다. 이에 본 연구팀은 2-3번의 전화 통화로 참여자에게 연구 내용과 면접 질문, 연구 참여로 얻을 수 있는 이득을 소개하고 설명하였다. 또한 참여자가 청소년이기 때문에 면접 참여의 의사결정이 어려울 수 있으므로 부모와 충분히 의논하여 결정할 수 있도록 독려하였다. 마지막으로, 다문화가정 청소년의 부모에게도 연구 목적 및 참여자가 얻을 수 있는 이득을 유선으로 설명하고 동의를 구하였다. 전반적으로 나이가 어리고 내성적인 청소년일수록 새로운 사람을 만나

는 것을 불편하게 여겨 연구 참여를 결정하기까지 시간이 소요되었다. 이때 연구원들은 다문화가정 청소년에게 면접 과정을 자세히 설명하고, 면접 시간을 편안한 대화 시간으로 생각할 수 있도록 조력하였다.

반면, 자아존중감 프로그램에 참여한 후 면접을 진행한 다문화가정 청소년은 면접 부담이 덜하고 연구원을 비교적 편안하게 대하였다. 연구원들 또한 프로그램에서 파악한 다문화가정 청소년의 성격이나 특성을 활용할 수 있어서 보다 친근하게 면접을 진행할 수 있었다. 또한, 고등학교 1학년 이상의 청소년일수록 면접 참여에 적극적인 태도를 보였다. 그중 몇몇 학생들은 다문화가정 청소년을 위한 사회적인 변화가 있기를 기대하고 있었으며, 인터뷰에 참여하려는 동기 또한 높았다.

② 연구 참여 동의

연구 참여자들에게 연구에 대해 설명한 후 연구 참여 동의를 구하였다. 연구 참여자가 스스로의 권리를 보호하면서 면접에 참여할 수 있도록 연구원은 참여자에게 참여자 설명문을 전달하였고, 유선 또는 대면해서 내용을 자세히 설명하였다. 첫째, 연구원을 소개하고 면접 목적을 설명하였다. 둘째, 면접은 녹음되지만 인적사항은 익명으로 처리되며 모든 개인 정보의 비밀 보장을 위해 최선을 다할 것을 약속하였다. 셋째, 면접 과정에서 심리적/신체적 불편감(예: 피로함, 과거를 회상하면서 경험하는 심리적 스트레스 등)을 호소할 경우 연구팀에서 제공할 수 있는 서비스(최대 3회기 개인상담)에 관해 설명하였다. 넷째, 면접 전체 과정에서 참여자가 원할 경우 중단 또는 종료를 요청할 수 있음을 명시하였다. 다섯째, 보상은 면접이 종료된 이후에 지급됨을 명시하였다. 마지막으로, 대략적인 소요 시간과 함께 면접의 전체 과정을 간략히 설명하였다. 이와 같은 내용은 참여자뿐만 아니라 참여자의 법적 보호자(부모 등)에게도 유선으로 설명하였으며, 구체적인 내용이 담긴 보호자 설명문을 법적 보호자에게 이메일 또는 직접 전달하였다. 이를 숙지한 후 참여를 희망하는 법적 보호자와 다문화가정 청소년은 참여 동의서에 서명하였다. 연구원은 참여자와 법적 보호자로부터 연구 참여 동의를 구한 후에 참여자와 면접 시간과 장소를 논의하였다.

③ 면접 장소 선정

연구 참여를 희망하는 학생에 한해 연구원 4명이 직접 면접을 진행하였다. 면접은 연구 참여자의 편의를 우선적으로 고려하여 이들이 다니는 학교나 참여자가 선호하는 장소에서 진행하였다. 면접 장소는 참여자의 학교 교실이나 특별실부터 카페, 학원 강의실, 연세대학교 강의실 등으로 다양하였다. 학교 측에서 본 연구에 도움을 준 경우에는 교실이나 특별실에서 면접을 실시하였고, 참여자들과 직접 연락을 취한 경우는 약속을 잡는 과정에서 적절한 장소를 선택하였다. 면접 장소 선택 시 가장 중요하게 고려된 사항은 연구 참여자가 편안함을 느낄 수 있는 장소였다. 면접은 그 내용이 밖으로 새어나가지 않도록 독립된 공간에서 실시하였고, 참여자와 연구원 이외에는 대화 내용을 들을 수 없었다. 면접 시간은 참여자가 선호하는 날짜, 요일, 시간에 진행되었으며, 면접은 1시간에서 1시간 30분 정도 소요되었다.

④ 면접을 통한 자료 수집

면접은 사전 면접과 심층 면접 순으로 진행되었으며 모든 면접 내용을 녹음하였다. 면접은 본 연구팀에서 제작한 '면접 질문지(사전 면접지/심층 면접지)'에 제시된 순서로 진행되었다. 먼저 연구원은 사전 면접에서 30분 내외의 시간 동안 참여자가 ① 다문화가정 청소년으로서 사회적 차별 경험이 있는지, ② 이로 인한 외상 증상을 겪었는지, ③ 외상 증상으로부터 현재 회복하였거나 회복 과정 중에 있는지를 평가하고 이후 면접을 진행할 수 있는지를 판단하였다. 적합한 연구 대상이라고 판단될 경우, 연구 목적에 맞게 제작된 심층 면접지를 토대로 외상증상에서 회복되고 성장한 일련의 과정을 질문하는 심층 면접을 진행하였다. 면접이 종료되기 직전 연구원은 연구 참여자에게 면접에 대한 느낌과 소감을 묻고 보상(문화상품권 20,000원권)을 지급한 뒤 면접을 종료하였다. 연구원은 추가 자료 수집 및 자료 확인을 위해 추후에 다시 연락할 수 있음을 연구 참여자에게 전달하고 동의를 구하였다.

5. 자료 분석

연구자들은 원자료화, 개방코딩, 축코딩을 진행하면서 자료를 분석하였고, 다양한 방법으로 수집한 자료의 타당성을 확보하고자 노력하였다. 아래에 자료 분석 과정과 타당성 검증 과정을 기술하였다.

1) 원자료화

연구 참여자들과의 면접으로 녹음된 자료는 총 42개였고, 그중에서 사전 면접만 진행된 경우를 제외하고 심층 면접까지 모두 진행된 면접 자료는 29개였다. 29개의 녹음 자료에는 대상자별로 코드를 부여하였고, 녹음된 자료는 연구원 4명이 완전 축어록 형태로 제작하였다. 축어록 제작과 동시에 4명의 연구자들(상담 전공 박사과정 1명, 상담 전공 석사 2명, 상담 전공 석사과정생 1명)은 4개 사례(남자2, 여자2; 중학생2, 고등학생2)에 대해 문장 단위로 분석하기 위한 원자료(raw data)를 생성하고 그 수준이 유사한지를 확인하였다. 나머지 자료는 연구자가 각각 6-7사례씩 전담하여 분석하였는데, 주 1-2회(5개월 동안 총 20여 회)의 분석 회의를 개최하여 각자 분석한 사례의 원자료 수준을 확인하였다. 또한 월 1-2회(5개월 동안 총 7여 회) 검토 회의를 개최하여 연구책임자가 원 자료 수준이 사례별로 일치하는지를 확인하고 피드백을 제공하였다.

2) 개방코딩(open coding)

개방코딩 단계에서 연구자들은 원자료를 줄단위(line by line)로 분석하고 문장·문단 분석 방법으로 개념을 도출하는 '개념화' 과정을 진행하였다. 이렇게 도출된 개념들을 좀 더 압축하고 개념적인 용어로 변환한 후 이 용어들을 다시 비슷한 것끼리 묶는 '하위범주 분류'작업을 수행하였다. 원자료화를 진행하는 동시에, 4명의 연구자들은 4개의 사례(남자2, 여자2; 중학생2, 고등학생2)를 함께 분석하여 개념을 도출하는 개념화 작업을 실시하였고, 연구자들 간의 개념 명명의 수준이 유사한지를 확인하였다. 4개 사례의 개념화 및 범주화 작업을 토대로, 연구자들은 나머지 자료를 각자 6-7사례씩 전담하여 분석하였고, 주 1-2회(5개월 동안 총 20여 회) 분석 회의를 개최하여 각자 분석한 사례의 개념 명명과 하위범주를 합의하여 하위범주 표를 제작하였다. 또한 월 1-2회(5개월 동안 총 7여 회) 검토 회의를 개최하였는데, 이때

〈표 3-3〉 개방 코딩 예시(1)

참여자		원자료	개념화	하위 범주
49	1	어… 14살때부터 시작되었지만 15살 때가 많이 심하였어요. 그때 같은 반 남자애 친구가 (남자애가, 1명이?) 네. (어떻게 하였는데, 너한테?) 광대뼈를 주먹으로 쳤어요. (왜?) 음… 그냥 자기 맘에 들지 않는다는 이유로 쳐가지고. (광대뼈를 쳐서 어떻게 되었어?) 전치 18주… (진짜? 18주면 진짜 심하게 다쳤나 보다)	중 2때 같은 반 남자애가 자기 마음에 안 든다는 이유로 내 광대뼈를 쳐서 전치 18주가 나옴	신체적 공격을 당함
49	2	네. 그것 때문에 학교도 그만두고…	폭력을 당하고 나서 학교를 그만둠	
49	3	13살 때는 제가 뉴질랜드에 갔다가 귀국하였던 나이에요, 그때 환경 적응도 잘 안 되었는데 국어 시간에 중국인들을 부르는… 속된 말로 짱개라고 있잖아요. 제 어머니가 그 중국 쪽이라는 이유로 제가 짱개라고 불리고… 그랬어요.	초6 때 국어 시간에 엄마가 중국 사람이라는 이유로 내가 짱개로 놀림 받음	다문화에 대한 차별적인 태도를 경험함
49	4	(엄마가 대만 분인 걸 어떻게 알았지?) 애들이 알고 있어요. (어떻게?) 엄마가 학교에 한번 온 적이 있었는데 저랑 중국어로 몇 마디 나누는 걸 보고는 그걸 보더니 어머니가 중국 분이시라고…	학교에서 엄마랑 내가 중국어로 대화하는 것을 보고 반 애들이 우리 엄마가 중국인이라는 사실을 알게 됨	다문화임이 밝혀짐

연구 책임자가 원자료의 의미가 개념과 하위범주에 적절히 명명·분류되었는지를 검토하고 피드백을 제공하였다. 원자료를 개념화하고 하위범주화 한 예가 〈표 3-3〉에 제시되어 있다.

마지막으로, 연구원 4인은 주 1-2회(2개월 동안 총 8여 회)의 분석 회의를 개최하여 최종 합의된 하위범주들만 놓고 자유롭게 묶었다가 헤치는 작업을 반복하였다. 또한 연구 책임자의 주최 아래 월 1-2회(2개월 동안 총 3여 회) 검토회의를 개최하였다. 상위범주 도출 과정의 예를 들면 다음 〈표 3-4〉와 같다.

〈표 3-4〉 개방 코딩 예시(2)

개념	하위범주	범주
물건을 숨김	물건을 빼앗김	물리적 침해를 당함
금품 갈취		
착취당함		
감금	신체적 공격을 당함	
물리적 괴롭힘을 당함		
신체적 폭력		
집단 폭력		

3) 축코딩

축코딩은 개방코딩에서 도출된 범주들을 재조합하고 그들 간의 관계를 밝히는 과정이다. Strauss와 Corbin(1990)은 범주들을 중심 현상(phenomenon), 인과적 조건(causal conditions), 맥락적 조건(contextual conditions), 중재적 조건(intervening conditions), 작용/상호작용 전략(actions/interactions strategy), 결과(consequences)를 나타내는 영역에 연계시킬 것을 제안하였다. 연구자 4명은 축코딩을 위해 주 1-3회(3개월 동안 총 30회) 분석회의를 개최하였고, 개방 코딩에서 도출된 52개의 상위범주들을 자유롭게 재조합하여 각 영역에 위치시킴으로써 범주 간 관계를 명확히 하려고 노력하였다. 또한, 월 1-2회(약 7여 회) 연구 책임자의 주최 아래 분석 회의를 개최하여, 참여자들의 경험이 범주 간 관계를 나타내는 모형에 잘 반영이 되었는지 의견을 교환하고 합의를 이루었다.

4) 연구의 타당성 검증

이 책에서는 Guba와 Lincoln(1981)이 제시한 사실적 가치(true value), 적용가능성(applicability), 일관성(consistency), 중립성(neutrality)을 적용하여 연구 결과의 타당성을 확보하고자 하였다. 첫째, 사실적 가치를 평가하기 위해, 연구 참여자 5명(남자1, 여자4; 중학생2, 고등학생2, 대학생1)을 대상으로 연구 결과가 다문화가정 청소년의 사회적 차별로 인한 외상 증상 및 회복과 성장 내용을 충분히 반영하고 있는지 확인하였다. 이를 위해 연구자들은 인터넷으로 응답할 수 있는 설문지를 제작하였는데, 설문에는 본 연구에서 도출된 범주 및 범주 간 관련성을 제시한 뒤, 참여자들로 하여금 ① 자신의 경험을 얼마나 반영하고 있는지, ② 전체 다문화가정 청소년들의 경험을 잘 반영하고 있다고 생각하는 지를 6점 척도로 평가하도록 하였다. 그 결과, 전체 평정 점수의 평균이 4.34점(SD=1.12)으로 나타나 연구 결과가 참여자들의 경험을 잘 반영하고 있다고 판단하였다.

둘째, 본 연구에 참여하지 않았지만 사회적 차별을 경험하고 이후 회복 및 성장한 다문화가정 청소년 2명(남자2; 고등학생2)을 모집하여 본 연구 결과의 적용 가능성을 평가하였다. 이를 위해 인터넷으로 응답할 수 있는 설문지를 제작하여, 본 연구에 나타난 범주와 범주 간 관계가 이들 경험을 반영하는지를 확인하였다. 참여자들은 ① 자신의 경험과 얼마나 일치하는지, ② 전체 다문화가정 청소년들의 경험을 잘 반영하고 있다고 생각하는지를 6점 척도로 평정하였다. 그 결과 전체 평정 점수의 평균이 4.6점(SD=0.99)으로 나타나 본 연구 결과가 연구에 참여하지 않은 다문화가정 청소년들에게 적용 가능한 것을 확인할 수 있었다.

셋째, 연구 결과의 일관성을 확보하기 위해, 근거이론으로 연구를 수행한 경험이 있는 교육학 박사 1인(남성, 40대)과 상담전문가 1인(여성, 30대)에게 자문을 구하고 논의하는 과정을 거쳤다. 자문은 주로 개방코딩과 축코딩의 각 단계 이후 자료 분석의 적절성에 초점을 맞추어 진행되었다.

마지막으로, 중립성 확보를 위해, 연구 준비 단계부터 면접을 실시하고 자료를 분석하는 과정에 이르기까지 연구자들은 개인적 편견이 개입되지 않도록 노력하였다. 우선, 연구자들은 각자 다문화 및 사회적 차별을 어떻게 바라보는지, 피해자나 가해자에 대해 어떤 생각을 지니고 있는지 등을 이야기하면서 연구 주제와 관련된 선입견을 가지고 있는지를 확인하였다. 또한, 연구자들은 다문화/다문화상담 관련 세미나에 참석하여 자신의 관점과 태도를 반성적으로 성찰하는 시간을 가졌다. 면접 진행 과정에서는, 특정 관점이 들어간 질문이나 폐쇄형 질문을 하지 않음으로써 참여자의 실체적 경험이 온전히 드러날 수 있도록 노력하였다. 자료 분석 전에는 근거이론 관련 워크숍에 참석하였고, 근거이론 분석 과정을 설명한 논문들을 정독하였다. 또한, 연구자들은 자료 분석을 실시하면서 연구자의 치우친 견해를 바탕으로 결과 또는 결론이 도출되지 않도록 근거이론에서 활용하는 분석 절차를 충실히 따르고자 하였다.

제 4 장

연구 결과

제4장 연구 결과

이 장에서는 근거이론의 패러다임을 토대로 수행된 범주분석 결과를 기술하고자 한다. 우선, 개방코딩으로 도출된 개념과 하위범주 및 범주를 제시할 것이다. 그런 다음, 축코딩에서 드러난 인과적 조건과 중심현상, 맥락적 조건, 작용/상호작용, 중재적 조건과 결과를 참여자의 생생한 목소리와 함께 자세히 설명하고자 한다.

1. 자료의 범주화 결과

이 책에서는 참여자들의 면접 자료를 질문하기와 비교하기를 통해 줄 단위로 분석하면서 개념을 발견하여 명명한 후, 유사하거나 의미상 관련이 있는 개념들을 범주화시키고, 범주 속성과 차원을 발달시켜 나갔다. 이러한 분석 작업으로 최종 525개의 개념이 도출되었고, 이 개념들을 추상화시킨 145개의 하위범주와 이들 하위범주를 다시 추상화시킨 52개의 범주가 도출되었다(표 4-1 참조). 〈표 4-1〉에서 볼 수 있듯이, 각 개념에 해당되는 경험(예, 물건을 숨김)을 보고한 참여자 빈도를 괄호 안에 제시하였다. 또한, 하위범주에 해당하는 경험(예: 물건을 빼앗김)의 빈도는 [부록 5-1]에 그래프로 제시하였다.

〈표 4-1〉 자료에서 도출된 개념, 하위범주 및 범주

개념	하위범주	범주
물건을 숨김 (빈도=1)	물건을 빼앗김	(1)물리적 침해를 당함
금품을 갈취함 (7)		
착취당함 (4)		
나를 감금함 (1)	신체적 공격을 당함	
물리적 괴롭힘을 당함 (7)		
나를 때림 (9)		
집단 폭력을 당함 (2)		
외톨이가 됨 (8)	소외됨	(2)배제당함
무시받음 (11)		
따돌림을 당함 (5)		
무리로부터 떨어짐 (1)		
괴롭힘을 당함 (4)	미움받음	
나를 뒷담화함 (1)		
교사가 차별에 무관심함 (4)	차별을 방관하는 분위기를 경험함	
주변사람들이 차별에 동조함 (3)		
주변사람들이 차별을 방관함 (6)		
다문화로 인해 놀림 (28)	놀림받음	(3)언어적으로 괴롭힘을 당함
외모를 놀림 (4)		
다문화 언어를 놀림 (2)		
부족한 한국어 실력을 놀림 (3)		
다문화로 인해 비난받음 (9)	비난받음	
다문화로 인해 언어폭력을 당함 (9)		
협박당함 (2)		

〈표 4-1〉 자료에서 도출된 개념, 하위범주 및 범주 (계속)

개념	하위범주	범주
가해자를 때려주고 싶음 (빈도=3)	가해자에 대한 분노	(4)화나는 마음이 솟구침
가해자를 신고하고 싶음 (2)		
가해자에 대한 복수심 (5)		
가해자가 괘씸함 (5)		
가해자가 싫음 (7)		
가해자를 용서하기 어려움 (1)		
다문화에 대한 배타적 태도가 싫음 (3)	차별하는 사회에 대한 불만	
차별이 불합리하다고 느낌 (2)		
차별에 기분 나빴음 (8)		
교육 내용에 대해 의심하게 됨 (1)		
다문화 지원에 대한 불만 (2)		
사회 또는 국가에 불만 (1)		
긴장됨 (12)	불안함	(5)몸과 마음이 조마조마하고 괴로움
또 놀릴까봐 긴장됨 (1)		
주변 사람에게 안 좋은 이야기가 퍼질까봐 불안함 (1)		
초조함 (5)		
다리를 떨었음 (1)	긴장으로 인한 신체반응	
땀이 났음 (4)		
떨렸음 (3)		
손이 떨렸음 (6)		
손톱을 물어뜯었음 (1)		
숨쉬기 힘들었음 (3)		
심장이 빨리 뛰었음 (7)		
입이 말랐음 (6)		
메스꺼움 (1)	일상생활이 불편함	
소화불량 (3)		
토함 (1)		
불면증 (2)		
폭식 (1)		
입맛이 없음 (6)		
다문화에 대한 언급에 마음이 아픔 (1)	마음이 아픔	(6)고통스러움
차별 때문에 마음이 아픔 (2)		
내가 불행하다고 느낌 (3)		
상처를 받았음 (7)		
나를 왜 이렇게 대하는지 억울함 (6)		
견디기 힘들었음 (5)		
슬픔 (10)	기분이 가라앉음	
우울함 (3)		
울었음 (11)		
두통/복통 (13)	통증	
몸이 아픔 (2)		
심장을 찌르는 느낌 (1)		

〈표 4-1〉 자료에서 도출된 개념, 하위범주 및 범주 (계속)

개념	하위범주	범주
차별이 자꾸 생각남 (빈도=16)	부정적인 생각이 반복됨	(7)마음이 복잡함
부정적인 생각이 많아짐 (3)		
부정적 생각들로 혼란스러웠음 (1)		
감정 기복이 심함 (7)	감정이 요동침	
감정 조절이 안 됨 (3)		
화가 남 (19)		
짜증남 (20)		
압도됨 (3)		
다문화가 창피했음 (4)	창피함	(8)부끄럽고 도망치고 싶음
잘못한 것 없이 부끄러움 (1)		
눈에 띄고 싶지 않아짐 (1)	피하고 싶음	
지금 있는 곳을 떠나고 싶음 (5)		
가해자와 멀리함 (1)		
전학가고 싶었음 (1)		
이질감을 느낌 (5)	정체성 혼란	(9)현실에서 떨어져 나온 느낌
나의 정체성이 혼란스러움 (1)		
기억이 잘 안남 (1)	멍함	
생각이 정지 됨 (1)		
생각이 없음 (4)		
가해자에게 정색함 (2)	약하게 저항함	(10)가해자에 대한 직접적인 대응
그만하라고 함 (2)		
다문화를 놀리지 말라고 따짐 (1)		
때리지 말라고 함 (1)		
신체적 다툼 (6)	강하게 표현함	
언어적 다툼 (9)		
쫓아냄 (2)		
화를 냄 (3)		
같이 놀림 (1)	똑같이 응대함	
똑같이 복수함 (3)		
가해자를 상대하지 않음 (2)	차별을 무시함	(11)차별을 중요치 않게 여기려고 노력함
그냥 넘어감 (1)		
똑같이 대응하고 싶지 않았음 (2)		
못들은 척함 (5)		
신경 안 쓰는 척함 (1)		
신경 안 씀 (1)		
아무 대응도 안함 (4)		
아무렇지 않게 대함 (1)		
앞에서는 아무렇지 않은 척함 (1)		
점차 무시하게 됨 (1)		
애들에게 먼저 접근 (1)	억지로 밝은 척 행동함	
웃음으로 대처함 (1)		
좋은 기억을 떠올림 (1)		
대수롭지 않게 넘김 (1)	차별을 가볍게 생각함	
어려서 놀리는 것이라고 생각함 (1)		
장난으로 받아들임 (1)		

〈표 4-1〉 자료에서 도출된 개념, 하위범주 및 범주 (계속)

개념	하위범주	범주
교사와 상의하려고 함 (빈도=4)	교사에게 도움을 요청함	(12)도와줄 사람을 찾음
교사와 상의하였으나 소용없었음 (5)		
교사와 함께 있으려고 함 (1)		
부모에게 말하고 상의함 (1)	부모에게 도움을 요청함	
가족에게 하소연함 (1)		
부모가 적극적으로 대응해줌 (2)		
부모가 이야기를 들어줘도 소용없음 (2)		
부모에게 말하였더니 걱정함 (1)		
꿋꿋이 이겨내려고 함 (1)	스스로 이겨내려고 함	(13)혼자 버텨냄
내면을 다짐 (2)		
혼자 해결함 (14)		
기만히 있었음 (5)	참음	
괜찮은 척함 (2)		
조용히 있었음 (1)		
화를 참으려고 노력함 (9)		
표현하지 않음 (8)		
차별의 원인을 생각해봄 (1)	차별의 원인을 이해하려고 함	
차별의 원인을 나로 귀인함 (1)		
차별의 원인을 다문화로 귀인함 (1)		
사람들과 거리 두기 (4)	관계에서 거리두기	(14)회피함
다문화에 대해 부정적인 친구와 거리를 둠 (1)		
혼자 있음 (4)		
수업에서 자버림 (1)	피해 버림	
잠자기 (2)		
도망감 (9)		
학기 중에 다문화 부모의 나라에서 머무름 (1)		
이사함 (2)		
자퇴를 생각함 (2)		
대응방법에 대해 고민함 (3)	어떻게 대처해야 할 지 모름	(15)서투른 대처
대응방법을 모르겠음 (2)		
대응을 못한 것이 후회됨 (3)		
대처방법을 후회함 (1)	대처가 어려움	
차별 이후에 부자연스럽게 행동함 (1)		
차별에 대처가 어려움 (1)		
물건을 때림 (2)	기물을 파손함	(16)문제 행동을 일으킴
물건을 부숨 (1)		
동생을 때림 (1)	가족갈등이 생김	
모에게 반항함 (2)		
모와의 갈등이 심해짐 (1)		
음주 (4)	물질을 남용함	
흡연 (3)		
이성을 잃고 폭발함 (3)	분노 조절이 어려움	
폭력적인 행동을 함 (2)		

〈표 4-1〉 자료에서 도출된 개념, 하위범주 및 범주 (계속)

개념	하위범주	범주
공부가 잘 안됨 (빈도=2)	학업에 집중하지 못함	(17)학업의 어려움
공부내용이 기억 안남 (3)		
집중하기 어려웠음 (14)		
잡생각이 많이 듦 (1)		
공부에 흥미가 없어짐 (1)	학업에 흥미가 없어짐	
학교 가기 싫어짐 (4)		
공부를 안 함 (2)	학업을 포기함	
학교를 안 감 (3)		
교사를 싫어하게 됨 (1)	교사에 대해 부정적인 마음	(18)신뢰로운 관계형성의 어려움
교사에 대한 불신 (4)		
교사에게 배신감을 느낌 (1)		
교사의 제안이 도움 안 됨 (1)		
도와주지 않은 교사를 원망하게 됨 (2)		
관계가 깊어지지 않음 (3)	깊은 관계를 맺지 못함	
친구 사귀기가 힘듦 (2)		
친구들과 사이가 멀어짐 (4)		
친구에게 다가가지 못함 (1)		
친구에게 마음을 닫음 (7)		
깊은 이야기는 숨김 (4)	사람을 믿지 못함	
사람을 잘 못 믿게 됨 (1)		
사람을 시험하게 됨 (2)		
친구를 믿지 못하게 됨 (3)		
친한 친구에게만 다문화임을 밝힘 (1)		
새로운 관계가 힘들어짐 (6)		
나 자신을 사랑하지 못함 (6)	자존감이 낮아짐	(19)자신을 부정함
나의 가치를 절하함 (4)		
나의 존재가치를 의심함 (3)		
자신감이 저하됨 (4)		
자책함 (2)		
자해 (5)	자살 및 자해 시도	
자살 사고 (6)		
자살 시도 (1)		
다문화 배경에 대한 불만 (2)	다문화인이라는 것이 싫음	
다문화 이야기를 피하고 싶어짐 (2)		
다문화 배경을 숨기고 싶었음 (5)		
힘이 없음 (3)	무기력함	(20)절망감
아무것도 안함 (3)		
의욕이 없어짐 (3)		
대응이 소용없음을 느낌	무력함	
내가 이겨낼 수 없다고 느낌		
소외감 (3)	외로움	(21)외톨이 같음
쓸쓸함 (7)		
혼자 다님 (3)	혼자임	
부모나 교사의 무관심을 느낌 (2)		
다른 사람과 어려움을 의논하지 못함 (11)		

〈표 4-1〉 자료에서 도출된 개념, 하위범주 및 범주 (계속)

개념	하위범주	범주
말하는 것이 힘들어짐 (빈도=4)	자기표현을 못함	(22)위축되고 주저하게 됨
표현하지 못함 (3)		
외톨이가 될까봐 불안함 (2)	두려운 것이 많아짐	
큰 사건에 휘말릴까봐 두려움 (2)		
진급 시 적응이 걱정됨 (10)		
또 다시 당할까봐 두려움 (1)		
사소한 것에도 신경을 쓰게 됨 (3)	주변사람을 지나치게 신경 씀	
친구들의 반응에 예민해짐 (2)		
주변사람이 나에게 뭐라고 하는 것 같음 (3)		
나에 대한 부정적 평가가 두려움 (1)		
잘 보이려고 애씀 (1)		
교사로부터 차별적 대우를 받음 (6)	다문화에 대한 차별적인 태도를 경험함	(23)다문화에 대한 차별을 경험함
교사로부터 차별적 발언을 들음 (2)		
교사의 특정 나라에 대한 차별적이고 공격적 태도를 경험함(3)		
다문화에 대한 교사의 적대감을 목격함 (1)	다문화에 대한 주변 사람의 차별을 목격함	
다문화에 대한 편견적 발언을 목격함 (8)		
다문화에 대한 물리적인 괴롭힘을 목격함 (1)		
교사가 외국인 부모를 언어적으로 비하하는 것을 목격함 (1)	외국인 부모에 대한 차별을 경험함	
외국인 부모의 외모를 놀리는 것을 경험함 (1)		
외국인 부모를 무시하는 것을 경험함 (2)		
주변에서 부모에 대해 욕설을 함 (2)		
다문화라서 거부당함 (3)	다문화로 인해 무시당함	(24)다문화라서 부당하게 취급당함
다문화로 인해 능력을 평가절하 당함 (1)		
다문화이기 때문에 발표 기회를 빼앗김 (1)		
부족한 한국어 실력 때문에 무시당함 (3)		
다문화라서 교사가 부당한 처벌을 내림 (4)	부당한 대우를 받음	
주변에서 다문화라고 부당하게 대우함 (4)		
다문화라서 의심받음 (4)		
다문화라는 것이 강제적으로 밝혀짐 (10)	다문화임이 밝혀짐	
다문화로 간주됨 (1)		
수업에서 다문화 관련 부정적인 발언을 들음 (1)	다문화에 대한 부정적인 교육환경에 노출됨	(25)다문화를 이방인으로 구분짓는 고정관념에 노출됨
다문화에 대한 이해가 부족한 교육에 노출됨 (2)		
다문화에 대한 친구의 부정적 시선을 경험함 (3)	다문화에 대한 부정적인 고정관념을 경험함	
다문화에 대한 친구의 선입견을 경험함 (9)		
다문화에 대한 편견을 경험함 (6)		

〈표 4-1〉 자료에서 도출된 개념, 하위범주 및 범주 (계속)

개념	하위범주	범주
친구가 적극적으로 개입함 (5)	친구가 도와줌	(26)또래친구의 지원
친구가 조언해줌 (2)		
새로운 사람을 만남 (1)	친구가 생김	
친구가 생겨 하고 싶은 것을 함께할 수 있음 (1)		
친구를 새로 사귐 (3)		
친구가 먼저 다가와서 말을 걸어줌 (2)	친구들이 잘해줌	
친구들이 나를 좋아해줌 (5)		
친한 친구들은 놀리지 않음 (1)		
친구들과 게임을 함 (1)	친구와 함께 활동함	
친구들과 취미를 공유함 (2)		
친구들에게 연락해서 같이 운동함 (1)		
친한 친구가 나를 교회로 전도함 (1)		
친구가 지지하고 격려해줌 (4)	친구의 따뜻한 관심	
친구가 내 얘기를 들어주고 공감해줌 (1)		
친구가 위로해줘서 힘이 됨 (2)		
친구의 고민을 듣고 위로가 됨 (1)		
가족이 조언해줌 (3)	가족의 관심과 사랑	(27)가족의 관심과 개입
가족이 지지해줌 (15)		
부모가 내 이야기에 공감해줌 (3)		
모가 나를 강하게 키움 (1)	부모의 적극적 개입	
모가 내 교육에 관심을 가져줌 (1)		
모가 대안을 제시함 (3)		
부모가 조언해줌 (4)		
부가 해결을 위해 적극적으로 나섬 (4)		
차별에 익숙해짐 (1)	시간이 경과함	(28)환경의 변화
시간이 약임 (4)		
차별이 잊혀짐 (1)		
내가 다문화임을 지인들이 개의치 않음 (4)	다문화에 대한 주변의 긍정적 인식	
다문화에 대해 주변에서 긍정적인 관심을 가져줌 (1)		
주변 친구들이 성숙해져 다문화에 대한 인식이 달라짐 (1)		
다문화에 대한 주변의 편견이 사라짐 (3)	차별이 줄어듦	
물리적 차별의 빈도가 감소함 (1)		
차별이 중단됨 (1)		
가해자 수가 줄어서 상황이 나아짐 (2)		
가해자가 사과함 (1)		
무시당하지 않게 됨 (1)		

〈표 4-1〉 자료에서 도출된 개념, 하위범주 및 범주 (계속)

개념	하위범주	범주
교사가 격려하고 지지해줌 (빈도=4)	교사의 따뜻한 관심	(29)주변의 관심과 적극적인 도움
교사가 관심을 가지고 돌봐줌 (4)		
교사가 배려해줌 (1)		
교사가 칭찬해줌 (1)		
교사가 상황에 개입함 (2)	교사의 적극적 개입	
교사가 조언해줌 (5)		
교사가 도와줌 (3)		
아는 언니가 보호해줌 (4)	아는 언니의 관심과 개입	
아는 언니가 조언해줌 (1)		
아는 언니가 안심시켜줌 (1)		
아는 언니가 위로해줌 (1)		
아는 언니가 격려하고 지지해줌 (6)		
목사님이 조언해줌 (2)	주변사람의 조언	
의사가 조언해줌 (1)		
주변 사람들이 신경 쓰지 말라고 조언해줌 (3)		
다문화 지원 프로그램이 한국어 능력 증진에 도움이 됨 (1)	다문화 지원 혜택	(30)전문적인 서비스 활용
다문화 혜택을 받게 됨 (1)		
심리 상담을 받음 (6)	전문적인 도움을 받음	
약물 치료를 받음 (1)		
다른 다문화 가족들과 친하게 지냄 (1)	주변 다문화 사람들과 교류함	(31)다문화 네트워크 형성
부모가 다른 다문화 가족들을 도와줌 (1)		
외국에 있는 다문화 친척들과 연락하고 지냄 (1)		
다문화 친구들과 차별 경험을 공유함 (1)	다문화 친구들과 관계를 형성함	
다문화 학생 수가 증가하면서 친구가 늘어남 (2)		
다문화 친구와 친해지고 고민을 이야기함 (2)		
다른 다문화 친구들의 도움을 받음 (1)		
다문화 특징이 강하지 않아 괴롭힘이 적었음 (2)	외모(피부색, 생김새 등)	(32)개인 특성 및 내적 자원
다문화 특징적인 외모(피부색, 생김새 등)에 대해 칭찬받음 (3)		
다문화 특징적인 외모(피부색, 생김새 등)를 강점으로 활용할 수 있음을 알게 됨 (1)		
낙천적인 성격 (3)	낙천적이고 단순한 성격	
단순한 성격 (1)		
하고 싶은 것은 하는 성격 (1)		
긍정적인 사고방식 (4)		
인내심이 많음 (1)	삶에 대한 강한 의지력	
힘들어도 포기 하지 않는 면이 있음 (2)		
원하는 것을 얻기 위해 노력함 (5)		
의지가 강함 (1)		

〈표 4-1〉 자료에서 도출된 개념, 하위범주 및 범주 (계속)

개념	하위범주	범주
잠을 잠 (빈도=1)	정적인 활동에 집중함	(33)다른 활동에 집중함
독서를 함 (5)		
친구와 이야기에 집중함 (2)	동적인 활동에 집중함	
맛있는 음식을 먹음 (2)		
취미활동을 함 (6)		
여행을 함 (2)		
모의 국가로 여행함 (1)		
다른 활동에 집중함(축구) (1)		
운동을 열심히 함 (1)		
노래로 스트레스를 풂 (3)		
혼자 기타를 침 (1)		
의지를 강하게 함 (7)	마음을 강하게 먹음	(34) 어려움을 극복하기 위해 마음을 다짐
어떤 어려움도 극복할 수 있다고 생각함 (1)		
인내함 (2)		
변화하겠다는 마음을 먹음 (1)	변하려는 의지를 다짐	
삶을 바꿔야겠다고 생각함 (1)		
마음가짐을 바꿈 (1)		
스스로 변화하고 해결하려고 애를 씀 (1)		
성찰하는 시간을 가짐 (1)		
교사의 기대에 부응하기 위해 공부를 열심히 함 (1)	학업에 열중함	(35)자기계발에 힘씀
수업에 집중함 (1)		
공부에 집중함 (2)		
외국어를 열심히 공부함 (1)		
좋아하는 공부를 함 (1)		
학교생활을 열심히 함 (1)		
미래를 생각함 (1)	미래와 진로를 생각함	
진로에 대해 고민함 (1)		
내가 가진 생각을 표현함 (2)	주변 사람에게 힘든 마음을 털어놓음	(36)어려움에 대한 대처기술을 발휘함
솔직하게 표현함 (2)		
가족이나 친구들에게 고민을 이야기함 (4)		
교사와 이야기함 (2)		
멘토 언니와 이야기함 (2)		
관계에서 적정 거리를 유지함 (3)	대인관계/대처기술을 발휘함	
더 이상 친구들의 비위를 맞추지 않음 (1)		
도움 되는 사람을 가까이함 (1)		
친구 사귀는 기술을 발달시킴 (5)		
친구를 사귀려고 노력함 (3)		
친구의 눈높이를 맞춰줌 (1)		
다문화였기 때문에 관심을 많이 받았다고 생각함 (1)	다문화인 것을 긍정적으로 인식함	(37)다문화를 긍정적으로 수용함
다문화 언어를 쉽게 배울 수 있다는 장점을 느낌 (2)		
다문화임을 얘기하면 비밀을 공유한다는 느낌이 들어 친구들과 사이가 더 가까워짐 (1)		
주변 사람들이 내가 다문화임을 부러워함 (1)		
다문화가 익숙해짐 (2)	다문화를 받아들임	
다문화임이 부끄럽지 않음 (3)		
다문화임을 먼저 밝힘 (3)		
다문화에 대한 이해가 증진됨 (1)		

〈표 4-1〉 자료에서 도출된 개념, 하위범주 및 범주 (계속)

개념	하위범주	범주
관계에서 다문화가 큰 문제가 되지 않는다고 생각함(빈도=1)	차별을 개의치 않음	(38)차별에 대한 재조명과 현실적인 대처
다문화를 차별하는 사람들을 무시할 수 있게 됨 (7)		
차별의 가능성을 수용함(3)		
차별에 개의치 않고 상처받지 않게 됨 (3)		
차별의 무의미성을 깨달음(1)		
가볍게 받아들이는 대처방식을 습득함(3)		
차별을 긍정적으로 재해석함(4)	차별경험을 긍정적으로 재해석함	
차별을 성장의 밑거름으로 삼음(2)		
차별로 인한 증상을 긍정적으로 승화할 수 있음 (1)		
차별 경험에 대해 긍정적으로 바라볼 수 있게 됨 (2)		
문제와 거리 두고 생각함(1)	현실적으로 사고함	
문제의 원인을 파악하는 능력이 향상됨 (1)		
불가능한 것은 포기함(1)		
현실적으로 생각하게 됨 (1)		
능숙하고 성숙하게 대처함(3)	능동적으로 차별에 대처함	
상황에 맞게 행동함(1)		
앞으로 차별에 대처할 수 있을 것 같음(5)		
가해자를 무서워할 필요 없다고 생각함(1)		
당하지만은 않겠다고 생각함(1)		
부정적 감정을 긍정적인 활동으로 승화시킴 (2)	부정적인 상태를 전환시킴	(39)성숙하게 대응함
사고를 전환함(5)		
차별에 대해 반추하는 습관을 고침 (1)		
긍정적으로 생각함(6)	긍정적이고 개방적이 됨	
자꾸 내가 부끄럽고 창피하다는 생각을 그만 둠 (1)		
자기 엄마 아빠가 외국인이라는 이유로 자신을 낮추지 않게 됨 (1)		
시야가 넓어짐 (2)		
경험에 개방적이게 됨 (1)		
가해자를 미워하지 않음 (2)	가해자를 포용함	
가해자를 용서함(1)		
가해자와 화해함(2)		
가해자에 대한 복수심이 사라짐 (1)		
가족 간의 관계가 돈독해짐 (1)	가족관계가 개선됨	(40)대인관계가 개선됨
부와의 관계가 개선됨 (1)		
친구관계가 긍정적으로 변함	친구관계가 개선됨	
친구들과 사이가 좋아짐		

〈표 4-1〉 자료에서 도출된 개념, 하위범주 및 범주 (계속)

개념	하위범주	범주
기분이 좋아짐 (빈도=3)	편안해짐	(41)몸과 마음이 편안해짐
웃을 일이 생기게 됨 (1)		
슬픔이 감소함 (2)		
외로움이 사라짐 (1)		
우울증이 완화됨 (2)		
불안이 줄어듦 (2)		
속이 후련해짐 (2)		
분노가 감소함 (3)		
마음의 안정을 찾음 (1)		
신체증상이 호전됨 (2)		
나의 존재가치를 확인함 (3)	자존감이 회복됨	
내 모습에 대해 인정함 (1)		
내 삶의 주체는 나 자신임을 인식함 (3)		
성적이 올랐음 (1)	집중력이 향상됨	
집중이 가능해짐 (1)		
집중이 잘 됨 (1)		
이성적으로 생각할 수 있게 됨 (1)	정서조절이 가능해짐	
화를 조절할 수 있게 됨 (4)		
짜증을 표현하는 것을 자제하게 됨 (1)		
흡연량이 감소함 (1)	비행행동이 줄어듦	(42)문제행동이 개선됨
금주(금연)를 하게 됨 (2)		
훔치는 행동이 줄어듬 (1)		
자살 사고가 줄어듬 (1)	자살사고 및 행동이 감소함	
자살 행동을 하지 않게 됨 (1)		
자살사고를 스스로 극복함 (1)		
다른 다문화 친구들의 마음을 이해할 수 있게 됨 (1)	다른 사람을 이해하고 배려할 수 있게 됨	(43)관계능력이 향상됨
이타심을 갖게 됨 (5)		
다른 사람을 용서할 수 있게 됨 (1)		
약자를 배려할 수 있게 됨 (2)		
역지사지의 태도를 갖게 됨 (2)		
새로운 관계 형성에 대한 욕구를 갖게 됨 (3)	관계의 중요성을 알게 됨	
주변사람들의 도움을 인식할 수 있게 됨 (1)		
관계 개선을 위해 노력하게 됨 (4)		
친구의 소중함을 알게 됨 (3)		
다른 사람에게 먼저 다가갈 수 있게 됨 (2)	관계를 쉽게 맺을 수 있게 됨	
새로운 사람을 만나는 것이 편해짐 (1)		
친구들과 같이 다닐 수 있게 됨 (1)		
집단에 잘 소속될 수 있게 됨 (1)		
사람들과 잘 지낼 수 있는 방법을 알게 됨 (3)		
친구들이 좋아하는 관심사에 맞춰 줄 수 있게 됨 (1)		
내가 필요한 존재임을 드러낼 수 있게 됨 (1)		

〈표 4-1〉 자료에서 도출된 개념, 하위범주 및 범주 (계속)

개념	하위범주	범주
다른 사람과 사이가 더 가까워짐 (빈도=1)	사람들과 관계가 깊어짐	(44)관계가 깊어지고 사람을 신뢰할 수 있게 됨
도와준 사람과 가까워짐 (3)		
가족관계가 깊어짐 (1)		
친구들과 사이가 더 깊어지고 가까워짐 (1)		
가족에게 애정표현을 하게 됨 (1)	가족을 소중히 여기게 됨	
가족의 소중함을 깨닫고 감사하게 됨 (4)		
사람에 대한 믿음이 생김 (2)	사람을 신뢰할 수 있게 됨	
진심이 통한다는 것을 알게 됨 (1)		
매일 삶에 감사하게 됨 (5)	감사할 수 있게 됨	(45)마음이 충만해짐
스스로에게 감사하고 대견함 (1)		
성장할 수 있는 기회에 감사함 (1)		
작은 것에 감사하고 행복을 느끼게 됨 (5)	작은 것에도 행복을 느낌	
작은 성취에도 기쁨을 느낄 수 있게 됨 (1)		
신앙이 깊어짐 (3)	종교적 믿음이 성장함	
신에게 감사할 수 있게 됨 (2)		
긍정적인 생각을 하게 됨 (2)	긍정적인 에너지가 생김	
삶에 대해 긍정적으로 인식하게 됨 (1)		
새옹지마 (1)		
성격이 활발해짐 (2)		
진심으로 웃을 수 있게 됨 (1)		
감정 표현이 수월해짐 (2)	감정 표현이 능숙해짐	(46)자기표현이 향상됨
감정이 풍부해짐 (1)		
감정표현을 많이 하게 됨 (1)		
내 의견, 나의 강점을 표현할 수 있게 됨 (5)	의사표현이 향상됨	
말을 잘하게 됨 (1)		
표현할 수 있는 용기를 갖게 됨 (3)		
의사표현이 도움이 됨을 알게 됨 (1)		
모르는 것을 질문할 수 있게 됨 (1)		
언어를 통한 적극적인 대처를 할 수 있게 됨 (2)		
내가 다문화인 것을 쉽게 개방할 수 있게 됨 (1)	나를 개방할 수 있게 됨	
주변에 어려움을 이야기할 수 있게 됨 (2)		
나의 긍정적인 모습을 새롭게 알게 됨 (3)	나의 장점을 알게 됨	(47)자아가 성장함
내가 생각보다 강하다는 것을 알게 됨 (2)		
내가 끈기 있음을 알게 됨 (1)		
많은 것을 할 수 있게 됨 (1)	자기효능감이 향상됨	
나의 능력에 대한 확신이 생김 (1)		
원하는 것을 얻을 수 있게 됨 (1)		
하면 된다고 나 자신을 믿게 됨 (3)		
나의 장래희망에 당당해짐 (1)		
어려움을 극복할 수 있는 자신감이 생김 (12)		
내가 가능성이 있다고 생각함 (1)		
내 자신을 좋게 생각하게 됨 (5)	자존감이 향상됨	
나의 성장한 모습이 만족스러움 (2)		
스스로를 기특하게 여김 (2)		
내가 다른 아이들보다 특별하다고 인식함 (3)	나 자신을 특별하다고 여김	
스스로 특별한 사람이라는 것을 인식함 (1)		

〈표 4-1〉 자료에서 도출된 개념, 하위범주 및 범주 (계속)

개념	하위범주	범주
목표를 위해 노력할 수 있게 됨 (빈도=2)	의지가 생김	(48)단단해짐
의욕이 생김 (4)		
목표의식이 생김 (1)		
삶에 대한 의지가 생김 (1)		
하기 싫은 것도 노력하게 됨 (1)		
어려움을 극복할 수 있는 대처방안이 생김 (6)	어려움을 극복할 수 있게 됨	
타인의 압력을 극복할 수 있게 됨 (1)		
살아남는 방법을 알게 됨 (1)		
내적으로 강해짐 (14)	마음이 강해짐	
버틸 수 있게 됨 (3)		
정신력이 강해짐 (1)		
다문화를 감사히 여기게 됨 (1)	다문화에 대해 자부심을 갖게 됨	(49)다문화배경을 자랑스럽게 여기고 자산으로 활용함
다문화인 것이 자랑스럽고 좋아짐 (4)		
다문화 배경을 당당히 밝힘 (2)		
다문화 배경을 지닌 부모가 자랑스러움 (1)		
다문화의 가능성을 인식하고 능력을 활용할 수 있게 됨 (1)	다문화의 강점을 활용함	
다문화의 장점을 인식함 (5)		
다문화를 강점으로 활용할 수 있게 됨 (1)		
다문화에 대한 다양한 시각을 수용하고 이해하게 됨 (2)	다양성을 인정하게 됨	
다른 다문화 친구들과 교류하고 싶어짐 (1)		
다른 사람들을 평등하게 대할 수 있게 됨 (6)		
미래에 대해 긍정적으로 생각함 (3)	미래의 가능성을 발견함	(50)긍정적이고 구체적으로 미래를 계획함
새로운 가능성을 발견함 (11)		
꿈이 생김 (14)	적극적으로 미래를 위해 준비함	
나의 강점을 고려해 장래희망을 결정함 (1)		
진로의 가능성을 탐색하고 찾아감 (4)		
진로에 관련된 활동에 관심을 갖고 수행함 (3)		
적성에 맞는 활동이 무엇인지 알게 됨 (1)		
다양한 분야(과목, 언어, 활동)의 흥미를 발견함 (5)	다양한 흥미와 관심 활동이 생김	(51)삶에 대해 적극적인 태도를 지니게 됨
관심있는 분야(과목, 언어, 활동)에 참여하고 열심히 함 (4)		
자기 개발 활동을 적극적으로 함 (3)		
무서워도 도전하고자 하는 마음을 지니게 됨 (1)	적극적으로 도전할 수 있게 됨	
실패를 두려워하지 않음 (1)		
적극적으로 대처하고 행동할 수 있게 됨 (4)		
공부에 흥미를 느끼게 됨 (2)	학업태도와 흥미가 향상됨	
공부에 집중하고 열심히 함 (6)		
공부를 잘하게 됨 (3)		
수업 태도가 좋아짐 (3)		
학교가 재미있어짐 (2)		

〈표 4-1〉 자료에서 도출된 개념, 하위범주 및 범주

<table>
<tr><th>개념</th><th>하위범주</th><th>범주</th></tr>
<tr><td>다문화임을 알리지 않음 (빈도=4)</td><td rowspan="3">다문화에 대한
내재화된 두려움</td><td rowspan="10">(52)남은 과제</td></tr>
<tr><td>다문화 특성을 인정하지 못함 (3)</td></tr>
<tr><td>다문화에 대한 외부의 시선을 여전히 의식함 (2)</td></tr>
<tr><td>차별이 떠오름 (2)</td><td rowspan="7">지속되는 외상증상 및
문제행동</td></tr>
<tr><td>가해자에게 복수하는 상상함 (1)</td></tr>
<tr><td>사람을 믿지 못함 (3)</td></tr>
<tr><td>술, 담배 등 문제행동을 지속함 (2)</td></tr>
<tr><td>부정적인 정서를 느낌 (분노, 불안) (2)</td></tr>
<tr><td>자신감이 아직 없음 (1)</td></tr>
<tr><td>장난에 아직도 부자연스럽게 대처함 (1)</td></tr>
</table>

2. 다문화가정 청소년이 경험하는 사회적 차별, 회복 및 성장 과정

근거이론에서 범주분석은 범주 간 일련의 관계를 분석하여 패러다임 모형을 구성하는 것이다. 즉, 현상의 발생이나 발전을 유도하는 '인과적 조건', 경험의 '중심현상', 현상에 영향을 미친 상황이나 정황을 만들어 낸 '맥락적 조건', 작용/상호작용을 촉진시키거나 방해하는 '중재적 조건', 현상을 조정하고 수행하는 '작용/상호작용', 작용/상호작용에 의해 나타나는 '결과' 간 관계를 연계하여 현상을 유기적으로 설명한다. 본문에서는 참여한 다문화가정 청소년들이 경험한 사회적 차별과 회복 및 성장 과정을 패러다임 모형에 따라 상세히 기술하고자 한다.

1) 인과적 조건

인과적 조건은 중심현상이 발생하는 데 영향을 미치는 사건으로서 (Strauss & Corbin, 1998), 본 연구에서는 다문화가정 청소년들이 경험한 '물리적 침해를 당함', '배제당함', '언어적으로 괴롭힘을 당함' 등 직접적인 차별 사건을 중심현상의 인과적 조건으로 간주하였다. '물리적 침해를 당함'의 속성은 침해의 심각도에 따라 분류하였는데, 정도가 경미한 '밀쳐냄'에서부터 '성폭행' 또는 '집단 폭력' 등 심각한 수준까지 발생하는 것으로 나타났다. '배제당함'의 속성은 직접적 또는 간접적인지에 따라 분류되었는데, 직접적으로 배제당하거나 따돌림을 경험하기도 하였지만, 끼어들지 못하고 무시당하는 간접적인 배제 경험도 있었다. '언어적으로 괴롭힘을 당함' 역시 심각도에 따라 속성을 분류하였는데, 욕설과 같은 언어적 폭력부터 웃음거리가 되는 수준의 놀림을 받는 것까지 다양하게 나타났다. '물리적 침해를 당함', '배제당함', '언어적으로 괴롭힘을 당함' 모두 그 빈도가 높을수록 다문화가정 청소년의 아픔과 어려움을 가중시키는 것으로 나타났다. 인과적 조건에 해당하는 범주들의 구체적인 설명 및 예시는 다음과 같다.

(1) 물리적 침해를 당함

'물리적 침해를 당함'은 다문화가정 청소년의 신체나 소지품 등에 강제력이 거칠게 가해졌음을 의미한다. 하위범주로는 물건을 빼앗김(물건을 숨김, 금품 갈취, 착취당함)과 신체적 공격을 당함(감금, 때림, 집단폭력)이 포함되어 있다. 신체적 공격 범위는 몸에 낙서, 물건을 던짐, 때림, 감금, 집단 성폭행 등으로 광범위하였다.

- 물건을 빼앗김

어쩔 때는 뭐 필통이나 물통이나 뭐 교과서 그런 거를 약간 잠깐 조는 사이에 갑자기 어디론가 숨겨 놓는다던지, 음. 그 정도요? (참여자 9)

키가 크니까 담배 사오라, 술 사오라고 그러고… 자기 돈 없으니까, 그때 제가 돈을 많이 받았으니까 '돈 만 원만 갖고 와 봐. 안 갚아도 되니까 그냥 돈 있으면 필요하면 말하라고 그랬더니 그 언니가 저를 만만하게 보는 거예요. 하루에 만 원씩, 이만 원씩 가져가고… (참여자 14)

- 신체적 공격을 당함

그 유치원 때는 제가 화장실에 그 아주 잠시 동안만 감금해놨어요 애들이. 제가 화장실 갈 때마다 따라와서 제가 다 볼일 본 다음에 문 열라고 하면 밖에서 이렇게 막고 있었어요. 계속. (참여자 5)

그중에 한명은 심심하면 저를 때렸던 거 같아요. 공을 던질 때 '어떤 식으로 던지는지 아냐고' 하면서 뒷자리에서 막 책도 던지고 지우개 던지고.. 좀 아팠어요… 아니면 손으로 이렇게 때리고. (참여자 20)

여러 명이서 막… 제가 말투가 막 나쁘다고, 말투를 화나게 막 '어쩌라고' 이런 식으로 하였어요. 그랬더니 띠껍다고 자기 친구들 우르르 모아가지고 열 몇 명이서 슬리퍼로 막 때리고 제가 얼굴이 멍들었는데…. (참여자 14)

(2) 배제당함

'배제당함'은 다문화가정 청소년이 따돌림 등으로 소외감을 느끼거나 주변 친구들에게 미움받는 것을 의미한다. 하위범주로는 소외됨, 미움받음, 차별을 방관하는 분위기를 경험함이 포함되어 있다. 소외됨은 따돌림을 당하거나 친구들로부터 떨어져 혼자 남겨지고, 소외감을 느낌을 의미한다. 미움 받음은 주변 아이들이 다문화가정 청소년을 괴롭히고 험담하는 것을 의미하며, 차별을 방관하는 주변 분위기 또한 다문화가정 청소년이 배제당하였다고 느끼게 만드는 요인이었다.

• **소외됨**

탁구 칠 때도 그러고, 교실에서도 그러고. 제 옆에 앉는 것을 싫어하였어요. 지정자리가 있는데 제 옆에 앉으면 짜증난다고 그러고. (참여자 23)

애들이 무슨 일이 있을 때 다른 애들은 뭘 봐도 저는 애들 뒤에서 봐야하고 애들 사이에 끼지를 못하고 뒤에서 물러서 있어야만 하고. (참여자 24)

• 미움받음

뒤에서 은근히 막 뒷담화하고 그랬어요. 뒤에서 애들이랑 같이 이야기 하면은 그냥 아무 이유 없이 (저를) 그런 쪽(도둑)으로 몰아가고. (참여자 24)

그리고 저랑 친구까지 같이 묶어서 괴롭히는 애들도 있었어요. '너 왜 애랑 친하냐? 걔랑 친구하지 말고 우리랑 놀자'고 하는데 얘가 싫다고 하니깐, 걔가 학교에서 받은 자전거가 있어요 상품으로. 그걸 세워뒀는데 쉬는 시간 동안 애들이 그걸 다 부숴놓은 거예요 나사까지 다 분해를 해가지고. (참여자 54)

처음에는 같은 초 나온 애들 있잖아요. 걔들이 다문화라고 퍼트리니깐 애들이 그거 알고 왕따 시키고. (참여자 16)

• 차별을 방관하는 분위기를 경험함

옆에 있는 애가 저한테 포스트잇으로 '나는 바보' 이렇게 써서 제 등에 붙였어요. 그래서 제가 그걸 선생님한테 갖다드렸어요. 그랬더니 너는 선생님한테 왜 이런 걸 가져다 주냐고, 방해되게… 그래서 어이가 없었어요. (참여자 14)

애들이 많이 놀리다 보니까 왜 '얘하고 같이 다니면 나도 같이 놀림받을까봐 얘랑 조금 멀리 떨어져' 있고 같이 놀리고 그런… 친구들이 많이 떠나고…. (참여자 49)

(3) 언어적으로 괴롭힘을 당함

'언어적으로 괴롭힘을 당함'은 다문화가정 청소년이 놀림, 비난, 욕설 등 언어로 괴롭힘을 당하였음을 의미한다. 이때 언어적 괴롭힘은

〈표 4-2〉 다문화가정 청소년이 보고한 놀림 받은 경험

다문화가정 청소년이 보고한 놀림 받은 경험
내가 무엇을 하든지 안 될 거라고 간섭하면서 나를 아프리카, 외계인이라고 놀림
교실이나 수업시간에 학교에 있는 아이들이 모두 나를 놀렸음
초등학교 때 애들이 몰려다니면서 나를 놀리고 도망가는 것을 많이 당함
한 명이 주도를 하니 다른 애들이 함께 같이 놀렸음
옆에 있는 애가 내 등에 바보라고 써 붙임
초등학교 저학년 때 엄마가 오셔서 하는 활동에서 나에게 물건을 전해주는 엄마를 보고, 남자애가 엄마가 까맣다고 놀림
초등학교 저학년 때 예쁜 척 한다고, 얼굴이 못생겼다고 왕따당함
중학교 때 같은 반 친구들이 얼굴이나 몸이 자기와 다르다고 여러 번 놀림
초등학교 때부터 한국말을 잘 못해서 자신감이 없고, 생김새나 목소리가 이상하다고 놀림을 받음
초등학교 고학년 때 한 아이가 나에게 @@인 분위기가 난다고 하면서 머리를 @@사람 같이 잘랐다고 놀림
얼굴 못생겼다는 이야기를 자꾸 들어서 자신감이 떨어짐
아이들은 혼자 있을 때 잘 놀리지 않고 같이 몰려 있을 때만 놀림
점점 재밌는 줄 알고 여러 명이 동참하여 나를 괴롭히면 울게 됨
'밥 먹었냐'가 중국어로 하면 욕으로 들리기 때문에 반 친구들이 자꾸 나에게 놀리듯이 얘기함
유치원 때 내가 중국에 갔다 오면 애들이 중국말 해보라고 하고, 중국말 하면 비웃음
초등학교 내내 반 애들이 나를 짱개라고 놀렸음
초등학교 5학년 때 다문화라고 놀림을 받음
@@@ 냄새 난다고 놀렸음
반에 잘 놀리는 남자 애들이 2-3명이 있었는데 나의 엄마 이름을 듣고 낱말을 지어내서 이름 붙이면서 놀림
초등학교 고학년 때 글씨 쓰기를 돕는 일이 있었는데 애들이 내가 한국말을 잘 못하니 할 수 없다고 무시하였음
한 아이가 나의 부모님 이름에서 성을 빼고 불러댐
고3인데도 여전히 놀림
독도 이야기에 관련된 장난을 침
초등학교 때 학교에 엄마가 왔을 때 발음이 어눌한 것을 보고 애들이 엄마가 @@ 사람이냐고 물어봐서 창피하였음
집에 가는 길에 내가 피부색이 까무잡잡하고 살찐 편이어서 그것으로 놀림
초등학교 저학년 때 원숭이라고 놀렸음
초등학교 고학년 때 학교에서 가끔씩 남자애들한테 엄마가 외국 사람이라고 놀림받음
친구가 내가 말이 느리다는 이유로 나를 성대모사 하는 차별이 몇 번 있었음
반에서 한두 명이 내가 느리게 말하는 것을 가지고 @@@ 취급하며 차별함
국어를 못하는 것도 너무 힘들었고, 공부를 못한다고 놀림받음

재미 삼아 철없이 행동하는 놀림부터 심한 경우 폭력적이고 큰 상처를 남기는 비난과 욕설까지 다양한 형태로 나타났다. 하위범주로는 놀림받음, 비난받음이 포함되어 있다. 특히, 놀림받음은 다문화가정 청소년이 가장 자주 경험하는 차별 사건이었다. 〈표 4-2〉에는 다문화가정 청소년이 경험한 다양한 놀림의 사례가 제시되어 있다.

2) 중심현상: 아픔을 안고 분투함

중심현상은 '무엇을 경험하고 있는가?'와 관련이 있다(Strauss & Corbin, 1998). 이 책에서는 다문화가정 청소년이 '아픔을 안고 분투하는' 경험을 중심현상으로 바라보았다. 다문화가정 청소년은 차별 사건을 경험하면서 다양한 고통과 어려움을 겪었고 대처해 나가려고 부단히 애를 썼다. 그러나 차별 사건은 장기간에 걸쳐 반복적으로 일어나는 경우가 많았고, 더욱이 다문화에 대한 부정적인 태도는 작게는 교실 안, 크게는 사회 전반에 걸쳐 존재하였기 때문에, 다문화가정 청소년이 이겨내고 벗어나려 애를 써도 즉각적인 대응 방략들이 성공하지 못한 경우가 많았다. 결과적으로 어려움은 심화되고 가중되었으며, 자살 시도 및 자해 등 심각한 수준의 문제행동까지 이어졌다. 이에 연구자들은 다문화가정 청소년이 경험하는 중심현상이 차별로 인한 아픔뿐만 아니라 이에 즉각 대응하는 것까지 포괄하여 판단하였다.

연구자들은 자료를 분석하는 과정에서 〈표 4-1〉에 제시된 범주 중 중심현상에 해당된다고 판단되는 범주들을 3개의 상위범주(차별 사건 직후 경험한 어려움, 즉각적 대응, 이후 경험한 어려움)로 다시 구분하는 것이 자료를 더 명료히 드러낸다고 판단하였다. 즉, 다문화가정 청소년은 ⓐ 차별 사건 직후 경험한 심리·정서적 어려움에 ⓑ 즉각 대응하지만 ⓒ 이러한 대응에도 불구하고 어려움은 지속되었고 결국 아파하고 대응하는 과정이 반복되었다. 연구자들은 이러한 반복적이고 순환적인 '아픔을 안고 분투함'의 과정을 〈그림 4-1〉(162쪽)과 같은 타원의 모습으로 형상화하였다. 중심현상인 '아픔을 안고 분투함'을 나타내는 상위범주, 범주 및 예시는 다음과 같다.

2-1) 차별 사건 직후에 경험한 어려움

차별 사건 직후에 경험한 어려움은 다문화가정 청소년이 차별 사건이 발생한 직후에 겪는 어려움을 의미한다. 여기에는 '화나는 마음이 솟구침', '몸과 마음이 조마조마하고 괴로움', '고통스러움', '마음이 복잡함', '부끄럽고 도망치고 싶음', '현실에서 떨어져 나오는 느낌' 범주가 해당된다. 이 범주들은 심각한 정도에 따라 속성이 분류된다.

(4) 화나는 마음이 솟구침

'화나는 마음이 솟구침'은 다문화가정 청소년이 차별에 부당함을 느끼고, 지금 처한 상황이 싫다고 느끼며, 이런 상황을 만든 가해자나 사회 체제에 화가 나고 기분이 나쁘며 불만을 가지게 됨을 의미한다. 하위범주로는 가해자에 대한 분노, 차별하는 사회에 대한 불만이 포함되어 있다. 가해자에 대한 분노는 가해자가 싫고 괘씸한 마음부터 복수하고 때리고 싶은 마음까지 그 정도가 다양하였다. 또한 다문화가정 청소년들은 차별을 겪을 수밖에 없는 상황이 싫다고 느끼고, 나아가 교육제도와 사회 정책에 불만을 지니고 있다고 나타났다.

• 가해자에 대한 분노

네. (그죠) 때리지는 않고, 때리고 싶었어요. 솔직히 진짜 때리고 싶었어요. 걔 말투 보면은 "너 성형해라" 그러고 걔가 좀 심했어요. (참여자 25)

'그 아이가 아무리 미안하다고 그래도 그냥 받아주지 말고 아예 모르는 사람처럼 지내자'라는 생각도 해보고, 이상한 생각도 해요. 그냥 '걔가 지나가다가 막 안 좋은 사고 났으면 좋겠다' 이런 생각도 하고. 혼자서 자면서 막 정말 맞짱을 걸어서 내가 이기는 생각. (참여자 41)

• 차별하는 사회에 대한 불만

그거를 계속 교육하고 싸잡아서 욕하는 것이 싫었어요. @@이 다르다. 이렇게 이야기하는 것은 싫고. (참여자 21)

제가 제일 쓸모없다고 생각하는 지원이, 다문화 애들 다 데리고 와가지고 학교에서 권유하잖아요. '어디 다문화 행사가 있는데 여기 참여하지 않을래?' 이러면서 권유하는 게. 꼭 민속박물관 가고. 서대문 형무소 가고. 너무 갔어요 진짜로. 일 년에 두 번 간 적도 있고. 국립중앙박물관은 맨날 가고. (참여자 22)

내가 왜? 이, 이 사회가 너무 싫은 거예요. 왜 이런 사회에서 살아야 되고 차별을 받아야 되는지 모르겠어요. (참여자 25)

(5) 몸과 마음이 조마조마하고 괴로움

'몸과 마음이 조마조마하고 괴로움'은 다문화가정 청소년이 차별 경험 뒤 느끼는 불안한 감정과 걱정, 이로 인한 신체 반응 등을 의미한다. 하위범주로는 불안함, 긴장으로 인한 신체 반응, 일상생활이 불편함이 있다.

• **불안함**

그냥 불안하고 초조하고… 다른 친구들에게도 그 사실이 알려질까 봐…. (참여자 12)

긴장이 많이 되고. 내가 무슨 실수를 하면 어떻게 놀릴지를 모르잖아요. … 신경을 많이 썼어요. 화장실 가는 것도 계속 신경 쓰고. 화장실까지 따라오면 어떡하지? (참여자 54)

심각하게 불안증이었어요 엄청. 그냥 다 제 이야기 하는 것 같고 그러니까 제 욕할 때마다 무서운 거죠. (참여자 25)

• **긴장으로 인한 신체 반응, 일상생활이 불편함**

참여자들은 긴장으로 인한 신체반응 및 소화기 증상을 다음과 같이 보고하였고, 구체적인 반응 및 증상의 빈도는 〈표 4-3〉과 같다.

그냥 확 먹고 소화도 잘 안 되고… 그러다가 계속 아프고 열나고, 스트레스 때문에… (참여자 14)

초조하고 떨리는 거는 심장이 콕콕콕콕 이 말 들으니까 쾅쾅쾅쾅. (참여자 44)

되게 얼굴이 화끈거리고 등에서 땀이 나는 것 같은 거예요. 덥지도 않은 것 같았는데. (참여자 43)

〈표 4-3〉 다문화가정 청소년이 보고한 긴장으로 인한 신체 반응 및 일상생활이 불편함 빈도

(N=29)

빈도(%)	개념	하위범주
1명 (3.4)	다리를 떨었음	긴장으로 인한 신체반응
4명 (13.7)	땀이 났음	
3명 (10.3)	떨렸음	
6명 (20.7)	손이 떨렸음	
1명 (3.4)	손톱을 물어뜯었음	
3명 (10.3)	숨쉬기 힘들었음	
7명 (24.1)	심장이 빨리 뛰었음	
6명 (20.7)	입이 말랐음	
1명 (3.4)	메스꺼움	일상생활이 불편함
3명 (10.3)	소화불량	
1명 (3.4)	토함	
2명 (6.9)	불면증	
1명 (3.4)	폭식	
6명 (20.7)	입맛 없음	

불면증하고 어지러움증이 있어가지고. 약을 안 먹으면 잠이 안 와요. 되게 심해가지고. 졸리긴 졸린데 잠이 안 오는 거죠. (참여자 25)

(6) 고통스러움

'고통스러움'은 차별을 경험한 후 다문화가정 청소년이 슬픔을 느끼고 마음 아파하며 경우에 따라 신체상의 통증으로도 나타나는 고통스러운 경험을 의미한다. 많은 다문화가정 청소년이 차별 이후에 마음이 아팠다고 표현하였으며, 슬퍼하고, 눈물 흘리며, 억울해하고, 우울함을 느꼈다. 하위범주로 마음이 아픔, 기분이 가라앉음, 통증이 포함되어 있다.

• 마음이 아픔

그 차별받았을 때는 많이 마음도 아프고, 머리도 아프고, 많이 아팠는데… 지금은 그냥 수업시간에 @@@에 대한 안 좋은 이야기가 나오면 그때만. 그리고 친구들이 저를 가끔 무시한다고 했잖아요? 무시할 때도 머리랑 마음이… (참여자 5)

굉장히 좀… 억울했죠. 내가 이렇게 말하면 엄마한테 미안한데, 이런 엄마한테 태어나고 싶어서 태어난 게 아닌데. 태어난 게 내 잘못도 아니고 제 딴에는 억울했죠. (참여자 49)

유치원 때 애들이 손가락질 하면서 너 (@@어) 해보라고 이렇게 할 때. 남자애들도 막 걔네 엄마 @@ 사람, 이렇게 하고 여자애들은 야 @@말 해봐 이럴 때가 많은데 좀 많이 힘들었는데. (참여자 43)

• 기분이 가라앉음

갑자기 학교에서 애들이 저보고 @@@@ 사람이라고 놀리고, 같이 놀지도 않고 막 살짝 무시하는 그런 게 있어가지고. 저는 아직 몰랐으니까 그냥 그렇구나 했는데 그게 계속 반복적으로 지속돼서, 매일 학교 끝나고 혼자 집으로 갈 때 너무 힘들어서 울면서 집으로 돌아갔어요. (참여자 5)

그냥 좀 슬플 때도 있고 아니면 몇 번은 울 때도 있고. 네, 그렇죠. (참여자 9)

갑자기 우울해지고 아무 이유 없이 그냥 우는 거죠. 아무 이유 없이 그냥. 그런 것도 있고, 계속 그러다 보니까 힘들죠. (참여자 25)

처음에 제가 집에 들어와서 아무 얘기도 안 하고 있었는데 엄마가 제 옆으로 오셔서 갑자기 학교에서 무슨 일이 있냐고 그러셔서 가만히 있다가 엄마가 자꾸 뭐라고 해서 감정 조절이 안 돼서 울었어요. (참여자 20)

• 통증

다문화가정 청소년들은 〈표 4-4〉와 같이 차별 경험 후에 신체적인 통증을 경험하였다고 보고하였다.

〈표 4-4〉 다문화가정 청소년이 느낀 통증의 빈도 (*N*=29)

빈도(%)	개념	하위범주
9명 (31.0)	두통	통증
2명 (6.9)	몸이 아픔	
4명 (13.8)	복통	
1명 (3.4)	심장을 찌르는 느낌	

(7) 마음이 복잡함

'마음이 복잡함'은 차별을 경험한 후 다문화가정 청소년의 마음이 복잡하고, 감정이 요동치며 혼란스러움을 느낌을 의미한다. 하위범주로는 부정적인 생각이 반복됨, 감정이 요동침이 포함되어 있다.

• 부정적인 생각이 반복됨

차별이 계속 다시 생각나요. (어떻게 생각나?) 그냥 그 수업 시간에 아. 맞아, 다른 나라 제가 다른 나라, 제가 @@@이잖아요? 그런데 수업시간에 @@@에 대한 안 좋은 말을 했을 때 그때 갑자기 제가 살짝 소외된 그런 느낌을 받고, 어렸을 때도 내가 피부색이 다르다고 @@@의 엄마로 태어나서 피부색이 달라서 차별받는다는 그런 그 차별 생각이 다시 생각나요. 그때는. (참여자 5)

음, 그러니까 수업을 하는데. 음… 자꾸 걔네들이 뭔가 괴롭힌 게 생각나요. 그런 것들에 좀 힘들죠. (참여자 9)

그냥… 가만히 있으면 그때 상황들이 머리에서 재생이 돼요. (어떤 게 떠올랐어?) 맞는 거, 애들한테 놀림당하고 맞고. (참여자 49)

차별이 자꾸 생각나는 거랑 어디에 집중하기가 어렵고… 자꾸 부정적인 생각이 들어요. (참여자 49)

• 감정이 요동침

슬픔? 그리고 초조하고 외롭고 떨리고 화도 나고 쓸쓸하고, 어. 이거 단데. (이거 다?) 그냥 다 있었던 것 같아요. 이 감정이 한꺼번에. (참여자 43)

갑자기 기분이 좋아졌다가, 기분이 나빠졌다가 웃다가 정색하고. 언니 무섭다고 동생이. 집에서도 그러고 학교에서도. 막 웃다가 갑자기 혼자 정색하고 그래요. (참여자 24)

엄마 까맣다. 이래서 그랬었어요. 그때는 완전 완전 완전 좀 심적으로 많이 안 좋았어요. 너무 짜증나서, 완전 그래서 그 남자애랑 싸웠어요. 네. 완전 화내고, 화나고 막 울고 그랬어요. … 네. 차라리 제 욕을 하면 되는데 엄마가, 엄마가 그렇다니까 완전 짜증이… 그랬어요. (참여자 50)

제가 성격이 되게 다혈질 적이에요, 다혈질인데 그래도 계속 참아요. 참는데 계속 걔네들이 저한테 너희 엄마~ 이런 식으로 얘기를 하였어요, 그랬더니 제가 화나잖아요, 엄마 아빠 욕하니까… 너무 화나서 학

교 빠지고 책상을 발로 차고 그랬어요. (참여자 14)

(8) 부끄럽고 도망치고 싶음

'부끄럽고 도망치고 싶음'은 차별을 경험한 후 다문화가정 청소년이 스스로 또는 다문화 배경을 부끄러워하고 수치심을 느끼며, 한편으로는 도망치고 싶고, 숨고 싶다고 생각하는 것을 의미한다. 하위범주로는 창피함, 피하고 싶음이 있다.

- **창피함**

엄마가 학교를 찾아왔었는데 애들이 그걸 보고 막 '쟤네 엄마 장난 아니다' 이러면서… 그때부터 엄마가 창피하고. (참여자 14)

다 저한테 집중이 되니까 그렇게 나서지는 못하겠고 그냥 듣고는 있는데, 되게 막 열이 막 오르는 느낌인 거예요. 괜히 부끄럽고, 잘못한 것도 없는데 그랬어요. (참여자 42)

- **피하고 싶음**

어어어어. 피하고 싶고, 울고 싶고, 어떻게 될지 모르겠고. (참여자 43)

그냥 그 자리에서 나가고 싶었어요. 저는 집에 가고 싶었어요. (참여자 46)

괴롭히는 애들 마주칠까봐 학교에서 빨리 가고, 애들이 전학가거나 졸업했으면 좋겠다고 생각했었어요. (참여자 54)

(9) 현실에서 떨어져 나온 느낌

'현실에서 떨어져 나온 느낌'은 차별 후 다문화가정 청소년이 원래 살고 있던 평범하고 일상적인 세계에서 자신이 분리되거나 떨어져 나온 듯한 느낌을 경험한 것을 의미한다. 하위범주로 정체성 혼란, 멍함이 포함되어 있다.

• 정체성 혼란

'내가 좀 많이 다른가?', '내가 달라서 일부러 나를 무시하려고 그렇게 이야기하는 건가' 이렇게 해서, 어… 엄마가 다른 나라에서 온 애들이 많이 없어서 나를 일부러 놀리나 보다. 그렇게 생각을 했던 것 같아요. (참여자 42)

나 어느 나라 사람인지 모르겠고. 엄마랑 너무 갑자기 같이 생활을 하니깐 너무 짜증나고 불안하고 … 한국인도 아니고 @@인도 아니고. 되게 이상했어요. (참여자 54)

혼혈이라 단어 자체를 쓴다는 게 약간 거부감이 들었었고요, 그리고 예전에는 일반 학생이랑 다문화 학생이랑 구별이 없었어요. 그런데 혼혈아네, 다문화 학생이네라고 말하는 자체가 구별을 지으니까… 괜시리 기분이 이상해지죠. (참여자 29)

• 멍함

저는 아무 생각 없었어요. 갑자기 그 자리에서 딱 멈췄어요. 교장 옆에 있는데, 그냥 가만히 있었어요. 그냥 딱 멈췄어요. 네. 멍해졌어요. 이러고 딱 멍해졌어요. (참여자 46)

아무 생각 없었어요. 그냥 딱 일시정지? 그냥 딱 가만히 있다가 막 생각하였어요. (참여자 43)

2-2) 즉각적 대응

즉각적 대응은 차별 사건과 증상의 즉각적인 대처로서, 여기에는 '가해자에 대한 직접적인 대응', '차별을 중요치 않게 여기려고 노력함', '도와줄 사람을 찾음', '혼자 버텨냄', '회피함', '서투른 대처' 범주가 해당된다. 이 범주들은 적극적 속성과 소극적 속성으로 구분된다. 즉, 다문화가정 청소년은 적극적으로 가해자에게 대응하거나 스스로 이겨내려고 혼자 애쓰는 모습을 보이기도 하였으며, 소극적으로 피하려고 하거나 대처가 어려워 전전긍긍하는 모습을 보이기도 하였다.

(10) 가해자에 대한 직접적인 대응

'가해자에 대한 직접적인 대응'은 다문화가정 청소년이 차별에 대응하기 위해 가해자에게 직접적으로 표현한 반응을 의미한다. 하위범주로는 약하게 저항함, 강하게 표현함, 똑같이 응대함이 포함되어 있다. 구체적인 예로는 약하게 저항함(가해자에게 정색함, 그만하라고 함, 다문화를 놀리지 말라고 따짐 등), 강하게 표현함(가해자에게 욕을 하거나 때림, 신체적 다툼 등)과 똑같이 응대함(똑같이 복수함, 같이 놀림 등)이 있다.

- 약하게 저항함

그럴 때는 정색을 하면서 야, 하지 말라고. 한 3번은 하지 말라고 해요. 그런데도 더 하면 같이 안 논다거나 싸우지는 않고… 싸우지는 않아요. 말 걸어도 못 들은 척하고. (참여자 41)

가만히 있다가 계속 그러면 하지 말라고 하면 저한테 막 욕하고 그러면서 다시 되돌아가고. (참여자 20)

• 강하게 표현함

싸우는 것도 많이 했었어요. 지금 1학년 때 어떤 애하고 막 싸웠었는데 걔가 좀 성격이 약간 좀 그랬어요. 참다 참다 못해가지고 폭발한 거였어요. (참여자 25)

기억이 안 나요. 강하게 표현한 것. 말로 이기는 것. 욕하고. (참여자 17)

엄마 보고 막 이렇게 까맣다고 하니까 기분 나쁘고, 순간적으로 욱하고, 완전 짜증나고 그래서, 아무튼 그래서 저는 화를 냈어요. 걔한테 싸우고 그랬어요. (참여자 50)

• 똑같이 응대함

음… 그러니까 뭐 애들 뭐, 물건을 뭐 훔쳐가지고 복수하면 안 되는 걸 알면서도 어쩔 때는 약간씩 하는 그런 때가 있었어요. (참여자 9)

똑같이 대응하고 강하게 표현하고 똑같이 놀리기도 했어요. (참여자 36)

(11) 차별을 중요치 않게 여기려고 노력함

'차별의 중요치 않게 여기려고 노력함'은 다문화가정 청소년이 차별의 영향을 많이 받지 않고 무시하거나 가볍게 대처한 반응을 의미한다. 하위범주로는 차별을 무시함, 억지로 밝은 척 행동함, 차별을 가볍게 생각함이 있다. '구체적으로 차별을 무시함'은 가해자를 상대하지 않거나 대응하지 않는 것, '억지로 밝은 척 행동함'은 놀림을 받더라도 웃음으로 대처하거나 차별한 가해자들에게 친근하게 먼저 접근하는 방식, 그리고 '차별을 가볍게 생각함'은 차별을 장난으로 받아들이거나 대수롭지 않은 사건으로 넘기는 것 등을 의미한다.

- 차별을 무시함

싸우지는 않아요. 말 걸어도 못 들은 척하고. (참여자 41)

그냥. 뭐지, 신경 안 쓰고 그냥 저 혼자 생활했어요. (참여자 16)

그냥 어 알았어. 알았어. 아무렇지 않은 척. 응, 하고 뒤에 가서 몰래 울고. (참여자 43)

- 억지로 밝은 척 행동함

1학년 때는 그냥 우울하게 이렇게 울고 그러다가, 3학년, 6학년 때에는 애들한테 말 걸어도 무시를 당하니까 그냥 웃으면서 애들한테 다가가고 그랬어요. (참여자 5)

수업시간에 가만히 앉아 있을 때 옛날 생각을 하면 아, 좋은 기억들이 많이 떠올랐어요. (참여자 23)

- 차별을 가볍게 생각함

그냥. 걔가 좀 반에서 깝치는 애? 그런 애라서 다들 그러려니 하고, 그냥 그래서 그랬어요. (참여자 50)

그냥. 집 가는 길에 가끔씩 그렇게 놀리는데. 근데 기분 나쁘긴 했는데, 그게 좀 애들이 원래 어리니까 그런 거라고 생각해요. (참여자 48)

장난으로 하는 것을 받아들이고 무시해요. (참여자 17)

(12) 도와줄 사람을 찾음

'도와줄 사람을 찾음'은 다문화가정 청소년이 차별에 대처하기 위해 교사 및 부모에게 도움을 요청한 것을 의미한다. 하위범주로는 교사에게 도움을 요청함, 부모에게 도움을 요청함이 있다. 참여자들은 교사나 부모에게 사건을 이야기하고 하소연하며 이를 해결하기 위한 방법을 상의하였다.

• 교사에게 도움을 요청함

학교에서 선생님이랑 같이 다니고. 나는 책 보면, 샘은 할 일 하시고 애들은 밖에서 놀고 그랬어요. (참여자 24)

담임 선생님이랑 상담은 해봤는데 선생님은 그냥 사실상 문제를 해결할 수는 없고 선생님이 도와준다고 해도 점점 놀림만 받아요. (어떤 식으로 도와주셨어?) 애들 괴롭히지 말라고 어쩌구저쩌구 하면서 애들을 혼내고 그러면 저를 놀렸는데 뻔하잖아요, 누가 신고했는지… 그러니까 선생님은 안 되는 것 같아요. (참여자 20)

• 부모에게 도움을 요청함

엄마가 제 말 잘 들어주시거든요? 근데 엄마 답이 항상 똑같아요. 무시해. 그러니까 더 이야기를 할 수가 없어요. 네. 더 얻을 수 있는, 내가 이 이야기를 해서 엄마가 또 이 말하겠지 하고. 아니야 하고 말거나. 그렇게 많이 넘겼어요. 해결되는 느낌이 없었어요. (참여자 42)

처음에 제가 집에 들어와서 아무 얘기도 안 하고 있었는데 엄마가 제 옆으로 오셔서 갑자기 학교에서 무슨 일이 있냐고 그러셔서 가만히 있다가 엄마가 자꾸 뭐라고 해서 감정 조절이 안 돼서 울었어요. 그래가지고 그때 엄마가 담임 선생님한테 전화를 걸어서 얘기를 많이 했는데 그렇다고 애들이 달라지는 건 없고. (참여자 20)

(13) 혼자 버텨냄

'혼자 버텨냄'은 참여자들이 차별에 대처하기 위해 다른 사람의 도움을 청하지 않고 참거나 스스로 이겨내려고 노력한 것을 의미한다. 하위범주로는 스스로 이겨내려고 함, 참음, 차별의 원인을 이해하려고 함이 있다. '스스로 이겨내려고 함'은 혼자만의 힘으로 차별을 이겨내려고 노력한 것을 의미하고, '참음'은 화를 참거나 표현하지 않고 덤덤하게 괜찮은 척을 한 것으로 뜻하며, '차별의 원인을 이해하려고 함'은 차별의 원인을 탐색한 것을 말한다.

• 스스로 이겨내려고 함

음… 저는 되게 선생님이고, 부모님이고 걱정시켜드리고 싶지 않거든요? 저는 제 선에서 해결을 해요. 그래서 친구들 없이 왕따를 당해도 티를 안 내고 다녔어요. 왜냐면 저 때문에 걱정하는 게 싫어서. 그리고 담임 선생님도 못 믿었었고. 말씀드리면 당연히 네 탓이다 내지는 부모님한테 전달을 할 게 확실하니까. 그래서 이야기는 안 했던 것 같아요. (참여자 42)

선생님도 도와주는 줄 알았는데 그렇게 도와주지도 않더라고요. 그래서 선생님에 대한 원망도 많았어요. 도와주시는 줄 알았지만 혼자 해결하는 방식으로 해결했어요. (참여자 43)

• 참음

음… 약간 복수하고 싶다, 그런 생각은 나는데. 저는 힘으로는 안 되니까 참죠. 때리고는 싶은데 힘이 안 되니까, 그냥 좀, 좀만 더 힘이 셌으면 이런 일은 안 당했을 거다. 라는 생각이요. (참여자 9)

학교 때도 제가 할 수 있는 게 없었어요. 그러니까 선생님한테 말해봐야 애들한테 더 맞거나 놀림당하고… 애들한테 발악해야 똑같으니까. 제 딴에서는 가만히 있는 게 최선이었어요. (참여자 49)

하면 상황이 더 악화될 것 같다고 생각해서 다음부터 어머니한테 말을 절대로 안 했어요, 말하면 더 악화될 거 같아서. 잘하면, 심하면 경찰서도 가잖아요. 많이 봤어요, 뉴스에서도 보고. (참여자 17)

• 차별의 원인을 이해하려고 함

일단 제일 먼저 드는 생각은 '어 걔 왜 저래, 왜 저렇게 함부로 이야기 하지?' 이러다가, '내가 좀 많이 다른가?' 내가 달라서 일부러 나를 무시하려고 그렇게 이야기하는 건가 이렇게 해서, 어… 엄마가 다른 나라에서 온 게 많이 없어서 나를 일부러 놀리나 보다. 그렇게 생각을 했던 것 같아요. (참여자 42)

내가 못나서 애들이 나를 싫어한다고 생각했다. (참여자 54)

(14) 회피함

'회피함'은 참여자들이 사람들과 거리를 두거나 상황을 피하는 방식으로 차별에 대처함을 의미한다. 하위범주로는 관계에서 거리 두기, 피해 버림이 있다.

• **관계에서 거리 두기**

학교 가면 이야기를 안 해요. 지금도. 그냥 지금은 많이, 이게 제가 좀 크다보니까 거기 신경을 많이 안 쓰는 것 같아요. 무시? 그냥 인간관계지만, 인간관계 중요한 거지만 나한테 안 맞는 사람은 그냥 내가 아니다, 생각을 하고 선을 긋는 것 같아요 먼저. (참여자 42)

집에서 애들이랑 엄마가 괜찮냐고 그러면 그렇다고 대답만 하고 학교에서 혼자 다니고, 선생님이랑 같이 다니고 나는 책 보면 샘은 할 일 하시고 애들은 밖에서 놀고 그랬어요. (참여자 24)

• **피해 버림**

그냥 피했어요. 애들이 있으면 화장실 같은 데 가 있고, 아니면 선생님 있는 쪽에 가서 조금 있다 오던가 아니면 도서실? 그 학교 도서실 있잖아요. 거기 가서 책이나 보던가 그랬어요. (참여자 43)

중국에 가서 한 2달인가 3달 있었어요. 학교 가기 싫어서. 그래서 방학 동안 가 있었는데, 학교 가기 싫어서 계속 머물렀어요. (참여자 42)

(15) 서투른 대처

'서투른 대처'는 다문화 청소년들이 차별에 대응하기 위해 선택한 방법이 서툴고 어려워서 부자연스럽게 대처한 모든 반응들을 의미한다. 하위범주로는 어떻게 대처해야 할지 모름(대처방법이 후회됨, 대응방법에 대해 고민함, 대응방법을 모르겠음, 대응을 못한 것이 후회됨)과 대처가 어려움(자연스럽지 않은 태도, 차별에 대처가 어려움)이 있다.

• 어떻게 대처해야 할지 모름

그 이후로 공부 같은 게 잘 손에 안 잡혔어요. 그냥 내가 어떻게 하면 이런 상황에서 빠져나갈 수 있을까… (참여자 49)

아무 말도 못한 거에 대한 후회가 남아요. 제가 걔네한테 말 한마디라도 할 걸. (참여자 44)

그냥 울고 싶었어요. 너무 울고 싶었어요. 어어어어. 피하고 싶고, 울고 싶고, 어떻게 할지 모르겠고. (참여자 43)

• 대처가 어려움

그냥 제 그 얼굴에 다 티가 나거든요. 애들이 야. 너 뭐 생각하냐. 그래서 제가 좀 뉴스를 생각했어. 그러고. 없어요. 그냥 제가 내가 해봤자 뭘 바꾸겠냐 하면서. (참여자 22)

몇 번 당해봤기 때문에, 대처가 좀 더 잘 안 돼요. (참여자 9)

2-3) 이후 경험한 어려움

'이후 경험한 어려움'은 다문화가정 청소년이 차별로 인해 아파하고 분투하는 과정에서 보다 중장기적이고 지속적으로 경험하는 어려움을 의미하는데, 이는 참여자들의 자아개념이나 성격, 세계관 등에 영향을 미치는 것으로 나타났다. 해당되는 범주로는 '문제 행동을 일으킴', '학업의 어려움', '신뢰로운 관계형성의 어려움', '자신을 부정함', '절망감', '외톨이 같음', '위축되고 주저하게 됨'이 있고, 심각한 정도에 따라 분류된다.

(16) 문제행동을 일으킴

'문제 행동을 일으킴'은 다문화가정 청소년이 지속적으로 차별을 경험하면서 다양한 문제를 외현화하는 것을 의미한다. 하위범주로 가족과의 기물을 파손함, 갈등이 생김, 물질을 남용함, 분노조절이 안 됨이 포함되어 있다. 참여자들은 차별 경험으로 인한 분노, 억울함, 화남과 같은 감정들을 느낀다고 나타났는데 이러한 감정들이 해결되지 않아 역기능적 방식으로 표출된다고 보고하였다.

• 기물을 파손함

〈표 4-5〉에 기물을 파손함 하위범주에 해당되는 예들이 제시되어 있다.

〈표 4-5〉 '기물을 파손함' 예시

예시	개념	하위범주
벽을 침 책상을 발로 참	물건을 때림	기물을 파손함
유리를 깸 책상을 뒤집어엎음 연필을 부러뜨림	물건을 부숨	

• 가족과의 갈등이 생김

애들이랑 안 좋아서 집에 오면 엄마가 '왜 이렇게 기분이 안 좋아 보이냐'고 그러면 아, 몰라도 돼! 이러고 방에 들어가고. 이정도? (참여자 41)

중학교 2, 3학년 때 동생을 좀 많이 때리고 짜증도 많이 내고… (참여자 15)

네, 너무 제가 화가 나서 엄마 얘기할 때마다 짜증이 막 나는 거예요. 그래서 '밥 먹어', 이러면 '안 먹어' 이러고… (참여자 14)

• **물질을 남용함**

엄마 아빠가 집에 없을 때가 있어요. 밤새도록 깨 있으니깐 생각나는 거예요. 그래서 아빠가 드시던 거 먹어봤어요. 아빠가 권하였던 적도 있는데 처음으로 제가 꺼내 먹어봤어요. 도수 높은 술을 먹으면요, 죽는다는 이야기가 있었어요. 엄마가 먹으면 안 된다고. 근데 먹으면 풀릴까 그런 생각으로. 근데 안 풀리더라고요. 그냥 계속. (참여자 23)

평소에 스트레스를 안 말하고 가만히 있으니까 한번은 친구들끼리 학교 와서 술을 마시고 그랬어요. (참여자 15)

제가 이때 담배를 폈었어요, 선배들 따라서… 이때부터 나쁜 언니들을 만나기 시작한 거예요. (참여자 14)

(술과 담배는 안 해?) 예전에는 했었어요(담배). 중학교 2학년 때 했었고요. 5학년 때부터 중학교 2학년 때까지 띄엄띄엄 했었어요. (참여자 44)

• **분노 조절이 안 됨**

그때는 힘들었어요. 그때 사춘기가 엄청 성격이 너무 공격적이고 그랬어요. 뭐만 하면 소리 지르고 던지고. (참여자 54)

화났을 때 아무 생각이 안 들어요. (아무 생각이 안 들어?) 이게 잘못된 짓이다 아무 생각 그냥… 정말 심해졌을 때는 이성을 잃어요. (참여자 44)

(17) 학업의 어려움

'학업의 어려움'은 다문화가정 청소년들이 차별로 인해 여러 가지 고민과 어려움 때문에 자신이 해야 할 일, 특히 공부에 집중하지 못하는 것을 의미한다. 하위범주로는 학업에 집중하지 못함, 학업에 흥미가 없어짐, 학업을 포기함이 포함되어 있다.

- 학업에 집중하지 못함

그 이후로 공부 같은 게 잘 손에 안 잡혔어요. 그냥 내가 어떻게 하면 이런 상황에서 빠져나갈 수 있을까… (참여자 14)

학교 가면 제가 무엇을 하고 무엇을 공부했는지 기억이 안나요. (참여자 46)

놀리는 것밖에 생각이 안 나고, 하도 시끄럽고 그러니깐 그날 뭘 배웠는지 기억이 안 나고, 수업시간에도 소리도 잘 안 들리는 거예요. 계속 옆에서 조금씩 조금씩 수업 때도 놀리고 뭘 했는지도 기억도 안 나고 공부가 너무 힘든 거예요. (참여자 54)

이때는 그 수업 시간에 집중이 안 됐었어요. 일단 그 친구가 이 이야기를 했잖아요 (다문화에 대해) 부정적인 쪽으로. 그때부터 그 생각에 매여 있는 거예요. 그 시간은 그냥 책을 보고 있는데, 머리속으로는 계속 제가 말씀 드린 이런 생각들 많이 하고 있어서 집중이 안 됐었어요. (참여자 42)

- 학업에 흥미가 사라짐

그때부터 공부에 흥미가 없어진 거예요. 성취감, 목표를 이뤘는데 아무도 나를 인정해주지 않는다는 생각? '이런 게 어떨까, 저런 게 어떨까' 이러면 '하지 마' 애들이 이래요. '조용히 해'. 제가 좀 나서는 걸 많이 하는 편인데 애들이 하지 말라고 얘기해서 아, 내가 이러면 안 되는구나. (참여자 14)

너무 놀림에 대한 것만 계속 생각이 나서 학교 가는 것도 싫고. 어떨 땐 울면서 학교 안 가면 안 되냐고 그러고. (참여자 54)

• 학업을 포기함

전치 18주… (진짜? 18주면 진짜 심하게 다쳤나 보다) 네. 그것 때문에 학교도 그만두고. (참여자 49)

1학년 때부터 공부를 포기했었어요. (참여자 23)

네. 학교 가기 싫어서. 그래서 방학 동안 가 있었는데, 학교 가기 싫어서 계속 머물렀어요. (참여자 42)

(18) 신뢰로운 관계형성의 어려움

'신뢰로운 관계 형성의 어려움'은 다문화가정 청소년이 차별과 그 이후의 어려움으로 점차 사람들에 대한 신뢰를 잃어가고 믿을 만한 사람이 없다고 느끼는 것을 의미한다. 하위범주로 교사에 대한 부정적인 마음, 깊은 관계를 맺지 못함, 사람을 믿지 못함이 포함되어 있다.

• 교사에 대한 부정적인 마음

상처를 많이 받았죠, 배신감도 들고. 선생님만큼은 내 편이 되어줄 거라고 생각했는데 일만 더 키우고. 경찰조사에서 제가 잘못했다는 식으로 돼가지고… (참여자 49)

선생님도 도와주는 줄 알았는데 그렇게 도와주지도 않더라구요. 그래서 선생님에 대한 원망도 많았어요. 6학년 선생님도 싫었고. 다 싫었어요. 선생님들 다 싫어. (참여자 43)

음… 실망을 많이 했어요. 선생님, 일단 선생님한테 실망을 크게 하였어요. 나는 내 편이라고 생각했고, 내 편이라고 생각한 것보다 선생님이면 애들 다 고려해주는 사람이어야 하는데, 왜 저러실까? 진짜 이제 선생님도 못 믿겠다, 막 이런 생각도 있었고 (참여자 42)

• 깊은 관계를 맺지 못함

그러니까 저는 한국어를 그렇게 못하다 보니까 음… 친해지면 친해질수록 더 멀어지는 것 같은 느낌이 드는 거예요. 그래서 이제 안 되겠다. 친해지지 말아야 되겠다. 친구들도 똑같이 친하게 못 지내겠다. 그냥 어느 정도만 말하고 끝내야 될 것 같다는 생각도 들었어요. (참여자 25)

그리고 원래 그렇게 나서서 이야기 하는 친구들은 친구들이 많잖아요? 그러니까 제가 그냥 그 친구랑 끊어버리니까 다 이렇게 끊어져 나갔어요. (참여자 42)

그냥 그렇게 친한 친구는 없어요. … 그래도 친구보다는 동생이랑 더 잘 노는 편이에요. (참여자 48)

• 사람을 믿지 못함

아직 안에 있는 거는 얘기를 잘… 여기 학교 와서 진짜 친한 친구들한테만… 여기 시설에 산다는 것도 얘기를 안 했어요. 친구들이 다 보수적이어서. 저도 뭐 보수적이었지만. (보수적이라는 게 무슨 뜻?) 사소한 것까지 얘기를 안 하고 어디까지만… 그 이외에는 이제… (친구들과 시시콜콜한 얘기는 잘 안 하고) 네, 심각한 거나 얘기하고 싶지 않은 것은 얘기를 잘 안 하고. (참여자 15)

그때는 음… 제가 연기를 하는 건지 모르겠어요. 일단 마음을 연 척을 해요. 그래서 그 사람 반응을 봐요. 그리고 나서 이제 끊어요. 짤라요. 그 반응을 보고, 이 사람은 이렇게 행동하는구나. 이 사람은 나랑 안 맞는다. 이 사람은 이렇게 행동하고, 그냥 친구 사이 해도 괜찮겠다 아니면 이 사람 이렇게 하네? 오래두고 봐야겠다 이렇게. (참여자 42)

사람을 못 믿는 거 있잖아요. 그게 심하거든요. 친구도 처음에는 잘 안 사귀어요. 친구 하자, 이렇게 해요. 한참 관찰을 해요. 1주일, 2주일. 그러다가 괜찮으면 친구를 하고. 아니면 말도 안 하고. 아직도 그게 심해요. (참여자 54)

그때 이후로 새로운 사람을 만나는 것 자체가 두려웠어요, 내가 또 얘한테 놀림받을 것 같은 느낌이 드니까… 새로운 사람을 만날 때 많이 두려웠고… 친구관계. 애들이 많이 놀리다 보니까 왜 내가 얘하고 같이 다니면 나도 같이 놀림받을까봐 얘랑 조금 멀리 떨어져있고 같이 놀리고 그런… 친구들이 많이 떠나고.. (참여자 49)

(19) 자신을 부정함

'자신을 부정함'은 자신의 존재를 부정하는 마음과 생각을 의미하는데, 극단적인 경우 자해와 자살 시도로 나타났다. 또한 참여자들은 다문화가정 청소년으로서의 정체성 또한 부정하고 싶었다고 보고하였다. 하위범주로는 자존감이 낮아짐, 자해 및 자살 시도, 다문화인이라는 것이 싫음이 포함되어 있다.

• 자존감이 낮아짐

나도 나를 예뻐할 수 없는데. 내가 할 줄 아는 것도 없는 것 같고, 잘하는 것도 없고, 관심도 없고, 잘할 수 있을 것 같지도 않고, 용기가 안 났어요. 내가 이걸 한다고 해도 잘할 수 있을 것 같다는 생각이 안 들어서 시도도 안하고. (참여자 54)

애들한테는 3년, 2년 동안 무시를 당하면서 살아오니까 내 딴 게 뭐라고, 자기 스스로를 많이 낮추기 시작했어요. (참여자 49)

1학년 때는 그냥 몰랐으니까 '왜 그러지' 그런 생각 하다가 3학년, 6학년 때는 이제 알잖아요 조금? 그래 가지고 '내가 애들한테 그렇게 필요 없는 애구나.', '내가 왜 태어났지?' 그런 생각. (참여자 5)

얘네는 왜 날 그렇게 싫어하지. 내가 그렇게 못났나. 그런 생각을 많이 하였어요. 내가 그렇게 쓸모없는 사람인가. 정말 할 줄 아는 게 실제로 별로 없었고. 그리고 또 그거 때문에 자신감이 없어서 나 스스로 못하는 거예요. 아 내가 이걸 해도 될까? 내가 잘할 수 있을까? 발표도 진짜 한마디도 안 해봤어요. 발표를 시키면 가슴이 너무 떨려가지고 다시 앉을 때까지 다리가 막 떨리고 땀이 막 나고 내가 뭘 말했는지도 모르겠고. (참여자 54)

• 자살 및 자해시도

그 일반 작은 칼로 손목을 탁탁 … 피… 흘렸어요. (참여자 46)

칼은 아니고 샤프 가지고 팔을 긁고. 그런 적이 있었어요. (언제?) 요즘 들어서도 있었고. 전에도. (참여자 23)

그런 거 있잖아요? 약 모으는 거. 괜히 약 보면서 약 모아가지고 그런 거. 이거 먹고 죽어야 되나, 내가 이거 먹고 죽는 게 맞나? 막 이런 생각도 했었고. (참여자 42)

그러니까 좀 편하게 살고 싶은 거죠. 저도 편해지고 싶고 그런데, 계속 이렇게 당하다 보니까 그래서 자살하고 싶고, 편해지고 싶고 그러다 보니까. (참여자 25)

그냥 갑자기 그런 생각이 막 들어서, 힘들어가지고 그냥 (옥상에) 올라갔어요. 떨어지진 않았어요. (그때 어떤 마음이었는데?) 그때도 아무 생각 없었을걸요. 충격이 너무 커가지고. (참여자 46)

• 다문화인이라는 것이 싫음

그래가지고 좀 힘들고, 아 왜 태어났을까, 다문화라는 것 자체가 너무 싫은 거예요 저한테는. (참여자 25)

네 그때는 너무 이게(다문화가정 청소년임을) 안 말했으면 했는데, 숨기고 싶었어요 그때는. 조금 안 말했으면 좋겠다 이렇게? 안 알았으면 좋겠다. (참여자 43)

난 왜 그렇게 태어났나… 이런 생각을 했어요. 다문화여서 그런 거니까… 내가 이렇게 태어나지 않았더라면 이렇게 되지 않았을텐데… (참여자 48)

(20) 절망감

'절망감'은 다문화가정 청소년이 차별과 그 이후의 어려움 등으로 점차 미래에 대한 희망이 사라지고 앞으로의 삶을 해쳐나가기 어렵다고 느끼는 것을 의미한다. 하위범주로는 무기력함과 무력함이 포함되어 있다.

- 무기력함

모르겠어요. 커가면서 계속 춤추는 것 싫어지고. 그냥 다 하기 싫어졌어요. (참여자 16)

아무것도 안 한다? 그것도 그래요. 맞아요. 저 집에 가면은 거의 누워있어요. 힘들다 보니까 막 누워있고, 공상하게 되고. 핸드폰 만지고 막 그래요. (참여자 25)

그냥 짜증나고 불안하고 그냥 힘이 없어지고 갑자기. (참여자 24)

- 무력함

(포기했었어?) 네 그런 거죠 뭐. 노래하고 싶어서 가수 그런 거 하고 싶었는데 난 할 수 없을 같다 해서 포기하고. 그냥 가족들 앞에서 저는 '하고 싶어, 하고 싶어' 하지만, 밖에서는 당당하게 말 못했어요. (참여자 43)

거의 아무것도 안 했어요. 강하게 표현을 해봐도… (표현을 해보긴 했구나, 어떻게?) 소리도 막 지르고 했는데… (소용이 없었구나) 네. (참여자 49)

(행동한 거는 없어?) 없어요. 그냥 내가 해봤자 뭘. 바꾸겠냐 하면서. (참여자 22)

(21) 외톨이 같음

'외톨이 같음'은 다문화가정 청소년이 차별을 경험하면서 자신이 혼자가 된 기분과 의논할 사람이 없다고 느낌, 소외감을 느끼는 경험을 의미한다. 하위범주로는 외로움과 혼자임이 포함되어 있다.

- 외로움

그런데 수업시간에 @@@에 대한 안 좋은 말을 했을 때, 그때 갑자기 제가 살짝 소외된 그런 느낌을 받고. (참여자 5)

그러면서 친구도 없어서 쓸쓸하고. 또 언제 맞을지 모르니까 두렵고 외롭고. (참여자 49)

많이 외로워요. 그때는 외롭고 혼자 있는 느낌. (참여자 54)

- 혼자임

그냥 뭐지 신경 안 쓰고, 그냥 저 혼자 생활했어요 학교는. (참여자 16)

다들(부모님, 선생님) 저한테 관심도 없어요. (참여자 44)

아빠한테는 별로 이야기하고 싶지가 않고요. 동생은 동생한테는 이야기를 할 수가 없어요. 그래서 동생은 저 같은 게 (경험이) 없었으면 좋겠어서. (참여자 42)

(22) 위축되고 주저하게 됨

'위축되고 주저하게 됨'은 다문화가정 청소년이 차별 경험과 그 이후 어려움으로 위축되어 자기표현을 못하게 되고, 걱정과 불안이 많아져서 주저하게 되며, 주위에 신경을 자꾸 쓰게 됨을 의미한다. 하위범주로 자기표현을 못함, 두려움이 많아짐, 주변사람의 반응에 지나치게 신경 씀이 포함되어 있다.

• **자기표현을 못함**

예전에는 말하는 자체가 너무 힘들었어요. 그 앞에 나서면 모든 눈이 저를 쳐다보잖아요. 그게 너무 부담이 되는 거예요. 안 그래도 나를 싫어하는 애들이 내가 뭐 한마디라도 긴장해서 말을 잘못하면 거기에 대해서 계속 놀리니깐. 말하는 것도 힘들고. (참여자 54)

그런데 걔네한테도 쉽게 말을 못하겠는 게 이런 이야기를 하면 걔네도 같은 생각이 들까봐, 한두 명 있었거든요 정말? 그 친구들까지 잃을까봐 그냥 말을 안 했어요. (참여자 42)

• **두려운 것이 많아짐**

네네. 그런 생각이 많아요. 설마 내가 초등학교나 중학교 때 나를 안 좋게 이야기 하였던 애들이 있지 않겠지? 이런 것들도 많이 있구요. 이번에 올라왔을 때 만난 친구들은 다 좋은 친구들이었으면 좋겠다. 나랑 안 맞는 애 있으면 어떻게 풀어가야 되지? 이미 닥치지도 않았는데 생각이 많다는 거는 고민이 많다는 거 아니에요? 고민을 많이 해요. 어떻게 하지? 이런 애가 있으면 어떻게 하지? 먼저 지쳐요 그래서. (참여자 42)

중학교 처음 갔을 때는 또 애들한테 놀림을 더 심하게 받고 그럴까봐 무섭고 그랬는데. (참여자 20)

걔네랑 다른 반 하고 싶었는데 맨날 같은 반으로 계속 올라가니깐 그것도 너무 불편했고 신경을 많이 썼어요. 화장실 가는 것도 계속 신

경 쓰고. 화장실까지 따라오면 어떡하지? (참여자 54)

• 주변사람을 지나치게 신경 씀

반 분위기 그때, 방청객 분위기 알죠? '아 맞아' 이런 동의하는 분위기였고, 그래서 저는 더 이 친구들 말고도 다른 친구들도 미워졌던 것 같아요. (참여자 42)

그냥 옆에서 내 이야기 하는 것 같고, 무섭고, 내 욕하는 건가 들리고 그냥 그냥 좀 집중이 안 됐어요 그때는. (참여자 43)

얘가 또 무슨 생각을 하지? 잘 웃다가도 친구들이 한 마디만 하면 예민해져요. 정색하면서 말을 하게 되고. (참여자 24)

3) 맥락적 조건

맥락적 조건은 중심 현상에 영향을 미치는 특별한 조건이나 상황으로(Strauss & Corbin, 1998), 이 책에서는 '다문화에 대한 차별을 경험함', '다문화라서 부당하게 취급당함', '다문화를 이방인으로 구분 짓는 고정관념에 노출됨'을 중심 현상(아픔을 안고 분투함)에 영향을 미치는 맥락적 조건으로 간주하였다. 해당 범주의 속성은 빈도와 심각성으로서, 빈도가 높고 정도가 심각할수록 심리적 아픔과 고통이 가중된다고 나타났다. 즉, 수업 장면이나 교실 안에서 교사 또는 다른 학생들이 '다문화'에 부정적인 고정관념을 가지고 있거나, '다문화'의 이해가 부족한 채로 잘못된 정보를 전달하는 교육환경에 노출될수록 다문화가정 청소년들의 '아픔을 안고 분투함'의 과정은 심화되는 것으로 나타났다.

(23) 다문화에 대한 차별을 경험함

'다문화에 대한 차별을 경험함'은 다문화가정 청소년들이 다문화에 대한 차별적 대우나 편견적 분위기를 직간접적으로 경험한 것을 의미한다. 하위범주로는 다문화에 대한 차별적인 태도를 경험함, 다문화에 대한 주변 사람의 차별을 목격함, 외국인 부모에 대한 차별을 경험함이 포함되어 있다. 다문화에 대한 차별적인 태도를 경험함은 주로 교사의 차별적 태도 목격을 의미하고, 다문화에 대한 주변 사람의 차별을 목격함은 교사나 친구 등 주변사람들이 자신이 아닌 다른 다문화 배경을 지닌 친구들에게 차별적인 행동이나 모습을 목격한 것을 의미한다. 한편, 외국인 부모에 대한 차별을 경험함은 외국 출신의 부모에게 교사 또는 또래 친구들이 부정적 태도나 언어적 폭력 등을 행사하는 것을 목격하거나 경험한 것을 의미한다. 이러한 경험들은 참여자들의 '아픔을 안고 분투함' 현상을 심화시켰다고 나타났다.

- **다문화에 대한 차별적인 태도를 경험함**

선생님 중에 갑자기 뜬금없이 아 나는 &&이 너무 싫다. 이러는 거에요. 갑자기 그런 이야기를 꺼내요… 아직도 그래요. &&인에 대해서. … 나는 &&에서 만든 거 하나도 안 입고 안 쓰고. 절대 죽기 전까지 그 땅을 밟지 않을 거라고. 그렇게 이야기를 하더라구요. (참여자 54)

제가 초등학교 때는 보충수업 같은 게 있었어요. 하기 싫은 것을 교장이 자기 마음대로 넣어버리니까, 신청서에 넣어버리니까, 억지로 하니까, 저는 항상 교장실 끌려가서 맞고, 그냥 못하면 맞았어요. 그래서 저는 교장선생님한테 충격적인 말을 들었어요. 너네 엄마가 한국사람이었으면 너는 공부 잘 했을텐데라고 했어요. 그때 완전… (참여자 46)

• 다문화에 대한 주변 사람의 차별을 목격함

저는 다 편하게 다 말해요. 근데 (출신을 숨기는 다문화가정 친구들은) 심한 애들은 &&, 엄마가 &&분이시거나 그런 애들이 더 그러고 … 학교에서 막 사회시간이라던가, 그럴 때에 && 욕하잖아요. 근데 걔네 표정 보면 좀… 그래요… (참여자 50)

다른 친구는 다문화가 얼굴에서 티가 나니깐 너무 심하게 했어요. 뭐만 사면 뺏을라고 하고 너 내 오줌 마실래 이런 소리까지 하고 밥 먹기 전에 손 씻으라고 하고. 같이 먹기 싫다고 하고 책상도 떨어져서 앉고 더럽다고. 청소도 혼자 시키고. (참여자 54)

• 외국인 부모에 대한 차별을 경험함

엄마가 (나를 괴롭힌) 친구한테 영어로 말을 했었는데 저희 담임선생님이 얼굴이 빨개지더니 알아듣지도 못할 말 뭐하러 지껄이냐고 큰 소리로 소리 지르고 문을 쾅 닫고 나가더라구요. (참여자 49)

엄마가 저한테 물건을 가져다주려고 왔는데 같은 반 남자애가 보고, 막… 어… 막… 아 뭐지? 까맣다고. 니네 엄마 까맣다고 이러면서 @@@ 엄마 까맣다. 이래서 그랬었어요. (참여자 50)

어렸을 때 제가 초등학교 때 어머님 회의하고 뭐 그런 거 있잖아요? 근데 거기서 막, 저희 엄마가 좀 그런, 잘 모르니까 그 아줌마들이 좀 만만하게 생각하고, 되게 막 엄마한테 막 뭐라고 그래서. (참여자 50)

(24) 다문화라서 부당하게 취급당함

'다문화라서 부당하게 취급당함'은 다문화가정 청소년들이 사회나 교실 등 여러 장면에서 다문화이기 때문에 부당하게 대우받음을 의미한다. 하위범주로는 다문화라서 무시당함, 부당한 대우를 받음, 다문화임이 밝혀짐이 있다. 다문화라서 무시당함은 다문화가정 청소년이 다문화 배경을 지니고 있기 때문에 다른 학생들과 비교해서 학업 능력 등이 떨어질 거라고 평가받는 것을 의미한다. 부당한 대우를 받음은 다문화 배경으로 인해 처벌을 더 가혹하게 받거나, 주변에서 다문화가정 청소년을 차별적으로 대하는 것을 의미한다. 다문화임이 밝혀짐은 다문화라는 것을 숨기고 싶음에도 불구하고, 교사나 친구들이 다문화를 강제적으로 밝히거나 알리는 것을 의미한다.

• 다문화라서 무시당함

손을 들고 있었어요. 근데 저를 안 시켜주고 계속 다른 애만 시켰어요. (누가) 반장, 부반장이 … (내 이야기를) 나중에 적긴 적었는데 그냥 아무 말도 안 하고 넘어갔어요. (참여자 1)

무슨 책 가지고 이야기를 하면은 선생님이 막 어떨 거 같나요? 물어보면요 저는 손을 들었어요. … [다른 애가 놀리면서 못하게 함] 선생님이 왜 그러냐면서 '왜 그래?'라고 하면서도 저를 안 시키더라구요. 그렇게 편 들어줬으면서도 결국엔 안 시켜주더라구요. (참여자 44)

예를 들면 선생님이 저보고 국어 시간에 읽으라고 그러면 다른 사람을 따닥따닥 읽는데 저는 느릿느릿 읽으니까 애들이 답답하다고 그러고. 그리고 읽게 하기 전에 애들이 쟤 &&인이에요, 막 이러고. 애들이 읽는 것이 늦을 거라고. 가끔씩 선생님이 절 불렀다가도 다른 사람을 시키기도 하고. (참여자 41)

• 부당한 대우를 받음

선생님이 다문화 티 낸다고 하면서 학교 마치고 이틀 정도 맞았어요. 뭐만 하면 도둑거리면서 … 엎드려뻗쳐 해서… 아니라고 했는데 계속 그러니깐 그냥 맞았죠. (참여자 16)

뭐만 하면 쳐다보면 내가 못해도 잘해도 욕을 먹어야 하는 거예요. 내가 똑같이 못해도 저는 더 못하는 걸로 더 욕을 먹었어요. 그거는 이해가 안 갔어요. 왜 똑같이 실수를 했는데 왜 나만 욕을 먹는지. (참여자 54)

애들이 밥 다 먹기 전에 저는 먼저 먹고 교실에 있었는데 … 어떤 애가 와가지고 너 왜 훔쳤냐고 그러면서 도둑으로 모는 거예요. 그때 그런 적 있었어요. … 그게 다문화여서. 다문화여서. 애는 돈도 없다 불쌍하다 가난하다 그런 이야기 많이 듣고 그랬어요. (참여자 24)

• 다문화임이 밝혀짐

그때 한번 &&을 갔었어요. 그때 애들이 다들 저 어디 갔냐고 하니깐 선생님이 (이야기한 것 같아요) 돌아오니깐 다들 알고 있더라구요 … 그때 그냥 별일 없겠지 했는데. 시작된 거죠. (참여자 53)

그냥 애들이 아무 말도 안 하고 있다가 알려지면 다 퍼지죠. 처음에는 같은 초등학교 나온 애들 있잖아요. 걔들이 다문화라고 퍼트리니깐 애들이 그거 알고 왕따시키고. (참여자 16)

친구들도 아무렇지 않게 지내다가, 친구들도 '너 다문화 학생이지' 생각을 하게 되는 거 같아요. 친구들이 무슨 생각을 하는지 모르겠는데… '어 맞어, 너 몰랐어?' 그렇게 말하는데… '너도 그랬어?', '너도?'

보통 그래요. 다들 그러니까… 그래서 좀 꺼려지는 것 같아요. 같이 그 옆에서 욕을 할 때 저도 어떻게 반응해야 하는지 모르는 거 같아요. 분명 잘못한 것은 인정하는데 괜히 이상해지고… 크면서 느껴지는 거 같아요. 확실히 &&이 한국과 사이가 안 좋다 보니까. (참여자 29)

(25) 다문화를 이방인으로 구분 짓는 고정관념에 노출됨

'다문화를 이방인으로 구분 짓는 고정관념에 노출됨'은 다문화가정 청소년들이 다문화에 대한 우리 사회의 편견, 고정관념에 노출됨을 의미한다. 특히 참여자들은 한국에서 출생하고 자랐음에도 불구하고 다른 사람처럼 취급당하는 경험을 한 것으로 나타났다. 하위범주로는 다문화에 대한 부정적인 교육환경에 노출됨, 다문화에 대한 부정적인 고정관념을 경험함이 있다. 다문화에 대한 부정적인 교육환경에 노출됨은 학교 장면 및 일상생활에서 교사나 친구 등 주위 사람들이 다문화에 대한 이해가 부족한 발언을 경험하거나 그러한 교육에 노출됨을 의미한다. 다문화에 대한 부정적인 고정관념을 경험함은 다문화에 대한 선입견, 편견, 고정관념을 경험함을 의미한다. 이러한 경험이 많을수록 다문화가정 청소년의 '아픔을 안고 분투함'이 심화되는 것으로 나타났다.

• **다문화에 대한 부정적인 교육환경에 노출됨**

저도 어렸을 때 역사를 배웠을 때 %%에 대해 아주 안 좋게 배워서 %%이 싫고 그랬는데, 아빠 나라인데도 불구하고 싫고 그랬었는데, 이제 크니까 그 주제가 나오면 제가 신경 쓰면 이상하게 되더라구요. 그래서 아무렇지 않게(않은 척하는 게 낫더라구요). (참여자 29)

도덕 수업에서 다문화가정이 뭐 우리나라에 많아졌다. 다문화 사회

가 되고 있다 막 이런 내용이었거든요? … 그랬더니 한 명이 손을 들더니 '다문화가정은 엄청 안 좋은 것 같다. 우리나라 고유의 문화를 없애려고 하는 것도 있고, 범죄도 증가하고' 이렇게 이야기를 하더라구요. 그리고 '다문화가정이 있으면 애들이랑 어울리기도 어렵고' 저를 저격하는 식으로 이야기를 하는 거예요. 그리고 선생님도 어, 그런 점은 있다. 수업이니까 그러셨을 수도 있는데, 그렇게 이야기하시는데 괜히 저를 쳐다보는 것도 아니었어요. 그냥 느낌이 있잖아요, 사람이? 다 그냥 저를 생각하고 하는 말 같은 거예요. (참여자 42)

• **다문화에 대한 부정적인 고정관념을 경험함**

그러니까 막, %% 애들은 다 그러냐? 그런 식으로 있잖아요. %%에서 무슨 일이 일어났을 때.. %% 사람은 다 그래? 하고 저한테 물어보고… 내심 안에서는 저는 중립이니까, 그냥… 걔네한테 말할 때는 최대한 걔네한테 맞게 대답을 해주기는 하는데… 다 그러지는 않는다, 이런 식으로… 근데 안에서는 약간… (참여자 16)

구체적으로는 맨날 독도 이야기로. 니네 나라 것이 아니고 우리나라 건데. 왜 바락바락 우기냐고. 그게 대부분이었고. 어떤 것은. && 참 이상한 나라야. 이러고. 애니메이션에서? 그런 있잖아요. ****를 표현하면은 막 이상한 팬티입고 옷 벗고 있고 머리 이렇게 하고 그런 거 보고 이상한 나라야. 이렇게. (참여자 22)

4) 중재적 조건

중재적 조건은 연구 참여자가 경험한 중심현상의 강도를 완화하거나 변화를 유도하는 조건으로서, 작용/상호작용 전략을 촉진하거나 방해하는 역할을 한다(Strauss & Corbin, 1998). 본 연구에서의 중재적 조건은 크게 외부의 도움과 내적 강점으로 구분되었다. 우선, 외부의 도움으로는 '또래 친구의 지원', '가족의 관심과 개입', '환경의 변화', '주변의 관심과 적극적인 도움', '전문적인 서비스 활용', '다문화 네크워크 형성'이 포함되어 있고 그 속성은 존재로서 유/무의 차원으로 볼 수 있다. 즉, 다문화가정 청소년들은 또래 친구, 가족, 주변 지인, 다문화인들의 관심과 지지를 받고, 사회서비스를 이용하거나 객관적인 환경이 변화하면서 작용/상호작용 전략이 촉진된 것으로 나타났다. 한편, 내적인 강점으로는 '외모(피부색, 생김새 등)', '낙천적이고 단순한 성격', '삶에 대한 강한 의지력'과 같은 개인 특성들이 포함되는데, 사회적으로 선호되는 외모(피부색, 생김새 등)를 지니고 있을수록, 낙천적이고 단순한 성격일수록, 삶에 대해 의지가 강할수록 작용/상호작용 전략들이 촉진되는 것으로 나타났다. 내적인 강점 및 특성 또한 그 속성이 존재로서 유/무의 차원으로 분류될 수 있다.

(26) 또래친구의 지원

'또래친구의 지원'은 다문화가정 청소년들이 친구를 사귀고 그들의 도움을 받으면서 차별로 인한 상처를 점점 회복해감을 의미한다. 즉, 주로 또래 친구들로부터 차별을 당하지만 차별로 인한 상처는 새로운 친구들을 사귀고, 함께 다니면서 치유되었다고 이해할 수 있다. 하위범주로는 친구가 도와줌, 친구가 생김, 친구들이 잘해줌, 친구와 함께 활동함, 친구의 따뜻한 관심이 포함되어 있다.

- 친구가 도와줌

몇몇 친구가 진짜 심할 때는 조금 도와주고 하죠. (어떤 식으로 좀 도와줘?) 그러니까 약간 뭐 위로하면서 (응) '왜 이렇게 괴롭히냐' 그렇

게 말해줘요. (참여자 9)

그리고 제 친구들도 '너 왜 그러냐'고 막 걔(괴롭힌 아이)를 같이 몰아세워주고 그랬어요. 그래서 주변 사람들 도움으로도 그렇고 그랬어요. (참여자 50)

• **친구가 생김**

(사람에 대한 믿음이 생긴 이유는?) 얘네들이 생겼잖아요. (얘네들은 언제 생겼어?) 중학교 2학년 때요. 다 같은 반이었어요. (참여자 44)

(내 편이 돼주는 친구들은) 있어요. 제 이야기 많이 들어주고, 힘이 되어주고 그런 애들. 2학년 때. 그냥 어쩌다 보니까? 막 얘하고 친해지고 싶다 그렇게 생각하니까 친해지게 되고 걔 성격도 알게 되고, 걔도 저만큼 힘들구나라는 생각도 들고. (참여자 25)

• **친구들이 잘해줌**

그래서 점심 안 먹었잖아요. 근데 이제 애들이 다가오고 점심도 먹게 되고. 그냥 딱 보면 좀 괜찮다라고 느끼는 것이 있잖아요. 그럼 다가가면 애들이 몰려요. 그렇게 무리가 생기고 계속 그렇게 다니죠. (참여자 16)

(초등학교 1학년 때부터 초등학교 6학년 때까지) 좀 많이 힘들었는데 이제는 뭐 괜찮아요. 애들이 나를 그렇게 이제는 좋아해주니까. (참여자 43)

• **친구와 함께 활동함**

중1때 가진 취미를 중2때 바꿨어요. 그렇게 해서 애들이랑 같이 어울렸어요. 원래는 그냥 노는 거였는데… 중2때는 공부도 하고 놀기도 하면서. 중1때는 제가 애들 비위를 맞추어줬는데, 중2때는 서로가 비위를 맞춰요. (그러고 나서) 회복되었어요. 애들이 놀리거나 그런 게 없어졌어요. (참여자 8)

화날 때는 친구들한테 다 연락 돌려봐요. 같이 놀러가요 무작정. 아무것도 가진 게 없는데 놀러가요. '야 나와 너' 농구해요. 그냥 걔네들은요 제 생각에 그러니까 뇌구조가 있으면요 전체 반을 차지하고 있어요. (소중함이) 되게 커요. 딱 만나면 아무 생각 없고 그냥 재밌기만 해요. (참여자 44)

• 친구의 따뜻한 관심

그래도 되게 많이 생각해주던 애였는데, 걔는 알았어요. 제가 다문화가정인 걸 아는데도 되게 잘 대해주고, 오히려 그 친구가 저한테 많이 도와준 것 같아요. 그 친구는 도와줬어요. 자랑스러운 거라고, &&어 잘하잖아 너. 이런 식으로. (참여자 42)

**학교 오면서 예전에는 없었던 믿어주는 사람들… 그리고 얘기할 수 있는 친구들이 생겨가지고 학교생활도 열심히 했고… 부모님이 몇 살 때 돌아가시고, 친구들 중에 부모님이 돌아가신 애들이 많아요… 이혼을 하시고… 이 시설에 있는 거랑 안에 힘들었던 얘기를 하고 좀 후련한 느낌도 있었고… 친구들이랑 얘기도 많이 하고 속 얘기도 하고… (참여자 15)

(27) 가족의 관심과 개입

'가족의 관심과 개입'은 다문화가정 청소년들이 차별을 경험하면서 또래친구뿐만 아니라 가족들의 따뜻한 관심과 지지를 받음을 의미한다. 하위범주로는 가족의 관심과 사랑, 부모의 적극적 개입이 포함되어 있다.

• 가족의 관심과 사랑

가족이랑은 더 잘 있었죠. 더 끈끈해졌다 해야 하나? 그냥 가족밖에 믿을 사람이 없다는 생각을 하였어요. 날 사랑해주고, 날 지켜주고. 그런 거 가족밖에 없어요. [중략] 회복된 거는 가족들. 그냥 날 사랑해줘서. (참여자 43)

(부모님은) 제가 그런 얘기(차별받고 힘들었던)를 하면 공감해주세요. 보듬어 주시고 얘기를 들어주시고, 두 분 다… 도움이 많이 되었어요. (참여자 8)

엄마한테 말하면은, 독도 이야기하면은 다시 집에 돌아와서 엄마 독도 어때? 어때? 하고 그러고 하면 엄마는 웅~ 하고, 세계는 하나야. 어차피 미래에는 그 나라 같은 것 무의미해져 하면서. (참여자 22)

• 부모의 적극적 개입

어릴 때부터 엄마가 강하게 키우셔가지고… 저희 엄마도 외국인이니까 회사나 그런데 가면 다 할 줄 모른다고 생각하거든요. 저희 엄마가 지금 다니는 직장에서 총무나 사장님이 뭐라고 하는 걸 저한테 다 이야기해요. 당장 가서 회사에 불질러버리고 싶을 정도인데, 저희 엄마는 힘들어도 저한테는 '너가 힘들어도 그것을 꿋꿋이 너가 이겨내야 한다, 친구랑 싸울 때 그냥 너가 참아' 참으란 말에 계속 참았어요. '싸우고 싶으면 싸워. 너 마음대로 해, 대신 울고 오지마'. (참여자 46)

어렸을 때 엄마가, 엄마가 저를 혹독하게 저를 교육시켰어요. (아 진짜?) 그래서 음… 네 그랬어요. 엄마가 무섭게 가르쳐서 울기도 하고, 하여튼 그래서 엄마가 어렸을 때 저한테 많이 알려주고, 교육시켜줘서 그래서 저는 도움이 더 돼요. (참여자 50)

엄마한테 애들이 놀릴 때 전화를 했어요. 엄마가 선생님한테 전화를 하고 학교를 온 적도 있고. 중학교 올라와서 이상한 일이 생겼었는데, 그것도 엄마 아빠가 학교로 쫓아와서 경찰 부른다고 그러고. (참여자 23)

(28) 환경의 변화

'환경의 변화'는 다문화가정 청소년들의 주변을 둘러싼 상황이 변하면서 그들의 상호작용 전략에 영향을 미치게 됨을 의미한다. 즉, 시간이 경과하면서 차별에 익숙해지고, 차별의 부정적인 영향이 줄어들기도 하고, 주변 사람들의 다문화에 대한 인식이 긍정적으로 변화하면서 상황이 나아지기도 하고 차별이 줄어드는 모습을 보면서 차별에 대한 대처가 달라지는 것으로 나타났다. 하위범주로는 시간이 경과함, 다문화에 대한 주변의 긍정적 인식, 차별이 줄어듦이 포함되어 있다.

• 시간이 경과함

시간이 약인 것 같아요. 점점 싫은 건 점점 뭐라 해야 하지 중2 후반 지금까지 좋은 일만 있어가지고. 그래 가지고 싫은 일은 다 잊어버려가지고. 아까도 지금 생각났다고 했잖아요. 다 잊어버린 것 같고 시간이 약인 것 같아요. (참여자 22)

지금은 좀 그래도 뭔가 좀 처음에는 좀 안절부절못했는데 여러 번 겪으니까 좀 익숙해진 것 같아요. (참여자 9)

• 다문화에 대한 주변의 긍정적 인식

(내가 다문화인걸 알고 나서 친구가) 아. 그렇구나. 그랬어요. 애들이 아무렇지가 않게 해서 그래서. 이러고 넘어가고. 그 때 방학에 엄마가 &&에 왔다 갔다 하시니깐 먹을 거나 필기구를 && 거로 사오셨는데. 그런 거 있으면 걔한테 주고 그랬으니깐. (참여자 21)

주변 사람들 (좋겠다) 그런 거, 부러움 같은 거 많이 받는 것 같아서. 어렸을 때는 아직 다들 인식이 그냥 그런 게 없었는데, 이제 막 다들 인식이 바뀌면서 그래서 저도 주변 환경? 사람들이 저한테 막 안 좋게 대한 것도 점점 없어지고, 그리고 오히려 저 부럽다고 해주고 막 그러니까 더 그렇게 된 것 같아요. (참여자 50)

• 차별이 줄어듦

중학교 2학년 때는 좀 괜찮아졌어요. 반이 많이 나뉘면서 한두 명은 줄어들었어요. (참여자 9)

(초등학교 애들이 중학교로) 같이 올라왔어요. 근데 애들이 바뀌었어요, 얘네가 안 놀려요. 좀 친해졌어요. 좋은 방식으로 친해지고 정신도 좀 차리고. (참여자 20)

(29) 주변의 관심과 적극적인 도움

'주변의 관심과 적극적인 도움'은 다문화가정 청소년들이 차별을 경험하면서 또래친구, 가족을 제외한 주변 지인들의 관심과 도움을 받음을 의미한다. 주변 지인들로는 교사, 자신보다 나이가 많은 사람(특히, 언니), 목사, 의사 등이 있었다. 하위범주로는 교사의 따뜻한 관심, 교사의 적극적 개입, 아는 언니의 관심과 개입, 주변 사람의 조언이 있다.

- **교사의 따뜻한 관심**

선생님한테 애들 아는 거 좀 그렇다 그러면 선생님이 그게 뭐 어때서 그러냐, 그게 부끄러운 거는 아니다. 그런 식으로 말하시죠. (참여자 21)

선생님은 지지를 많이 해주셨어요. 그리고 제가 다른 친구들보다 한국에 살았으니까 좀 더 유리하잖아요… 기대를 많이 해주시는데 다른 사람들이 볼 때는 저 친구는 원래 한국 사람이니까 유리하잖아, 근데 선생님들은 그렇게 생각 안 하고 기대를 해주시니까 열심히 하고 얘기도 많이 했어요. 선생님이랑 같이 울어도 보고… 잘 해주시는 선생님이라… 같이 밥도 먹고… 그리고 **에 집을 구했는데요, 이사를 했어요. 이사도 도와주시고. 집도 같이 봐주시고. 대학교에 내는 자기소개서도 봐주시고. 가끔은 친구처럼 믿어주고 고맙죠. (참여자 15)

- **교사의 적극적 개입**

지금 담임선생님이 중국어 선생님이세요. 되게 1학년 때 제가 힘든 걸 아시니까 이런 것도 다 찾아내주시고, 지금 제가 집단 상담을 하거든요. 수요일하고 금요일 날. (학교에서?) 그것도 다 저희 담임선생님이 다 해주신 거예요. 그러니까 제가 담임선생님 잘 만났다라고 생각도 들어요. (참여자 25)

선생님이 여자선생님이 많으시잖아요. 3학년 때 여자선생님이, 여자 선생님이니까 다 말씀드릴 수 있었던 거 같아요. 그래서 말씀드려서 애들이 혼나고, 두 번 말한 다음에 애들이 안 해요. 4학년 올라가면서. (참여자 48)

• 아는 언니의 관심과 개입

그냥. 음. 다문화라고 기죽어 하지 말라고. 그런 말 좀. 그런 말 누가 해줬어? 주위 사람들? 그게 도움을 받은 건가. 언니들한테. 많이 들었죠. 그냥 자기도 뭐라 해야 하지 안 좋은 언니들이긴 한데. 원래 그런 언니들이 마음 많이 아프고 그러잖아요. 그래서 그냥 그 언니들이랑 이야기하면 편하고. (참여자 16)

네, 중학교 때 14살 때까지도 왕따였는데 언니가 **언니가 저랑 같은 중학교를 다녔어요. 저한테 막 자기한테 괴롭히는 친구 있으면 말하라고, 그 언니가 다 해결해준 거예요. (어떻게?) 얘 괴롭혔냐고, 왜 괴롭혔냐고 그런 식으로 해주고 애들이 그 이후로부터 저한테 인사를 하기 시작하더라구요. (참여자 14)

• 주변 사람의 조언

(술 담배를 끊게 된 계기) 제가 말하지는 않았는데요. 제가 거기서 하지 말라고 하니까 근데, 목사님도 아는 거 같아요. 제 친구가 막 그런 거 하면 있잖아요 '술 담배 하면 안 돼' 하니까 갑자기 제 친구가 저 보고 제가 한 걸 아니까 하하하 @@이 하하 이렇게 티를 내는 거예요. 목사님이 신경 쓰는 척은 안 했는데 알고 계시는 것 같아요. (참여자 44)

또… 저 그때 뼈 맞춰주던 의사선생님이… 지나갈 일이라고 신경 쓰지 말라고 해주시더라구요. (그런 말들이 위로가 되었나 보다) 네. (참여자 49)

(30) 전문적인 서비스의 활용

'전문적인 서비스의 활용'은 다문화가정 청소년들이 차별을 경험하면서 가족, 친구, 주변 지인들의 개인적이고 일상적인 도움뿐만 아니라, 국가에서 제공하는 제도적 혜택과 전문가들의 도움을 받은 것을 의미한다. 하위범주로는 다문화 지원 혜택, 전문적인 도움을 받음이 포함되어 있다.

• **다문화 지원 혜택**

지금 멘토링하고 있어요. 대학생 멘토링. 다문화 쪽으로 지원해주는 거라서 거기서 공부하고 그래요. (참여자 25)

그리고 걔네들한테는 더 이익이 있을 거예요. 다문화 애들한테는. 부모님이 더 좋잖아요. 저도 다문화로 너무 혜택도 많이 받고, 너무 행복해요 사는 게. 너무 좋아요. 잘해주시고. 애들도 부러워하고. (참여자 43)

• **전문적인 도움을 받음**

근데 저는 제일 큰 게 상담이라고 생각해요. 아무리 힘들어도, 힘들고, 지치고 그랬는데, 그러니까 원래 사람은 마음이 좀 시원해야 되지, 마음 편해지고 그래요. 저는 원래 그랬었어요. 상담 받는데도 그때 딱 말하고 나서 하다 보니까 마음이 좀 편해지는 거예요. 아 이래서 상담이 좋은 거구나라는 생각도 들고, 이래서 친구가 있어야 되는구나. 원하는 친구를 찾아야 되고, 그러니까 이렇게 차별을 받는다면 자기를 믿어줄 친구를 만나야 된다고 생각해요. 그 사람에 대해서, 그 사람이 만약에 친해지고 싶다면 일단 친해져요. 그리고 그 사람에 대해서 알아가는 거죠. 그러니까 그 사람하고 막 친해지고. 그렇다고 생각해요. 힘들 때는 친구한테 말 할 수 있는 친구가 있어야 되고, 만약에 없다면은 상담센터를 찾아간다고 생각해요 저는. (참여자 25)

제가 심리치료를 다니거든요 중학교 때부터. 중학교 때 우울증 걸려서 그때부터 계속 다녔어요. 가면 마음이 편해서 계속 이야기하게 되고 그러면 다니는 게 좋더라구요. 오늘도 가려구요. 거기 갔다가 오면 일주일 스트레스가 다 풀리고 말을 하고 나서 거울을 보면 얼굴이 환하고 볼이 핑크색이 되어 있어요. 기분이 좋은가봐요 진짜. 편하더라구요. 어쨌든 제 이야기를 어떻게든 이야기를 들어줘야 하는 사람이니깐 말 편하게 하고. 학교에서도 솔직히 친구들 얼마나 친한지 이런 거 중요한 게 생각하는 애들 많은데. 내가 무슨 고민을 하는지 그걸 생각하지 않는 친구들도 많잖아요. 그래서 차라리 가서 이야기하는 것이 나아요. 친구들이 해결해주지 못하는 것이 많아요. (참여자 54)

(31) 다문화 네트워크 형성

'다문화 네트워크 형성'은 다문화가정 청소년들이 다문화 배경의 친척과 관계를 형성하거나 자신과 같은 처지인 다문화가정 청소년들과 교류하는 것을 의미한다. 하위범주로는 주변 다문화 사람들과 교류함, 다문화 친구들과 관계를 형성함이 있다.

• 주변 다문화 사람들과 교류함

우리 가족이 다 좀 성격이 다들 이런 거 창피해하고 그런 거 아니고 다른 저희 같은 다문화 같은 그런 가족들 아는 분들 많으니까, 좀 도와주는 그런 거? 많이 도와줘요. 뭐 이렇게 가끔 우리 집에서 이모들 재우기도 하고, 엄마 친구들 재우기도 하고 그래서 좀… 그렇게 따지면 괜찮네요. (참여자 50)

(다문화부모의 국가에 가서) 좋았어요. 외할머니가 예뻐해 주시고, 막 많이 사주고 그래서 좋았어요. 그리고 막 페이스북해서 엄마도 페이

스북으로 해가지고, 거기 외가 쪽 엄마 친구들이랑, 엄마 친척이랑 이렇게 페이스북으로 연락하고, 저도 가끔 같이 페메(페이스북 메시지)를 해요. 가끔 해서 막 저한테 댓글도 달아주시고. 그래서 가끔 페이스북으로 조금 연락해요. (참여자 50)

• **다문화 친구들과 관계를 형성함**

그냥 친구들끼리 이야기를 했죠. 같이 다문화인 친구들이 많으니까, 재는 어떻게 그런 말을 할 수 있는지, 그렇게 같이 이야기를 했었죠. (애들이) 어떻게 '혼혈아'라는 말을 쓰냐고… 다들 이런 반응. (참여자 29)

친구가 예전에는 친구가 한 명도 없었고 계속 차별했는데 지금은 여기가 다문화가 많잖아요? 그래가지고 친구가 더 많이 생긴 것 같아요. (참여자 5)

(32) 개인 특성 및 내적 자원

'개인 특성 및 내적 자원'은 차별과 관련된 또는 차별로부터 회복되는 과정에서 영향을 미친 다문화가정 청소년의 특성과 내적인 자원들을 의미한다. 하위범주로는 외모(피부색, 생김새 등), 낙천적이고 단순한 성격, 삶에 대한 강한 의지력이 해당된다. 구체적으로 외모(피부색, 생김새 등)는 다문화 특징이 잘 드러나지 않거나, 드러나더라도 호감형인 개인의 외모를 의미하고, 낙천적이고 단순한 성격은 긍정적이거나 단순한 개인의 성격을 뜻하며, 삶에 대한 강한 의지력은 포기하지 않고 강한 의지로 버텨내려는 힘을 의미한다.

• **외모(피부색, 생김새 등)**

그 친구들은 다문화 때문에 힘들어요. 제일 큰 이유가 한국에서 외

모 때문에, 보이는 거 때문에… 저는 보면 외국 친구들처럼 보이지는 않으니까. (참여자 15)

그리고 부러워하는 거 맞죠? 혼혈이라서 저 예쁘다고 해줘서 예쁘다고 해줘서도 고맙고, 그냥 그런 그렇게 그런 것? (참여자 50)

• **낙천적이고 단순한 성격**

그냥 뭐 이런 거 지나봤자 뭐겠어. 나중에 추억으로 될 거. 조금 말하기도 했거든요. 엄마한테 살짝씩 조금씩은 말했어요. 너무 힘들 때 언니한테도 조금씩 말했는데 '이런 거는 한순간이야' 이런 거 듣고 나니까 더 괜찮아진 것 같기도 하고. (참여자 43)

그런 것들은 생각하면 슬프지만, 그 생각을 내가 살아가면서 못 지우는데, 왜냐하면 계속 너무 슬픈 건 제가 못 지우거든요. 그냥 재밌게 지내면서 그냥 생각이 안 나게만 하려고요. (참여자 5)

엄마가 &&인인건 어쩔 수 없으니 놀림받는 것을 무시하고 잘 지내보자고 생각하려고 했어요. (참여자 53)

• **삶에 대한 강한 의지력**

자살생각이나 커터 칼로 자르고 싶은 생각이 들었는데 '하지 말아야겠다'란 생각했어요. 아까 말했듯이 미래가 있다고 했잖아요. 저는 열심히 노력해서 의지도 강해져야겠다고 생각을 해요. (참여자 46)

제가 그런 거 있죠… 아까 말했듯이 하면 되는 거를 아니까 할 수 없었던 거를 할 수 있게 되었고요. 내가 원하는 것을 얻기 위해 힘들어도 노력해보자. 내가 앞으로 가야할 길을 찾았는데요. (참여자 44)

5) 작용/상호작용 전략

작용/상호작용 전략은 연구 참여자가 중심현상에 대응하기 위해 선택한 행위를 의미한다(Strauss & Corbin, 1998/2011). 본 연구에 참여한 다문화가정 청소년들은 '아픔을 안고 분투함'의 과정에 대응하기 위해, '다른 활동에 집중함', '어려움을 극복하기 위해 마음을 다짐', '자기 계발에 힘씀', '어려움에 대한 대처기술을 발휘함', '다문화를 긍정적으로 수용함', '차별에 대한 재조명과 현실적인 대처', '성숙하게 대응함' 등의 작용/상호작용 전략을 사용한 것으로 나타났다. 이 범주들의 속성은 존재로서 유/무로 판단하였다. '아픔을 안고 분투함'에 포함된 '즉각적 대응'이 차별사건이 발생하는 맥락에서 참여자가 사용한 즉각적 대처라면, 작용/상호작용 전략은 반복적이고 지속적으로 차별 사건이 발생하는 환경에서 참여자들이 장기간에 걸쳐 학습하고 체화한 대응/적응전략이라고 볼 수 있다.

(33) 다른 활동에 집중함

'다른 활동에 집중함'은 다문화가정 청소년들이 차별로 인한 아픔을 잠시라도 잊기 위해 특정 활동에 집중하는 것을 의미한다. 정적인 활동에는 책을 읽거나 잠을 자는 것이 있었으며, 동적인 활동으로는 운동, 취미활동, 여행 등이 포함되어 있었다. 하위범주로는 정적인 활동에 집중함, 동적인 활동에 집중함이 있다.

- **정적인 활동에 집중함**

노력한 건 없고 빨리 잊혀질려고 했어요. 다른 일을 한다거나 자고 일어나든가. (참여자 53)

책을 많이 읽었어요. 근데 제가 뭐 심리에 관한 어려운 책을 읽은 게 아니라 소설을 읽었거든요? 소설 속에는 저보다 힘든 사람이 되게 많아요. 그 사람들 보면서 위안을 얻는 거예요. 이 사람들은 이렇게 어려운데도 잘 살아가는데, 나는 난 이게 뭐 힘들다고 찡찡거리나, 그냥 나도 음… 나는 이 사람보다 괜찮은 삶을 살고 있으니까 극복하자 내지는, 책을 읽을 때는 그 속으로 이렇게 빠져들거든요? 그 안에 사는 사람 같아요. 그래서 그렇게 책을 읽으면 갑자기 슬퍼지고 이런 거 많이 없어지는 것 같아요. (참여자 42)

• 동적인 활동에 집중함

요즘에는 화내지 않구요. 운동을 해요. 운동으로 다 바꿔요. (옛날에는 막 이렇게 막 두드린다거나 했었는데) 이렇게 해도 좋을 게 없구나 라는… 그리고 딱 눈에 들어왔어요. 운동하는 게. [중략] (운동을 하고 나면) 힘 빼고 나서 그 자리에 딱 누워요. 아 재밌다. 힘든 데 재밌다. 그럴 때 있잖아요. 막 걱정했는데 그게 아무것도 아니었다… 막 걱정했는데 뭐야. 걱정한 만큼 크게 될 일이 아니잖아, 할 때 마음이 놓일 때 있잖아요? 그 느낌이 들어요. (참여자 44)

%%에도 극단이 있어요. 엄청 유명하지는 않은데, 그런데 가서 발성도 배우고 학교 연극부도 하고, 전국대회도 나가고. (연극을 보면) 풀려요. (해소가 되는구나.) 네 완전. (참여자 42)

(34) 어려움을 극복하기 위해 마음을 다짐

'어려움을 극복하기 위해 마음을 다짐'은 참여자들이 차별로 인한 어려움을 극복하는 과정에서 마음을 강하게 먹고 변하기 위해 다짐하는 것을 의미한다. 하위범주로는 마음을 강하게 먹음, 변하려는 의지를 다짐이 포함되어 있다.

• 마음을 강하게 먹음

(자살을) 하지 말아야겠다란 생각했어요. 아까 말했듯이 미래가 있다고 했잖아요. 저는 열심히 노력해서 의지도 강해져야겠다고 생각을 해요. 저는 어른들이랑 많이 친해요, 친구들이랑 안 맞아가지고. 그 사람들한테 고민이나 상담을 몇 번 받아보면, '너 죽으면 여기서 그냥 끝이다' 그러니까 그게 맞는 말이기도 하니까 이겨냈어요. (참여자 46)

음… 마음가짐이 조금 달라졌다고 해야 하나? 걔네들(차별을 한 친구들)이 제 인생에 관여한다고 해도 어떻게 되는 것도 아니고… (걔네들을 신경 쓰지 않기로 한 거?) 네… 그랬던 것 같아요. [중략] 신경을 쓰지 않는 것이 중요한 것 같아요. 누가 뭐라 하든… 마이웨이. (참여자 12)

• 변하려는 의지를 다짐

초등학교 졸업하기 전까지는 아무 전략 없이 막 나갔죠. 중학교 입학하면서 나도 삶을 바꿔야겠다고 생각하고… 저 자주 보거든요, 다큐멘터리 같은 것. (참여자 17)

음… 점수가 좀 많이 줄어든 걸 보고 이런 습관을 고쳐야겠다고 생각하고 그냥 뭔가 딴 생각을 하면요, 고치겠다는 마음을 딱 마음먹고 다시 그냥 수업에 집중하죠. (참여자 9)

(35) 자기계발에 힘씀

다문화가정 청소년들은 차별 경험으로 인한 고통을 극복하기 위해 자신의 능력을 개발하고 미래의 진로를 고민한 것으로 나타났다. 하위범주로는 학업에 열중함, 미래와 진로를 생각함이 포함되어 있다.

• 학업에 열중함

5-6학년 때부터 열심히 공부를 했던 거 같아요. 예전부터 공부를 열심히 하긴 했는데 5학년 때부터 진짜 성적이 잘 나왔어요. 맨날 1등, 못해도 2등. 졸업할 때까지. 중학교 때 장학금 받고 지금도 사감 선생님한테도 칭찬 많이 받고. 선생님이 너 같은 애만 있었으면 좋겠다고. 너무 기특하고 요즘에는 기분 좋아요. 인정받는 기분 들고. (참여자 54)

무슨 대회 있으면 "아 선생님 저 참가합니다" 말하고, &&어 대회도 다 참가하고 그랬었어요. 근데 제가 막 &&어 스터디 그룹도 만들고 그랬었어요. 그래가지고 되게 적극적이라는 말도 많이 들었어요. (대회 나가면) 네. 재밌어요, 말하는 것도. (참여자 25)

• 미래와 진로를 생각함

미래를 생각하기 시작하고 나중에는 "내가 어떤 사람이 될까?"에 대해 생각하고 이런 사람은 되지 말아야지, 이런 생각도 많이 하고… 어른들 중에는 다 성향이 있잖아요? 선생님들도 그 선생님처럼 되고 싶다는… 그 선생님처럼 얘기도 다 들어주고 학생들한테 특별한 선생님이 될 수 있도록 그런… 안 좋은 분은 안 되도록… 어린 친구들의 입장을 깊이 생각을 못해주시는 분…은 안 되었으면 좋겠고, 존중을 좀 해주는. (참여자 15)

선생님들 심부름 같은 거 하고 애들 돕고, 쓰레기 같은 거 버리고 이런 거 애들이 싫어했어요. 그래서 제가 그걸 하다가 보니깐. 소질을 갖는 것 같기도 하고 애들 돕는 것을 좋아하기도 하고. 그래서 나는 공부도 하고 또 공부를 해서 이쪽으로 가는 게 나은 것 같다고 6학년 때 결정을 했어요. (사회복지?) 그래서 직업체험을 할 때도 사회복지 그쪽으로 가볼려고. (참여자 23)

(36) 어려움에 대한 대처기술을 발휘함

'어려움에 대한 대처기술을 발휘함'은 다문화가정 청소년들이 차별의 아픔을 극복하기 위해 주변에 자신의 아픔을 털어놓고 고민을 나누거나 대인관계에서 적정한 거리를 두는 등 여러 대처전략을 사용함을 의미한다. 하위범주로는 주변 사람에게 힘든 마음을 털어놓음, 대인관계/대처기술을 발휘함이 포함되어 있다.

- **주변 사람에게 힘든 마음을 털어놓음**

가족들이나 친구들한테 털어놓기에는 좀 힘들었는데요. 요즘에는 아주 조금씩 털어놓는 정도에요. 그래도 털어놓으면 뭔가 해결책이 있지 않을까 하는 생각이… 별로 달라진 건 없지만 그래도 속이 시원하죠. (참여자 9)

고등학교에 학교 상담선생님이 있거든요? 위클래스 상담선생님한테 가서 이제 물어봤어요. 어떻게 하면 좋을까요? 그냥 마음 털고 오는 거예요. 오늘 이런 일이 있었어요. 이렇게 이야기하고 오는 거예요. 근데 그것도 도움이 되더라구요. (참여자 42)

- **대인관계/대처기술을 발휘함**

제 행동을 좀 긍정적으로 바꿨어요. 친구가 이기적이거나 유치하다고 생각해도 이해해주고, 거리도 유지하면서. (거리도 유지하면서 약간 맞춰주는 거야?) 네, 걔의 눈높이에 맞춰줘요. 제가 원하는 것을 이야기하기보다. (참여자 46)

그리고 최근에 친구들이 더 많아지고 2학년 와서 요즘 몇 달 전에 '우아한 거짓말'이라는 영화를 봤는데 거기에는 한 명은 죽고 한 명은 가해자인데 그 애는 자기가 애들이랑 친하다고 생각하는데 애들은 다 걔를 지갑이라고 생각했어요. 아, 나도 잘못하면 저렇게 될 수도 있겠다는 생각이 들었어요. 그래서 좀 많이 사주다가 그때 보면서 계속 생각해요, 조금씩 덜 사주고 줄이면서… 근데 줄어들면 저와의 관계를 점점 끊은 애들이 있잖아요, 이런 애들은 진짜 친구가 못되는 애들이니까 그래도 계속 같이 있는 애들은 친구가 되는 거죠. (참여자 20)

(37) 다문화를 긍정적으로 수용함

'다문화를 긍정적으로 수용함'은 다문화가정 청소년들이 자신의 다문화 배경을 이해하고 긍정적으로 인식하려고 노력함을 의미한다. 하위범주로는 다문화인 것을 긍정적으로 인식함, 다문화를 받아들임이 포함된다. 다문화인 것을 긍정적으로 인식함이란 다문화에 대해 주변에서 보는 긍정적인 시선들을 인식하고, 다문화에 대해 긍정적으로 해석할 수 있는 것을 의미한다. 다문화를 받아들임은 자신의 다문화 배경을 이해하고 수용하는 것을 의미한다.

- **다문화인 것을 긍정적으로 인식함**

이야기를 안 하다가 아 맞다 너 엄마가 &&분이어서 좋은 거 있어? 좋은 거 이야기하고. 아마 제가 그림을 좋아하고 만화를 좋아하고 그런 것 때문일걸요. &&에 만화가 있는데 그게 읽고 싶은데 재밌는 내용인데 그림으로는 알겠는데 제대로 읽고 싶잖아요. &&어 좀 읽어보고. 하고 && 애니메이션 좋아하는 애가 야 이게 뭐냐고 하면서 물어보면 약간 설명해주고 그렇게? 도와주는? (참여자 22)

또 저는 모르는데 저를 아는 애들이 있어요. 그래서 막, 쟤는 혼혈이라고 그러면서 그래서 그런 것도 있고, 그래서 더 친해지기도 하고 오

히려 그래서 더 잘 친해질 수 있는 것 같아요.(참여자 50)

• **다문화를 받아들임**

네 맞아요. 확실히 한국과 사이가 안 좋다보니까 저도 뭔가… &&에 대한 감정이 되게 좋지는 않고요. 저도 어렸을 때는 엄청 욕했었거든요. 근데 커가면서 아빠 나라인 게 느껴지니까 역사가 잘못한 거지 사람에 대해 싫어지지는 않고요 (참여자 29)

솔직히 내가 다문환지도 모르겠어요 요새. 모르겠어요 그냥 보통 애들 같기도… 가끔 애들한테 이래요. 엄마 **분이다 이러면 애들이 놀라는 거예요. 그러면서 부러워하니까 그게 또 기분이 좋고. 그리고 이제 **이 조금씩 발전이 되니까. 좀 다음에는 미국에서도 **말을 할지도 모르는 세상을 기다리면서 저한테 좋은 거죠 다. 그래서 좋아요. **에 가족도 있고 얼마나 좋아요. (참여자 43)

(38) 차별에 대한 재조명과 현실적인 대처

'차별에 대한 재조명과 현실적인 대처'는 차별의 부정적인 영향을 축소해서 지각하고 더 나아가 긍정적으로 재해석하여 합리적 사고를 하는 역량을 의미하며, 이를 통해 다문화가정 청소년들이 '아픔을 안고 분투함'으로부터 이겨나가고 더 성장할 수 있었던 것으로 나타났다. 하위범주로는 차별을 개의치 않음, 차별 경험을 긍정적으로 재해석함, 현실적으로 사고함, 능동적으로 차별에 대처함이 포함되어 있다. '차별을 개의치 않음'이란 차별의 발생 가능성을 수용하고, 이것에 크게 의미를 두지 않는 모습을 의미한다. '차별 경험을 긍정적으로 재해석함'은 차별을 성장의 밑거름으로 지각하여 자신에게 준 긍정적 의미를 해석해낼 수 있는 모습을 의미한다. '현실적으로 사고함'

은 현실적으로 생각하고 문제에 매몰되지 않고 합리적으로 판단을 내릴 수 있는 모습을 의미한다. 마지막으로 '능동적으로 차별에 대처함'은 차별로 인해 위축되지 않고 적극적으로 대처하고자 하는 마음가짐을 갖는 것을 의미한다.

• 차별을 개의치 않음

저는 작은 거여가지고, 이런 사람이 있구나, 사회는 이렇구나 해서 약간 내성이 생긴 거 같아요. … 조금은 강해졌다 해야 하나… (참여자 29)

사람과의 관계는. 그런 게 있을까요. 자연스럽게 친해지고 잘 지내다보니깐. 그런 걸. 솔직히 (다문화가) 별것도 아닌데. 암튼 큰 거일수도 있지만 별 것도 아닐 수도 있잖아요. 그런 걸로 사이가 멀어질 것이면 다른 어떤 이유로라도 어차피 멀어질 것이라고 생각하거든요. 정말 친하고 그런 친구한테 말해서 만약에 좀 안 좋게 생각하고 모르겠다 하면 끝인 거죠. 어차피 그런 어떻게 보면 별것도 아닌 거고 큰 것도 아닌 건데 나한테 뭐라고 욕을 하고 멀어지고 그러면 솔직히 다른 어떤 일로라도 멀어질 수 있을 거라고 생각을 하거든요. (참여자 21)

• 차별 경험을 긍정적으로 재해석함

좀 형식적인 말일 수 있는데 생각을 바꿨어요. 예를 들어 걔가 나를 놀리는 이유가 내가 싫어서 놀리는 게 아니고 친해지고 싶어서 놀리는 걸 수 있다고 생각하고 … 그 당시 상황도 약간 걔가 이러면 싫잖아요, && 일루 오지마 저리가 저리가, 이런 게 아니고 너는 왜 &&야? 너는 &&인이니? (약간 관심의 표현이다) 네. 그런 상황 때문에 그런 걸 수도 있어요. (참여자 29)

역시 그냥 잘 이야기하고, 잘 내뱉은 거죠. 제 생각에 대해서 잘 내

뱉고, 이 일로 계속 성장해 나가자 하는 생각도 들다보니까, (참여자 25)

• **현실적으로 사고함**

근데 저는 엄청 고민이 많은데, 제가 나이 들었다고 생각하고 생각해보면 진짜 아무렇지 않은 일들이에요. 그렇게 생각하면 뭔가 도움이 돼요. 제가 영화를 보면서 느꼈거든요. "수상한 그녀"라는 영화 아세요? 심은경 나오는 건데, 그 배우가 할머니여서 젊은 나이로 돌아가는 건데, 근데 몸은 젊지만 아직 할머니인거잖아요. 그래서 할머니 입장에서는 아무렇지 않은 거예요. 그래서 저도 그렇게 생각해보니까 아무렇지 않은 거예요. (참여자 29)

하고 싶은 것… 수업도 제가 좋아하는 것이 있고 싫어하는 것이 있어요. 기가, 음악, 국어 그 쪽을 좋아하는 데, 그 쪽에서는 열심히 하고, 하기 싫은 것은 열심히 아니더라도 하려고 노력을 하거든요. 안 되는 거는. 그냥 포기를 해요. (할 수 있는 것은) 최대한 해보고. (참여자 23)

• **능동적으로 차별에 대처함**

진심으로 말하는데 기분 나쁘지 않게 말하면, 그렇게 하면서 노력해요. 만약에 제가 화나면, 아까 말했듯이 '아~ 그렇게 하지마. 기분 나빠.' 막 이러면서 장난하거나, 친구가 저한테 말했을 때는 제가 상처받잖아요? 그럼 제가 하는 거는, 친구가 저한테 하면은 딱 정색을 해요. 이러면서 그래가지고 '기분 나빠 그런 말 하지마' 그런 다음에 그럼 친구가 화났는데 제가 그러면 더 화나잖아요? 친구가 막 뭐라 해요 저한테. '왜 뭐를?' 이렇게 해요. 그러면은 제가 '아 알겠어~' 이러면서 끝내요. (참여자 5)

이제 그냥 이성적으로 생각해서 그때그때 판단할 수 있게 되었어요.

제가 &&에도 가고 %%%%도 가고 하니까 감정적으로 해가지고 좋을 건 하나도 없고 그때그때 이성적으로 딱 판단해서 그때 상황에 걸맞는 진술이나 증언을 하는 게 그런 걸 할 수 있게 되었어요. (참여자 49)

(39) 성숙하게 대응함

'성숙하게 대응함'은 차별로 인한 부정적인 생각이나 감정을 다른 것으로 전환시키고, 보다 긍정적이고 개방적으로 사고하며, 가해자를 포용하게 됨을 의미한다. 하위범주로는 부정적인 상태를 전환시킴, 긍정적이고 개방적이 됨, 가해자를 포용함이 포함되어 있다. 부정적인 상태를 전환시킴이란 차별로 인해 발생하는 여러 가지 자기 파괴적인 생각과 감정들을 조절하고 전환시킬 수 있는 것을 의미한다. 긍정적이고 개방적이 됨은 긍정적으로 사고하며 시야가 넓어지고 경험에 개방적이 된 것을 의미한다. 마지막으로, 가해자를 포용함은 가해자에 대한 미움을 거두고 용서하게 된 것을 뜻한다.

• 부정적인 상태를 전환시킴

요즘에는 화내지 않구요. 운동을 해요. 운동으로 다 바꿔요. 집에 있는 모든 도구를 이용해서 하죠. 도구를 만든 거죠. 집에 철봉 제가 사달라고 했거든요 운동하려고. 심심할 때마다 하고. [중략] 힘… 힘… 움직이지 않는… 못 움직일 정도로 계속 해요. 아 힘 빼고 나서 그 자리에 딱 누워요. 아 재밌다. 힘든데 재밌다. 그럴 때 있잖아요. 막 걱정하였는데 뭐야 걱정한 만큼 크게 될 일이 아니잖아 할 때 마음이 놓일 때 있잖아요? 그 느낌이 들어요. (참여자 44)

그냥… 안 좋은 생각들 있잖아요? 어떻게 하냐, 나 이것도 못하면 나 이제 고등학교 가는데, 중학교 가는데 아 짜증나 짜증나 짜증나 짜증나 이렇게 커졌거든요? 그런데 지금은 분명히 있어요. 아 어떻게 하냐 나 이제 유학 가는데, 하… 못할 것 같아 짜증나. 여기서 끝나요. 더 화를 안 내요. 정리를 해요 거기서. 짜증내서 뭐해 그냥 어차피 할 거 하자. 마음을 조금 고쳐먹은 것. 그리고 막상 제가 고민했던, 고민을 하잖아요 그 순간에 대해서, 근데 그 순간으로 딱 가서 이제 경험을 해보면은 크게 제가 생각했던 것만큼 비극이지 않아요. (참여자 42)

• **긍정적이고 개방적이 됨**

내 미래도 이제 더 아직 어리니까 내 미래에 대해서 생각도 많이 하고. 난 이룰 수 있다 이런 꿈을 많이 꾸게 돼서 너무 감사하죠. 그냥 뭐 긍정적으로라고 할 수 있죠. 조금씩 조금씩 그렇게 생각. (참여자 43)

경험이 많아야, 공부를 하는 것보다 경험이 많아야 사는 데 좋잖아요. 시도를 하는 게 제일 중요하고. 혹시 못하더라도 다시 도전을 하거나 그것도 경험이 될 테니깐. 못하는 이후로도 더 자극이 되서 열심히 하게 되면 되니깐. 시도하는 것이 중요하고. (참여자 54)

• **가해자를 포용함**

저를 왕따시킨 친구들이 아니었으면 제가 친구의 소중함을 몰랐었을 것 같아요. 친구의 소중함을 알게 되었으니까, 친구에게 표현할 때도 조심스럽게 하(게되)고. (참여자 5)

걔네가 미안하다고 했어요. 선생님한테 혼나고 난 다음 날. 그냥 그때 용서를 해줘야겠다는 마음이 들었어요. 애들이 밉지는 않았어요. 용서를 하면 짜증나는 마음이 없어지잖아요. 그리고 더 친해지면 놀 애들이 생기고. 더 좋고. 같이 노니깐 더 좋아요. (참여자 1)

6) 작용/상호작용 전략의 결과

결과는 중심현상에 대처하기 위해 사용한 작용/상호작용 전략에 따라 나타난다(Strauss & Corbin, 1998). 연구자들은 자료를 분석하는 과정에서 〈표 4-1〉에 제시된 범주 중에서 결과에 해당된다고 판단되는 범주들을 3개의 상위범주(회복한 모습, 성장한 모습, 남은 과제)로 재구분하는 것이 자료를 더 명료히 드러낸다고 판단하였다. 비록 어떤 작용/상호작용 전략이 회복과 성장에 각각 또는 공통적으로 영향을 미쳤는지는 자료 분석 과정에서 명확히 드러나지 않았지만, '회복'과 '성장' 양상은 확연히 구분되는 것으로 나타났다. 즉, 다문화가정 청소년들은 차별로 인한 어려움들이 줄어들고 차별 사건을 겪기 전의 모습으로 안정을 찾는 '회복'의 모습들을 보고하였을 뿐 아니라, 이전에는 없었던 새로운 모습이 나타나고 삶에 대해 새로운 시각을 갖는 등 '성장'의 경험 또한 보고하였다. 한편, 참여자들은 여전히 어려움을 겪는 부분들도 보고하였다.

6-1) 회복한 모습

회복한 모습에는 '대인관계가 개선됨', '몸과 마음이 편안해짐', '문제행동이 개선됨' 범주가 포함되어 있다. 즉, 다문화가정 청소년들은 중재적 조건의 영향 하에서 여러 작용/상호작용 전략들을 사용하면서 다양한 측면에서 회복한 것으로 나타났다.

(40) 대인관계가 개선됨

'대인관계가 개선됨'은 다문화가정 청소년들이 차별 경험으로 인한 상처를 회복해가면서 전반적으로 대인관계가 개선됨을 의미한다. 하위범주로는 가족관계가 개선됨, 친구관계가 개선됨이 있다.

• **가족관계가 개선됨**

아빠하고는 별로 안 친했었는데 우울증 때문에 약 먹고 그러다보니까 아빠하고도 막 이야기하고, 장난 식으로 이야기 하고 막 그랬어요. 근데 저희 엄마 아빠가 되게 미인이고 미남이세요. 애들이 보면은 너 왜 태어났냐 그러고, 너 누구 닮았냐 그러고, 그런 정도였어요. 저희 동생도 이쁘게 생겼어요. (그렇구나. 근데 가족들도 어떻게 보면 내가 치료받고, 내가 괜찮아지면서 좀 가까워진 그런 면이 있네요?) 네. (참여자 25)

엄마한테 터놓기 힘든 것도 이야기할 수 있고. 엄마한테 이야기하기 힘들고 그랬는데 이제는 말해요. 힘들면 힘들다고 하고 좋으면 좋다고 하고. 동생한테도 그러고 할머니네 집에도 이제는 많이 찾아가고. (참여자 54)

• **친구관계가 개선됨**

이제 고등학생 되고 애들이 부러워하고, 제가 &&어로 장난하면 '어 진짜 웃긴다' 이렇게 하고, 해보라고 하면 당당하게 해요. '나는 외국어 할 수 있어. 너희는 못하지? 나는 할 수 있어' 이런 기분으로 지금 당당하게 하고 있어요. 지금은 너무 행복하고 애들이랑 잘 지내고. 너무 좋아요. [중략] 고등학교 때는 친구를 많이 사귀어가지고 애들이 화를 냈어요. 뭐 그딴 애들(차별을 했던 친구들)이 다 있냐고 불러 보라고 패주겠다고 이런 애가 있어요. 지금 친하거든요. 되게 의리가 있거든요. 지금은 잘 지내요. (참여자 43)

중학교 처음 갔을 때는 또 애들한테 놀림을 더 심하게 받고 그럴까 봐 무섭고 그랬는데 막상 들어오고 나니까 생각이 다 바뀌었어요. 제가 너무 놀림받으니까 아무래도 제가 혼자이고 친구도 없고 그러니까 그런 것 같아서, 중학교 오면 새로 친해질 일도 많은데 친해지려고 많이 노력했어요. (노력했더니 좀 나아졌어?) 네. (참여자 20)

(41) 몸과 마음이 편안해짐

'몸과 마음이 편안해짐'은 다문화가정 청소년들이 차별로 인해 겪었던 신체적·정신적 고통을 주변의 도움과 다양한 전략을 통해 극복함으로써 몸과 마음이 한결 편안해지고 자존감과 정서조절 능력이 향상됨을 의미한다. 하위범주로는 편안해짐, 자존감이 회복됨, 집중력이 향상됨, 정서조절이 가능해짐이 포함되어 있다.

- 편안해짐

집에서 안 좋았다가 학교에서 친구를 보면 괜찮고. 웃을 일이 생기면 그냥 다 좋았어요. 아 뭔가 웃을 일이 생겼다는 것만으로도 좋았어요. (참여자 23)

(아픈 것들이 줄어들었네요, 이거는 좀 마음이 편해지면서 줄어들었던 걸까요?) 네 맞는 것 같아요. 이때는 정말 많이 아팠어요. 막 괜히 소화 안 되는 것 때문에 큰 병도 막 생겼거든요. 장관막 임파선염 이런 거 때문에 항생제 치료도 하고 이랬었는데 그냥 다 마음에서 오는 것 같더라구요. 긴장해서, 불안해서, 소화 안 돼서. 그런데 지금은 많이 위에서 말했던 것처럼 그런 고민들이 많이 줄어서 긴장도 많이 덜 하다 보니까 아픈 거는 많이 줄어들었어요. (참여자 42)

• 자존감이 회복됨

저를 도와준 사람들… 제 아버지가 매일매일 와서 매일 오지는 못하지만 올 때마다 손잡아주고 사랑한다고 말해주던 게… 좀 오글거렸지만 많이 도움이 된 거 같아요. 그냥 나를 사랑하는 사람이 있었구나, 이런 생각도 들고. 내가 그렇게 세상에 쓸모가 없던 거는 아니었구나. (참여자 49)

(다문화에 관련된 별명을) 어떻게 인정했냐면… 다른 애들 하는 것 보면 뭐 다 같이 인정하고… 학원에서도 그런 적이 많아요. 학원에 있던 애가 다른 애예요, 제가 얘 별명을 짓잖아요, 얘는 인정해요. 인정하면 뭐, 싸움도 안 나잖아요. (저도 제 별명을) 인정한 거죠. (참여자 17)

• 집중력이 향상됨

(요즘은) 그냥 집중을 하면 집중을 해요. 그때는 집중을 해도 뭔 소린지 몰랐는데. (참여자 42)

짜증나고, 공부도 안 되고. 제가 공부를 하고 싶었거든요. 근데 안 되니까 (집중도 안 되고) 근데 이제 좋은 친구들 중학교 때 잘 만나가지고 중학교 때, 중3 때 마지막에는 반 전교에서 7~80등 올랐거든요. 집중을 하면 되는 거였어요. (참여자 43)

• 정서조절이 가능해짐

불안했던 거는 이건 제가 마음을 좀 이제는 좀 다스릴 수가 있는 것 같아요. 이게 마음먹는 대로 내가 이제 인식을 한다고 하잖아요? 그 말을 제가 어디서 들었나봐요? 그래서 그것 때문에 뭐 불안한 일이 많죠. 불안한 일이 많고, 진짜 안절부절못할 때도 많은데 그럴 때는 그냥 마음속으로 이야기를 해요. '뭐가 불안하다 그래. 괜찮아. 괜찮은 거야' 이렇게 하면은 편안해지더라구요. (참여자 43)

목사님은 저한테 진짜 너무 슬프고 그러면 기도를 하래요. 자기 소원이 이루어지지 않을 것 같아도 기도를 하래요. 마음을 다 털어놓고 그러면 아무래도 기분이 엄청 나아지고 이루어질 수도 있고 해서 아침부터 기도를 하고 마음을 다 털어놓고 그랬어요. (참여자 20)

(42) 문제행동이 개선됨

'문제행동이 개선됨'은 다문화가정 청소년들이 차별을 경험하면서 보인 다양한 문제행동들이 호전됨을 의미한다. 예를 들어, 흡연을 줄이거나 아예 끊기도 하였고, '죽고 싶다, 자살하고 싶다'라는 생각이 줄어들거나 실제로 칼로 손목을 긋거나 옥상에 올라가는 등의 자살시도가 사라진 것으로 보고하였다. 하위범주로는 비행행동이 줄어듦, 자살사고 및 행동이 감소함이 포함되어 있다.

- 비행행동이 줄어듦

내 요새는 그런 거(흡연) 안 해요. 하자고 해도 안 해요. (왜 안 해 그건?) 교회 다니거든요. 2월 달부터요. 같이 고등학교 올라가는 엄청 친한 애 있잖아요? 걔랑 아까 전에 절대 무조건 만날 수박에 없다고 했잖아요? 일주일에 한번 씩 교회에서 무조건 만나거든요. 걔가 절 전도했어요. (참여자 44)

(물건을 훔치는 것이) 그래도 많이 줄어들어가지고 거의 한 달에 한 번? 아니면 안 할 때도 있고 그 정도. (한 달에 한 번 할 때는 어떤 때야?) 음… 어느 정도 쌓일 때로 쌓여가지고 음… 한 번 정도 당하는 꼴을 보고 싶거나 그럴 때. 그래도 이런 거는 좀… 그만하고 그냥 참는 게 나을까 하는 생각을 했어요. (참여자 9)

• 자살사고 및 행동이 감소함

약 모으는 거. 괜히 약 보면서 약 모아가지고 그런 거. (그때는) 이거 먹고 죽어야 되나, 내가 이거 먹고 죽는 게 맞나? 막 이런 생각도 했었고. 중학교 때. (이제는) 그 생각이 먼저 들어요. 만약에 이런 제가 약 먹는 행동을 하는 거 보다는 엄마? 아빠 있는데 얼마나 힘들겠어 이 생각 먼저 해요. 나는 내 몸 아니다. 나는 엄마 아빠 꺼다. 더 많아졌어요. 그냥 그 뭐라 그러지? 이 나이에 죽기에는 너무 아깝지 않아요? 나 앞으로 할 것도 많고 책도 쓸 건데 이렇게 죽어버리면 너무 아깝다. 내가 말 못하고 죽는 게 얼마나 많은데, 내가 입어보지 못한 것도 많고, 먹지도 못한 음식도 많은데, 적어도 죽으려면 그런 거 다 하고 죽자 이런 거. (참여자 42)

그냥, 갑자기 그런 생각이 막 들어서, 힘들어가지고 그냥 올라갔어요. (올라가서) 떨어지진 않았어요. 그 때도 아무 생각 없었을걸요. 충격이 너무 커갔고. [중략] 그거(자살시도)는 요즘 없어요. 자살생각이 없어요. 너무 힘들 때는 말로만 죽고 싶다고 그럴 때가 있지 옥상으로 가진 않아요. (참여자 46)

6-2) 성장한 모습

성장한 모습에는 '관계 능력이 향상됨', '관계가 깊어지고 사람을 신뢰할 수 있게 됨', '마음이 충만해짐', '자기표현이 향상됨', '자아가 성장함', '단단해짐', '다문화 배경을 자랑스럽게 여기고 자산으로 활용함', '긍정적이고 구체적으로 미래를 계획함', '삶에 대해 적극적인 태도를 지니게 됨' 범주들이 포함되었다. 다문화가정 청소년들은 차별로 인한 아픔을 안고 분투하는 과정을 겪어냈고, 회복을 넘어 관계,

미래, 세계관 등 여러 측면에서 성숙하고 성장한 것으로 나타났다.

(43) 관계 능력이 향상됨

'관계 능력이 향상됨'은 다문화가정 청소년들이 차별로 인한 고통을 경험하면서 다른 사람들의 고통과 어려움을 이해할 수 있게 되고, 관계의 중요성을 인식하며, 이전보다 쉽게 관계를 맺을 수 있고, 관계를 증진시키려는 욕구와 실제 행동이 증가한 것을 의미한다. 하위범주로는 다른 사람을 이해하고 배려할 수 있게 됨, 관계의 중요성을 알게 됨, 관계를 쉽게 맺을 수 있게 됨이 포함되어 있다. 다른 사람을 이해하고 배려할 수 있게 됨이란 이타심이 생기고 약자를 배려할 수 있게 되며, 상대방의 마음을 헤아려보고 탐색할 수 있고 공감할 수 있는 능력이 생겼음을 의미한다. 관계의 중요성을 알게 됨이란 주위의 도움을 인식할 수 있게 되고 친구의 소중함을 알게 되며 더 나아가 새로운 관계를 맺고자 하는 욕구가 생김을 뜻한다. 관계를 쉽게 맺을 수 있게 됨이란 관계 개선을 위해 노력하고, 새로운 사람들과 쉽게 친해질 수 있으며, 집단에 잘 소속될 수 있게 됨을 의미한다. 이처럼 다문화가정 청소년들은 아픔을 딛고 이전보다 더 적극적이고 수월하게 관계를 맺을 수 있고 관계의 중요성을 지각할 수 있게 된 것으로 나타났다.

- **다른 사람을 이해하고 배려할 수 있게 됨**

친구들을 배려하게 된 것 같아요. 안 좋은 말도 하지 않고 항상 말조심하게 된 것 같아요. 잘못 말하였다가 어떤 소문이 날지 모르는 거니까… [중략] 그냥 친구들을 대할 때 배려를 하게 된 거나 힘든 일이 있어도 극복할 수 있을 것 같고… 남이 상처받지 않도록 말조심하게 된 것 정도. (참여자 12)

저는 딱 이런 느낌이 들었어요. 아 정말 왕따당하는 애들은 나보다 더 얼마나 더 힘들었을까? 얼마나 말하기 힘들었을까? 진짜 사람들은 겪어보지 않으면 말을 못할 거예요 아마. [중략] 나는 이러면 안 되겠다 하는 생각도 해요. 그러니까 뭐 친구를 따시킨다거나 놀리거나 뭐 그러는 거? 그런데 그렇지 않은 애들도 있어요. 저희는 그렇게 겪었으니까 남들한테도 겪어줘야 한다 그런 생각 하는 사람 많을 걸요 근데. (참여자 25)

• **관계의 중요성을 알게 됨**

근데 다른 애들은 계속 친구랑 같이 다녀서… 친구가 한 번이라도 없으면 그 친구의 소중함을 느낄 것 같은데, 저는 벌써 그 친구의 소중함을 알게 된 것 같아요. 친구의 소중함을 아니까, 친구에게 표현할 때도 조심스럽게 하고, 너무 확 표현하지 않고 조심스럽게, 상처 안 받게 그렇게 표현하고. 친구가 화낼 때, 그때 저도 화내면 저는 상처받잖아요. 근데 그 상처를 말해요 진심으로. 진심으로 말하는데 기분 나쁘지 않게 말하면, 그렇게 하면서 노력해요. (참여자 5)

새로운 사람들 많이 만나서 내가 좀 변해보자. 내가 변하면 왜냐면 일단 가면 아는 사람이 하나도 없잖아요? 지금 내 모습을 본 사람이 아닌, 새로운 아예 사람들. 저보다 더한 사람도 많은 거예요. 저보다 더 많이 막 이런 차별 받은 사람도 있을 거고 하니까. 가서 새로운 사람 만나면 잘 적응해보자 이런 마음이에요. (참여자 42)

• **관계를 쉽게 맺을 수 있게 됨**

사람들이랑 어떻게 하면 잘 지낼 수 있는지를 알게 되었어요. 또.. 가끔가다가 사이가 틀어진 사람이 있어도 다시 관계를 개선할 수 있도록 노력하게 되었고. (참여자 49)

이제 애들이 다가오고 점심도 먹게 되고. 그냥 딱 보면 (애들 중에) 좀 괜찮다라고 느끼는 것이 있잖아요. 그럼 다가가면 (주변에) 애들이 몰려요. 그렇게 무리가 생기고 계속 그렇게 다니죠. [괜찮은 애가 어떤 애인지] 얘는 고민 좀 잘 들어줄 것 같다. 그런 거. 좀 착하기도 하고 좀 털털한 애. (참여자 29)

(44) 관계가 깊어지고 사람을 신뢰할 수 있게 됨

'관계가 깊어지고 사람을 신뢰할 수 있게 됨'은 다문화가정 청소년들이 차별로 인한 고통을 경험하고 이를 극복하는 과정에서 주변 가족 및 친구들과 신뢰를 형성하고 관계가 더욱 깊어지게 됨을 의미한다. 하위범주로는 사람들과 관계가 깊어짐, 가족을 소중히 여기게 됨, 사람을 신뢰할 수 있게 됨이 있다. 사람들과 관계가 깊어짐이란 도와준 사람, 주변 사람들과 사이가 가까워지고 친구들과 사이가 더 깊어지게 됨을 의미한다. 가족을 소중히 여기게 됨은 가족의 소중함을 느끼고 감사하게 되며 관계가 깊어지게 된 것을 뜻한다. 마지막으로, 사람을 신뢰할 수 있게 됨은 사람에 대한 믿음을 갖게 되고 진심이 통할 수 있다는 확신을 갖게 됨을 의미한다.

• 사람들과 관계가 깊어짐

가끔씩 저를 놀렸던 애들도 모르는 애가 절 놀리면 야, 왜 그래 너 얘 알아? 이런 식으로 도와주고 저를 놀렸던 애들이 요즘은. 그리고 제일 친한 친구들이 저를 놀렸던 애들이었어요. 그렇게 하면서 더 가까워진 거고. (참여자 41)

사람들과 관계가 깊어졌어요. 원래 안 그랬던 애들이랑 더 친해진 것. 애네들은 다른 애들과 다르다고 생각하게 됐어요. 다 알아주고 배려해주고. 걔네들은 안 그래요. 그냥 그 이야기 듣는 거 싫어하는 거 아니깐 친한 애들은 안 그래요. (참여자 53)

• 가족을 소중히 여기게 됨

나를 사랑해주는 가족이 있어서 그것에 대한 감사해요. 이런 거 오글거려서 말 안 하는데 가족들 앞에서는. 가족들 앞에서는 장난 식으로 사랑해 사랑해 이랬는데 진짜 진심 사랑한다는 말이고. 좀 너무 오글거리잖아요. 언니한테 하는데 언니가 징그럽대요. 장난 식으로 맨날 이래요. 아, 나 다녀올게 사랑해 빠빠. 이렇게 말해요 장난 식으로. 다녀올게 엄마 차 조심하고 사랑해 빠빠. (참여자 43)

음… 옛날보다 많이 배웠잖아요? 살면서, 그런 거에 대해서 감사하게 느껴요. 그 막 어… 모르는 단어들도 아빠가 알려줄 때도 있고요 그런 거. 네. 엄마한테 그… 영어 그거, 엄마가 아는 거는 알려주니까 그런 것도 (참여자 36)

• 사람을 신뢰할 수 있게 됨

언니가 걱정 말라고, 절대 죽일 일은 없다고. 니가 신고만 하면 된다고. 걱정 말라고 안심을 시켜줬어요. 그래서 아, 이 언니는 믿어도 되겠구나, 그때부터 느꼈어요. 그 언니가 우리 **한테 왜 그러냐고 또 너 괴롭히면 나한테 말하라고 내가 이긴다고. 그때부터 사람을 믿기 시작했어요. (참여자 14).

예전에는 친구한테 내가 무슨 생각하는지 말도 안 했는데 잘 못 믿으니깐. 이제는 그 친구들이랑 진심이 통하는 거에요. 걔가 저를 엄마 다음으로 생각을 한대요. 얘가 나를 정말 좋아하는 구나. 제 마음도 털어놓을 수 있고. 엄마한테 터놓기 힘든 것도 이야기할 수 있고. (참여자 54)

(45) 마음이 충만해짐

'마음이 충만해짐'은 다문화가정 청소년들이 차별로 인한 아픔을 극복해가는 과정에서 삶에 감사할 수 있게 되고, 작은 것에도 행복을 느끼며, 영적으로도 성숙하고, 긍정적인 에너지로 충만해지는 것을 의미한다. 하위범주로는 감사할 수 있게 됨, 작은 것에도 행복을 느낌, 종교적 믿음이 성장함, 긍정적인 에너지가 생김이 포함되어 있다. 감사할 수 있게 됨은 자신의 삶과 스스로에게 대견함과 감사함을 느끼고 어려움과 역경도 성장의 발판이 될 수 있음을 지각하게 된 것을 의미한다. 작은 것에도 행복을 느낌은 작은 것에 감사하고 기쁨을 느낄 수 있게 된 것을 뜻한다. 종교적 믿음이 성장함은 신에 대한 믿음이 더 강해지고 영적으로 성숙해짐을 의미하며, 긍정적인 에너지가 생김은 삶의 여러 영역에서 긍정적으로 생각하게 되고 밝아짐을 뜻한다.

• 감사할 수 있게 됨

매일매일 감사하기. 매일매일 저 다치지 않고, 친구들이랑 하루를 잘 지낼 수 있어서. 매일매일 감사한다고 느껴요. (참여자 5)

삶에 감사. 다른 친구들이랑 저랑 좀 다르니까 그거가지고 안 좋게 생각하고 그런 거 아니고 오히려 더 감사하게 된 것 같기도 해요. 제가 좀 다르니까. 좀 제가 다른 애들보다 인식이 제가 더 마음을 강하게 먹을 수 있게 되고 그런 것 같아요. (참여자 50)

• 작은 것에도 행복을 느낌

작은 것에서도 행복을 느낀다. 시험 성적이 조금만 올라도 기뻐요. 그냥 내가 조금만 더 해냈다는 기쁨. (참여자 23)

그리고 작은 것에서 행복을 느껴요. 친구가 그냥 지우개, 제가 지우개, 연필 그런 거 없을 때 안 빌려주는 애들이 예전에는 진짜 많았어요. 근데 그런 걸 빌려줄 때마다 제가 너무 행복하고. 그리고 제가 질문할 때 그거를 대답해주는 친구가, 대답해주면 행복해요. (참여자 5)

• 종교적 믿음이 성장함

저 교회 다닌단 말이에요. 교회에서 저, 저희 같은 가족들을, 다문화 있는 애들 걔네, 친구들도 저 같은 애들 많아서 걔네랑 하면서 교회에서도 수련회 같은 거도 다니고, 교회에서 이야기도 하고 잘 그냥 그러니까, 진짜 이거 맞는 것 같아요. 제가 좀 선택받은 것 같고 (참여자 50)

음… 그냥 좀, 그냥 무언가를 하면은요. 거짓말이나 무언가를 하면, 언젠가는 딱 들통난다라는 걸 알게 됐고, 뭐 그냥. 그냥 맨날 하다보니까 알게 됐어요… 제가 앞으로 나아가야 할 길을 찾은 것 같고 (참여자 9)

• 긍정적인 에너지가 생김

해보니까 알겠더라구요. 그러니까 어떤 어려움이 있는데 그거를 넘어본 적이 없으세요? 공부가 문제가 안 풀리는데 문제 풀면요, 기분이 좋아지잖아요? 그런 걸 알게 된 것 같아요. [중략] 연습하다보면 하다보니까 이제 코드 다 땄어요. 네. 힘든데요. 이거를 하면은 분명 무슨 즐거움이 있을 거다. (라는 그런 믿음이 생겼네?) 네. (참여자 44)

많이 웃는 거. 왜냐면 계속 웃고 다녔으니까 이제 웃는 게 익숙해진 것 같은 그런. 전에는 웃는 게 좋기도 한데 마음속으로는 안 좋았는데, 지금은 웃으니까 좋아요. (참여자 5)

(46) 자기표현이 향상됨

'자기표현이 향상됨'은 다문화가정 청소년들이 차별로 인한 아픔을 극복하는 과정에서 감정 표현이 쉬워지고, 자신의 의사를 표현하는 능력이 향상되며, 나아가 자신과 관련된 주요 정보를 개방할 수 있게 됨을 의미한다. 하위범주로는 감정 표현이 능숙해짐, 의사표현이 향상됨, 나를 개방할 수 있게 됨이 포함되어 있다. 감정 표현이 능숙해짐은 이전과는 달리 감정이 풍부해지고 감정 표현이 수월해짐을 의미한다. 의사표현이 향상됨은 자신의 의견과 감정을 잘 표현할 수 있고 이를 위한 용기와 적극성을 지니게 됨을 의미한다. 마지막으로, 나를 개방할 수 있게 됨이란 다른 사람에게 자신이 다문화인이라는 것과 자신의 어려움을 솔직하게 개방할 수 있게 된 것을 의미한다.

• 감정 표현이 능숙해짐

이것도 새로운 가능성이라고 할 수 있는 게. 내가 지금까지 겪었던 감정이 다른 사람보다 많잖아요? 그래서 이제 연극을 딱 하고 대본을 받으면 아. 이 감정 그때 그 느낌인 것 같다, 이렇게 해석을 해서 분석을 하니까 이제 연극할 때도 자연스럽게 나오더라구요. (참여자 42)

아. 감정표현도 고등학생 돼서 많이 한 거 같아요. 예전에는 친구한테 내가 무슨 생각하는지 말도 안 했는데 잘 못 믿으니깐. 제 마음도 털어놓을 수 있고. 엄마한테 터놓기 힘든 것도 이야기할 수 있고. 엄마한테 이야기하기 힘들고 그랬는데 이제는 말해요. 힘들면 힘들다고 하고 좋으면 좋다고 하고. 동생한테도 그러고 할머니네 집에도 이제는 많이 찾아가고. (참여자 54)

• **의사표현이 향상됨**

지난번에는 만약에 누구한테 말하면 무서워서 못 말하니까 계속 저 혼자 꾹꾹 참는데, 다른 사람한테 이제 용기내서 그냥 말하면 다른 사람에게 그거를 나눠줬잖아요? 나눠주면서 그걸 같이 그 상처나 그런 걸 치유하니까 더 좋은 것 같아요. 같이 나의 마음을 씻어줄 사람이 생겼으니까. (참여자 5)

애들이랑 한마디 말도 못하였는데 제가 먼저 다가가서 말할 수도 (있게 됐어요) 이전에는 혼자 엎드려 있을 때 애들이 모른 척 지나갔는데 요즘에는 엎드려 있으면 애들이 어디 아프냐고 다가와주고 애들이 엎드려 있으면 (저도) 어디 아프냐고 하고. 먼저 다가가고. (참여자 24)

• **나를 개방할 수 있게 됨**

예전에는 없었던 믿어주는 사람들… 그리고 얘기할 수 있는 친구들이 생겨가지고 학교생활도 열심히 했고. 부모님이 몇 살 때 돌아가시고, 친구들 중에 부모님이 돌아가신 애들이 많아요. 이혼을 하시고. 이 시설에 있는 거랑 안에 힘들었던 얘기를 하고 좀 후련한 느낌도 있었고… 친구들이랑 얘기도 많이 하고 속 얘기도 하고. (참여자 15)

그냥 다른 애들은 저 같은 애들 (다문화인 것을) 막 숨기는 애들도 있고 그러는데, 그래서 그런 거를 꺼려하는 애들도 있단 말이에요? 근데 저는 그런 거 가지고 별로 막, 어떤 다른 애들은 숨기고 그러는데, 저는 좀 막 그게 아니니까 저는 그런 걸로 좀 딱히 힘들고 그런 거도 아니고, 오히려 더 잘 할 수 있을 것 같고 그런 거 있는 것 같아요. (참여자 50)

(47) 자아가 성장함

'자아가 성장함'은 참여자들이 차별로 인한 아픔을 경험하고 이를 극복해가는 과정에서 자신의 장점을 인식하고 이전보다 자신감과 자존감이 향상되고 자신을 특별한 존재로 여기게 됨을 의미한다. 하위 범주로는 나의 장점을 알게 됨, 자기 효능감이 향상됨, 자존감이 향상됨, 나 자신을 특별하다고 여김이 포함되어 있다. 나의 장점을 알게 됨이란 자신의 긍정적인 모습을 새롭게 알게 됨을 의미한다. 자기 효능감이 향상됨은 특히 자신의 능력적인 측면에서의 믿음이 향상된 것을 의미하는데, 원하는 것을 얻을 수 있고, 노력하면 할 수 있다는 믿음이 생겼음을 뜻한다. 자존감이 향상됨은 스스로를 좋게 생각하고 기특하게 여길 수 있게 된 것을 의미한다. 마지막으로, 나 자신을 특별하다고 여김은 스스로를 특별하게 여기고 성장한 모습을 만족스러워함을 의미한다.

• 나의 장점을 알게 됨

나는 어려운 일이 있어도 이겨낼 수 있다, 나는 더 많은 것을 할 수 있다, 나는 생각했던 것보다 강하다, 그런 생각이 들었어요. (참여자 8)

제 친구들이 별로 안 친한 친구들도 저보고 착하다 그래요. 아니 그냥 제가 애들한테 양보도 잘하고, 돈이 있으면 사달라고 안 했는데 먼저 사주고, 애들 잘해주고 그런데요 저. (참여자 44)

• 자기 효능감이 생김

내신이 &&%가 나온 거예요. 갈 고등학교가 없잖아요. 1학년 때부터 2학년 때까지 출결이 너무 안 좋았어요. 3학년 때부터 지각 한 번밖에 없고 담임선생님이 고민하는데 **학교를 쓴 거예요. 자기소개서도 쓰고 면접도 보러 갔는데 얘기를 했어요, 제가 이렇게 성장했다고 그랬더니 선생님이 합격시켜주신 거에요, 많은 학생들 중에서. 너무 감사한 거예요. 공부를 엄청 열심히 하게 되고 얘기하고 싶으니까 %%어를 EBS 인터넷강의도 듣고 %%어로 얘기도 해보고 모르는 거 있으면 막 물어보고. (참여자 14)

제가 꿈이 &&거든요. 근데 &&는 할 수 없다고 생각했어요. 이전에는 난 할 수 없는 일이야 이렇게 생각했는데 솔직히 배우면 되는 거예요. 그래서 지금도 하고 있고, 연습 중이고. 잘해야죠. 이제 대회 같은 데도 나가려고요 (참여자 43)

아까 말했듯이 하면 되는 거를 아니까 할 수 없었던 거를 할 수 있게 되었고요. 내가 원하는 것을 얻기 위해 힘들어도 노력해보자. 제가 장래희망이 되게 많이 바뀌었어요. 처음에는요 어… 중학교 1학년 때는 돌아보면은 예전에도 [중략] 그런데 지금은 아직까지 &&&가 제일 좋아요. (참여자 44)

• 자존감이 향상됨

부모님이 그런 거를 아니까, 그리고 그 사이에서 내가 태어난 것도 알고, 내가 그거를 제일 잘 아는 것 같아요. 제가 뭐지… 난 이거를 잘해야 된다 음… 이게 창피하면 안 되는 거? 뭐라 해야 되지? 자랑스러운… 네. 그래야 될 것 같아요. (참여자 50)

• 나 자신을 특별하다고 여김

그때는 그냥 모르겠어요. 그냥 그렇게, 엄마가 잘못한 것도 아니고 저는 오히려 엄마가 대단하다고 생각해요. 어… 그래서 저는 엄마 아빠 이런 게 더 자랑스럽고 그런 거 가지고 힘들어하고 그런 것도 좀, 힘들어 하는 게 안타깝기는 한데, 저는 그게 아니고, 오히려 더 그렇게 좋게 생각하고, 그리고 여기 다른 애들이랑은 제가 그런 걸로 다르니까 다른데, 뭐지? 제가 그냥 특별하다고 생각해요. (참여자 50)

그냥 내가 그렇게 나쁜 사람이 아니라는 것을 스스로 아는 거? 다른 애들보다 더 특별한 거잖아요. 더 가능성도 있을 수도 있고. 저를 그렇게 생각하는 게 도움이 많이 되는 것 같아요. 동생한테도 그렇게 알려줬어요. 그게 좀. (참여자 54)

(48) 단단해짐

'단단해짐'은 다문화가정 청소년들이 차별을 경험하고 이로 이한 아픔과 어려움을 극복해 가는 과정에서 의지가 강해지고 어려움을 대처할 수 있는 능력들이 생겨 내적으로 단단해짐을 의미한다. 하위범주로는 의지가 생김, 어려움을 극복할 수 있게 됨, 마음이 강해짐이 있다. 의지가 생김은 타인의 압력을 극복하고 버틸 수 있는 힘이 생김을 의미한다. 어려움을 극복할 수 있게 됨은 어려움을 극복할 수 있는 힘, 살아남는 힘을 갖게 되고 구체적인 대처방안을 갖게 된 것을 의미한다. 마지막으로, 마음이 강해짐은 정신적으로 강해진 것을 의미한다.

• 의지가 생김

좀 해봐야겠다. (어떤 거?) 할 수 있는 거. 할 수 있는 거 다요. 다 옛날에는 해보라고 하면 안 한(안 했는데) 그냥. 뭐라고 해야 되지. 사람들이 할 수 있는 (어?) 사람들이 하라는 (것을) 할 수 있으면 하려고 해요. (참여자 18)

• 어려움을 극복할 수 있게 됨

나는 극복할 수 있고. 어떤 사람이 나에게 압박을 줘도 나도 이렇게 말할 수 있다, 옛날에는 못했으니까… (참여자 14)

그때 그러고부터 애들이 앞으로 놀리더라도 좀 대처하는 것을 알 수 있었던 것 같고, 애들이랑 어울리지 못하는데, 애들이 놀리더라도 대처할 수 있는 방법을 알게 된 거 같아요. (참여자 48)

• 마음이 강해짐

마음이 강해진 거는 그러는 과정에서 크면서 자연스럽게 (다문화인 것을) 숨길 것이 아니지. 이러면서 그런 거? 어차피 그런 어떻게 보면 별것도 아닌 거고 큰 것도 아닌 건데 나한테 뭐라고 욕을 하고 멀어지고 그러면 솔직히 다른 어떤 일로라도 멀어질 수 있을 거라고 생각을 하거든요. 그런 사람 나도 필요 없다. (참여자 21)

아직은 어떻게 해야 할 지 정확히는 모르는 거 같아요. 그래도 예전처럼 그렇게 당하지만 않고 이겨낼 거라고 그런 거. 그냥 놀리니까, 놀린 게 있으니까 놀리지 않도록 해야 하는 것 때문에. 어려움이잖아요, 놀리는 게 짜증나니까 그것을 이겨내는 게 그것 때문에 마음 강해지는 거 같아요. (참여자 48)

(49) 다문화 배경을 자랑스럽게 여기고 자산으로 활용함

'다문화 배경을 자랑스럽게 여기고 자산으로 활용함'은 다문화가정 청소년들이 차별로 인한 고통을 회복하는 과정에서 다문화를 긍정적으로 인식하고 자랑스럽게 여기며 다양성과 평등함에 대해 인식하게 되었음을 의미한다. 하위범주로는 다문화에 대해 자부심을 갖게 됨, 다문화의 강점을 활용함, 다양성을 인정하게 됨이 포함되어 있다. 다

문화에 대해 자부심을 갖게 됨이란 다문화임을 감사하고 자랑스러워하는 것이며, 다문화의 강점을 활용함이란 다문화를 장점으로 활용하고 더 나아가 이에 대한 사회 인식을 변화시키고자 하는 마음을 의미한다. 다양성을 인정하게 됨은 다문화에 대한 여러 시각들을 수용하고 다른 사람들을 대할 때 평등하게 대할 수 있게 된 것을 의미한다.

- **다문화에 대해 자부심을 갖게 됨**

자랑스러워요 지금은 엄마가. 애들이 이래요. 야. 넌 그래도 %%어 잘하니까 유학 가면 되잖아? 이런 말 들을 때 되게 좋아요. (참여자 42)

일단은 얘는 보통 애들보다 제가 좀 다르잖아요? 그래서 그냥 다른데 근데 그게 나쁜 것 도 아니고, 좀 다른 것뿐이니까 그냥 그런 걸로 인해서 좀 관심을 좀 많이 받잖아요. 다른 사람들한테. 그런 거를 제일 중요한 게 뭐냐면. 이거를 제가 아… 부모님이 그런 거를 아니까, … 내가 그거를 제일 잘 아는 것 같아요. 이게 창피하면 안 되는 거? 뭐라 해야 되지? 자랑스러운. 다른 친구들이랑 저랑 좀 다르니까 그거가지고 안 좋게 생각하고 그런 거 아니고 오히려 더 감사하게 된 것 같기도 해요. 제가 좀 다르니까. 좀 제가 다른 애들보다 인식이 제가 더 마음을 강하게 먹을 수 있게 되고 그런 것 같아요. (참여자 50)

- **다문화의 강점을 활용함**

말하는 거? 음… 나한테도 할 수 있는 게 있구나라는 그런 것 언어? 그러니까 해석하는 거 뭐 그런 거? 저는 독해, 독해 같은 거 보다는 말하는 걸 더 좋아해요 외국어로. 그러니까 무슨 대회 있으면 "아 선생님 저 참가합니다" 말하고, &&어 대회도 다 참가하고 그랬었어요. 근데 제가 막 &&어 스터디 그룹도 만들고 그랬었어요. 그래가지고 되게 적극적이라는 말도 많이 들었어요. (참여자 25)

아마 제가 그림을 좋아하고 만화를 좋아하고 그런 것 때문일걸요. **에 만화가 있는데 그게 읽고 싶은데 재밌는 내용인데 그림으로는 알겠는데 제대로 읽고 싶잖아요. **어 좀 읽어보고. 하고 ** 애니메이션 좋아하는 애가 야 이게 뭐냐고 하면서 물어보면 약간 설명해주고 그렇게? 도와주는? 좋아서 하는 거니깐. 공부에 대해서는 아니니깐. 예를 들면 제가 좋아하는 ** 게임이 있거든요. 그 소식이 들려오면. 다른 한국사람 번역 못하고 있을 때 저 혼자 읽고 있고. (참여자 22)

• 다양성을 인정하게 됨

학교 올라와서도 다른 사람들을 이해할 수 있는 능력도 길렀고 문화 차이도 조금 알게 되었고… 나라마다 틀린 점이 있는. 사람마다 특성이 다 달라요. 미국 친구가 한 명 왔는데 이번에… 그 친구는 자신감이 너무 넘쳐요. 제가 동아리 회장인데 그 친구가 자신감이 넘치니까… 3일 동안 배운 건데 금방 다 배울 수 있는 것처럼 하고… 그런 친구들도 있고 중국 친구들은 여기 친구들은 잘 모르겠는데 여기 온 친구들은 자기 생각대로 해야 된다는 그런 게 있는 거 같아요. 베트남 애들이랑 몽골 애들은 약간 거칠어요. 그런 것들을 이해하고 문화가 틀리니까… (참여자 15)

괴롭히고 싶은 마음은 전혀 없어요. 전 좀 평등하게 대하고 싶어요. 저는 (그 애들처럼) 그 사람이 그렇게 생겼다고 욕하고 싶지는 않아요. (참여자 25)

(50) 긍정적이고 구체적으로 미래를 준비함

'긍정적이고 구체적으로 미래를 준비함'은 참여자들이 차별 경험을 극복해가는 과정에서 미래의 가능성을 발견하고 적극적으로 미래를 위한 준비를 하는 것을 의미한다. 하위범주로는 미래의 가능성을 발견함, 적극적으로 미래를 위해 준비함이 있다. 미래의 가능성을 발견함은 미래에 대해 긍정적으로 생각하고 새로운 가능성을 발견하였음을 의미하고, 적극적으로 미래를 위해 준비함은 진로를 결정하고 진로와 관련된 준비 활동을 해나간 것을 의미한다.

• 미래의 가능성을 발견함

매일매일은 아니지만 가끔씩 이런 생각을 해요. 아 나는 살아 있는 게 정말 좋은 거구나. 이런 세상도 구경해보고. 내가 없었으면 이런 생각, 이런 몸, 나의 이런 것 없었을 텐데 살아 있는 게 정말 고마운 거구나. 내 미래도 이제 더 아직 어리니까 내 미래에 대해서 생각도 많이 하고. 난 이룰 수 있다 이런 꿈을 많이 꾸게 되서 너무 감사하죠. (참여자 43)

• 적극적으로 미래를 위해 준비함

네 저는 싱어송라이터가 되고 싶다고 했잖아요. 근데 지금부터 그것을 하려면 그 과정을 지금하고 있어요. 저는 오디션도 보러 다니고, 애들 앞에서도 노래도 하고… 저는 그렇게 하고 있어요. 잘 못 쓰는데… 가사만 먼저 연습하고 있어요. 저는 어릴 때부터 팝송을 들었어요. 엄마가 계속 틀어줘서. 그래서 그때부터 노래하고, 제 적성에 맞는 것을 딱 찾았어요. 그래서 오디션에 지원서 내고… 떨어졌어요. 근데 한 번에 합격하는 사람이 어딨어요. 몇 번 떨어져도 봐야죠. (참여자 46)

(51) 삶에 대해 적극적인 태도를 지니게 됨

'삶에 대해 적극적인 태도를 지니게 됨'은 참여자들이 학업 및 진로에 흥미가 생기고 집중하며, 어려운 문제도 피하지 않고 적극적으로 대처해 나가려는 태도가 생겼음을 의미한다. 하위범주로는 다양한 흥미와 관심 활동이 생김, 적극적으로 도전할 수 있게 됨, 학업태도와 흥미가 향상됨이 있다. 다양한 흥미와 관심 활동이 생김은 다양한 분야에 흥미를 새롭게 발견하고 참여하게 되는 것을 의미한다. 적극적으로 도전할 수 있게 됨이란 다양한 경험을 시도하고 실패를 두려워하지 않고 적극적으로 행동할 수 있게 된 것을 의미한다. 마지막으로, 학업태도와 흥미가 향상됨은 학업에 흥미를 느끼고 집중하게 되었음을 의미한다.

• **다양한 흥미와 관심활동이 생김**

옛날에는 뭘 해야 할지 몰랐는데 이제는 확실한 꿈이 있고, 취미도 생겼어요. [중략] 고등학교 올라와서 선생님한테 맨 앞자리에 앉혀달라고, 노트정리도 하고, 영어는 듣고 중국어는 EBS로 공부하고. (참여자 14)

하고 싶은 것… 수업도 제가 좋아하는 것이 있고 싫어하는 것이 있어요. 기가, 음악, 국어 그 쪽을 좋아하는데, 그 쪽에서는 열심히 하고, 하기 싫은 것은 열심히 아니더라도 하려고 노력을 하거든요. 안 되는 거는. 그냥 포기를 해요. (참여자 23)

• **적극적으로 도전할 수 있게 됨**

만나기 싫은 사람이더라도 반갑게 대하고? 그런 거? 도전하는? 무서워도 그래도 한번 해보자. 그런? 한번 해보자. 그런 거? 못해도 해보자. 경험 많이 쌓게 된. 못해도 경험이지. 그런 것이 많이 생겼어요. 그게 좋은 것 같아요. 그런 경험이 많아야 공부를 하는 것보다 경험이 많아야 사는 데 좋잖아요. (참여자 54)

• 학업태도와 흥미가 향상됨

제가 공부를 하고 싶거든요. 근데 안 되니까 근데 이제 좋은 친구들 중학교 때 잘 만나가지고 중학교 때, 중3 때 마지막에는 반 전교에서 7~80등 올랐거든요. 집중을 하면 되는 거였어요. 아 칭찬받았다. (참여자 43)

6-3) 남은 과제

마지막으로, 본 연구에 참여한 다문화가정 청소년 중 일부는 중심 현상에 대처하기 위해 작용/상호작용 전략들을 사용하였으나 '남은 과제', 즉 여전히 어려움을 경험하는 것으로 나타났다. 이들은 다문화에 대한 내재화된 두려움(차별이 두려워 다문화 배경을 주변에게 알리지 않거나, 자신의 다문화적 특성을 받아들이지 못하고, 주변의 시선을 인식하는 등)을 느끼는 것으로 나타났고, 여전히 외상증상 및 문제행동(차별사건이 침투적으로 떠오르고, 부정적인 정서를 경험하며, 자신과 타인을 믿지 못하고, 술과 담배 등 문제행동을 지속함)이 지속되는 것으로 보고하였다.

• 다문화에 대한 내재화된 두려움

음, 외부에 나가서 저도 모르게… 알게 모르게 물어보지 않아서 그럴 수도 있는데… 저도 제가 다문화란 말 자주 안 해요. 저도. 그냥 뭔가 사람들이 왠지 편견을 갖고 있을 거란 생각이 들어가지고… 똑같이 한국에서 자라고 그렇게 살아왔는데, 커서도… 다문화에 대한 약간의 편견을 갖고 있지 않을까요? (참여자 29)

말을 못 하는 이유가 더 심하게 공격당할까봐. 초등학교 때 왕따를 당했을 때도 선생님한테 말을 못한 이유가 그런 것. 담임선생님한테 얘

기를 하려고 해도 보복 당할까봐, 심하게 당할까봐… (참여자 41)

일단 반 애들은 다 알았거든요? 근데 그러면서도 막 안 좋은 식으로 이야기하는 게 보여서… 근데 거기서 제가 '너네 왜 그래' 이러면 다 더 저한테 집중이 되니까 그렇게 나서지는 못하겠고, 그냥 듣고는 있는데 되게 막 열이 막 오르는 느낌인 거예요. 괜히 부끄럽고, 잘못한 것도 없는데 그랬어요. (참여자 42)

• **지속되는 외상증상 및 문제행동**

저는 친구를 믿으라고 하고 싶지 않아요. 이건 확실해요. 그냥 믿으려면… 학교에 요즘에 상담선생님 없는 학교 없거든요. 그런 데 가서 이야기하거나. 그런데 상담선생님도 믿으면 안 돼요. 확실히 다 열진 말고, 사람을 믿으면 그만큼 오는 그 실망이 커요. (참여자 42)

요즘은 많이 괜찮아서. 근데 불안한 것은 저도 모를 때 불안할 때가 있어요. 이유 없이. 학교가면 오늘은 무슨 일이 있겠지. 오늘은 일이 어떻게 진행될지… 불안해서… (참여자 46)

아… 희망? 희망이 있죠. 사람은 다? 근데 자신은 없어요. 잘하지 못할 수도 있다 이런 거. 아직 닥치지 않았지만, 내가 중국 가면 중국어 못하면 어떻게 하지? 대학 수업은 잘 쫓아갈 수 있을까? (참여자 42)

지금까지 Strauss와 Corbin(1990)의 패러다임 모형에 따라 다문화가정 청소년들이 경험한 사회적 차별과 극복 과정을 구체적으로 설명하였다. 이상의 내용을 도표로 요약하여 제시하면 〈그림 4-1〉과 같다.

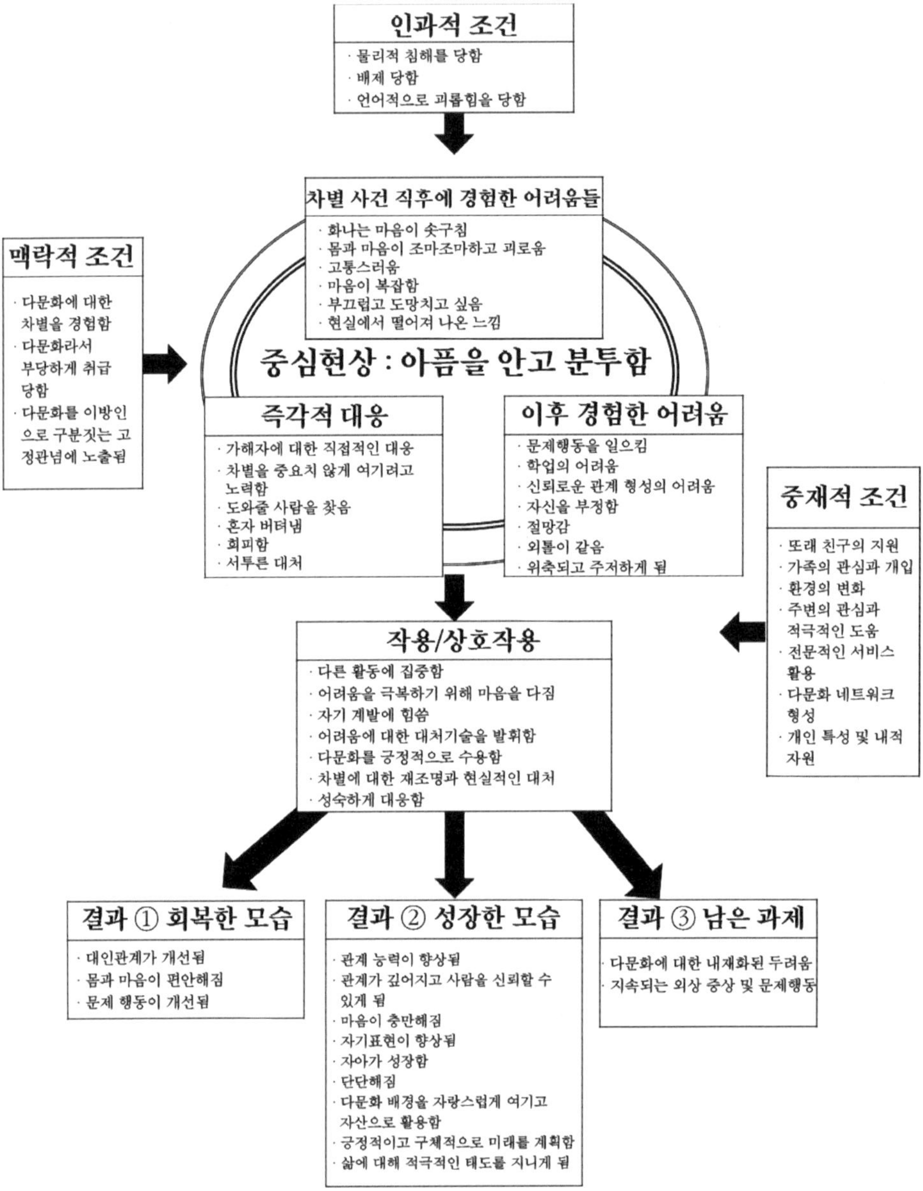

〈그림 4-1〉 다문화가정 청소년의 사회적 차별로부터의 회복 및 성장 패러다임 모형

제 5 장

논의 및 시사점

제5장 논의 및 시사점

이 책의 목적은 국내에서 출생한 다문화가정 청소년들이 한국사회에서 경험하는 외상 사건으로서의 사회적 차별과 그로 인해 겪는 어려움을 살펴보고, 이로부터 청소년들이 어떻게 회복하고 더 나아가 성장하는지를 탐색하는 것이다. 연구 목적을 달성하기 위해, 연구자들은 다양한 경로로 54명의 국내출생 다문화가정 청소년을 접촉하였고, 이 중 43명을 대상으로 개별 면접을 진행하였으며, 심층 면접까지 진행한 29명의 면접 자료를 근거이론 접근으로 분석하여 '다문화가정 청소년의 사회적 차별로부터의 회복 및 성장' 모형을 도출하였다. 본 장에서는 주요 연구 결과를 선행연구와 비교하면서 설명하고, 연구 결과가 지니는 학문적, 교육, 상담, 정책적 시사점을 논하고, 마지막으로 연구의 제한점 및 후속 연구에 대한 제언을 논하고자 한다.

1. 논 의

우선 본 연구 결과를 연구 문제를 중심으로 요약하고 선행 연구 결과와 비교하면서 논의하고자 한다. 이 책에서의 구체적인 연구 문제는 다음과 같다. 첫째, 다문화가정 청소년들은 어떤 사건을 사회적 차별로 인식하는가? 둘째, 사회적 차별로 인해 다문화가정 청소년들은 어떤 증상을 경험하는가? 셋째, 다문화가정 청소년들은 사회적 차별 경험 이후 어떤 측면에서 회복되었는가? 넷째, 다문화가정 청소년들이 사회적 차별로부터 회복하는 데 영향을 미친 것은 무엇인가? 다섯째, 다문화가정 청소년들은 사회적 차별을 경험한 후 어떤 측면에서 성장하였는가? 여섯째, 다문화가정 청소년들이 사회적 차별을 경험한 후 성장하는 데 있어서 영향을 미친 것은 무엇인가?

1) 다문화가정 청소년이 경험한 외상 사건으로서의 사회적 차별

근거이론의 패러다임 모형에 따라 범주 간 관련성을 분석한 결과, 다문화가정 청소년들은 ① 물리적 침해를 당함, ② 배제당함, ③ 언어적으로 괴롭힘을 당함과 같은 사회적 차별을 경험했다고 보고하였다. 이는 국내 다문화가정 청소년들이 일상에서 놀림, 따돌림, 성폭력, 편견, 폭언, 욕설, 폭행과 같은 차별을 경험한다고 보고한 선행연구(국가인권위원회, 2003; 정하성, 우룡, 2007)와 유사하다. 또한 본 연구 결과는 다문화가정 아동이 또래로부터 따돌림, 폭력, 오해나 무고, 멸시, 협박, 놀림, 거부나 무시 등을 경험한다는 정예리(2010)의 연구와 유사하다. 한편, 차별 관련 척도를 활용해서 경험 유무와 빈도를 측정한 선행연구와는 달리, 이 책에서는 다문화가정 청소년들의 생생한 목소리를 토대로 이들이 경험한 차별 사건을 구체적으로 도출하고 확인하였다는 의의가 있다. 이러한 구체적인 사례들은 교육 및 상담 장면에서 교사 또는 상담사가 다문화가정 청소년이 경험하는 사회적 차별의 구체적인 모습을 이해하고 이에 적극적으로 개입하는 데 유용한 정보로 활용될 수 있을 것이다.

이 책에서 다문화가정 청소년들은 학교 또는 사회에서 다문화에 대한 부정적인 태도를 경험하였을 때 고통과 괴로움이 가중되는 것으로 나타났다. 구체적으로, 본 연구에 참여한 다문화가정 청소년들은 다문화에 대한 차별을 목격하거나, 다문화라서 부당하게 취급당하거나, 다문화를 이질적으로 간주하는 고정관념에 노출된 것으로 나타났다. 해외 문헌에서는 이렇듯 은밀하고 간접적인 방식으로 가해지는 차별에 주목하였는데(Neville, Lilly, Duran, Lee, & Browne, 2000), 특히 Carter(2007)는 직장 등에서 소외당하고 기회를 박탈당하는 등의 우회적이고 또는 은밀하게 행해지는 차별을 차별적 괴롭힘(discriminatory harassment)라고 칭하였다. 이 책에서도 참여자들은 타 문화를 부정적으로 언급하는 교육환경에 노출되거나, 다문화로 인해 부당하게 처벌받거나, 능력이 평가 절하 되는 등의 경험을 한 것으로 보고하였다. 본 연구 결과는 다문화가정 청소년들에게 가해지는 직접적이고 노골적인 차별뿐 아니라 은밀하고 간접적으로 가해지는 차별적 행동과 태도에 대해서도 관심과 개선이 필요함을 시사한다.

한 가지 주목할 점은, 면접 과정에서 다문화가정 청소년들은 '다문화'를 대명사처럼 사용하고 있었다. 즉, '다문화'는 청소년들 사이에서 이질적이고 배타적인 것으로 간주되고, 일반 청소년과 다문화가정 청소년을 구분짓고 나아가 이들을 낙인찍는 부정적 의미로 사용되고 있었다. 이는 '다문화'라는 용어 사용과 관련해서 사회 전반적인 논의가 필요함을 시사한다. 선행연구들에서도 여러 문화가 함께 존재하면서 상호공존을 지향한다는 본래의 긍정적 의미가 변질되고 단지 '다문화가정'을 지칭하기 위해 사용되고 있으며, 결국 다문화 배경을 지닌 사람들을 이방인으로 구분짓고 정책적 수혜자를 변별하는 수단으로서의 역할만 한다고 비판하였다(박홍순, 2008; 홍봉선, 아영아, 2011). 연구 결과 또한 이러한 논의와 맥을 같이 하며, '다문화'라는 용어 및 개념에 대한 인식 재고가 다문화가정 청소년을 포함한 한국사회 구성원에 요구됨을 시사한다.

2) 사회적 차별로 인한 다문화가정 청소년의 "아픔을 안고 분투함"

연구 결과, 다문화가정 청소년들은 차별로 인해 '아픔을 안고 분투'한 것으로 나타났다. 즉, 다문화가정 청소년들은 사회적 차별로 인해 다양한 어려움(화나는 마음이 솟구침, 몸과 마음이 조마조마하고 괴로움, 고통스러움, 마음이 복잡함, 부끄럽고 도망치고 싶음, 현실에서 떨어져 나온 느낌)을 경험하였고, 이에 즉각적으로 대처하며 이겨내고자 하였으나(가해자에 대한 직접적인 대응, 차별을 중요치 않게 여기려고 노력함, 도와줄 사람을 찾음, 혼자 버텨냄, 회피함, 서투른 대처), 지속적인 차별 사건과 다문화를 구분 짓고 부당하게 대우하는 사회 분위기 때문에 이후에도 어려움(문제 행동을 일으킴, 학업의 어려움, 신뢰로운 관계 형성이 어려움, 자신을 부정함, 절망감, 외톨이 같음, 위축되고 주저하게 됨)을 경험한 것으로 나타났다. 이러한 연구 결과는 몇 가지 독특한 측면이 있다.

첫째, 다문화가정 청소년의 '아픔을 안고 분투함'의 과정에는 사회적 차별로 인한 어려움뿐만 아니라 이에 대한 즉각적 대응이 포함되어 있었다. 참여자들에게 사건 이후 어떻게 반응하였는지를 질문하였을 때 참여자들은 심리적으로 힘들었던 것만을 보고하지 않고 어떻게 대처하였는지도 보고하였다. 즉, 참여자들은 가해자에게 직접적으로 대응하고, 차별을 중요하지 않게 여기려고 노력하였으며, 도와줄 사람을 찾거나, 회피하고, 혼자 버티는 방법을 사용해서 차별로 인한 어려움에 대처하려고 하였다. 이는 다문화가정 청소년들이 사회적 차별로 인해 아파하고 힘들어하면서도 이를 이겨내기 위해서 '분투'하는 측면이 있음을 의미한다. 해외 연구들에서도 인종/민족 소수자들은 인종/민족에 대한 차별을 경험하였을 때 이에 대해 불편함 또는 분노를 표현하기도 하고, 상황을 피하거나, 언급을 꺼리는 등의 대처하였다(Czopp & Monteith, 2003; Kaiser & Miller, 2001; Smith, Allen, & Danley, 2007; Stangor, Swim, Sechrist, Decoster, Van Allen, & Ottenbreit, 2003; Swim & Hyers, 1999). 예를 들어, 호주 토착 원주민들을 대상으로 차별에 대한 반응을 조사한 결과, 이들 역시 자기 자신을 보호하기 위해 회피하거나, 자신을 통제하기 위해 사건을 무시하거나, 또는 직접적인 표현 등으로 차별에 직면하는 반응을 보였다(Mellor, 2004). 한편, 이러한 대응은 대부분 효과적이지 않은 것으로 나타났다. 즉, 차별 사건에 교사 또는 부모의 개입이 있었으나 큰 도움이 되지 못하였고, 다문화가정 청소년들이 차별을 참고, 무시하고, 회피하려고 노력해도 사회적 차별 관련 사건들이 반복적으로 이들을 괴롭혔으며, 이로 인한 심리적 증상 역시 심화되었다.

둘째, 본 연구에서는 다문화가정 청소년들의 '아픔을 안고 분투함'의 과정에서 나타나는 어려움을 '차별 사건 직후에 경험한 어려움'과 '이후 경험한 어려움'으로 구분하여 제시하였다. 각각은 외상 후 스트레스 장애의 정의 또는 진단 기준에 부합하는 증상들을 포함하고 있다. 우선, '차별 사건 직후에 경험한 어려움'에는 화나는 마음이 솟구침, 몸과 마음이 조마조마하고 괴로움, 마음이 아프고 통증을 느끼는 등의 고통스러움, 부정적인 생각과 감정으로 인해 마음이 복잡함, 멍함 등 현실에서 떨어져 나온 느낌, 부끄럽고 도망치고 싶은 느낌이 포함되어 있다. 이러한 증상들은 DSM-5의 외상 후 스트레스 장애 진단기준과 많은 부분 일치한다(예: 외상 사건이 발생한 이후에 외상 사건과 관련한 각성과 반응성의 뚜렷한 변화가 2가지 이상 나타난다). 또한, 참여자들이 반복적이고 지속적으로 사회적 차별 사건에 노출되면서 겪는 '이후 경험한 어려움'은 복합외상증후군(DESNOS; Disorders of Extreme Stress Not Otherwise Specified)으로 설명될 수 있다. Pelcovitz 등(1997)은 복합외상증후군으로 ⓐ 정서적 각성 조절의 어려움, ⓑ 주의와 의식의 변화(기억상실, 해리 및 이인화 경험), ⓒ 신체화 증상, ⓓ 자기에 대한 부정적 시각(만성적인 죄책감과 수치심), ⓔ 신뢰와 친밀감의 어려움, ⓕ 의미 체계의 변화 등을 제시하였다. 본문에서도 다문화가정 청소년들은 차별 사건을 경험하면서 자존감이 낮아지고 자살 및 자해 시도를 하는 등 자신을 부정하며, 타인을 믿지 못하고 깊은 관계를 만들지 못하는 등 신뢰로운 관계 형성을 힘들어하였고, 삶의 의미를 찾지 못하고 절망감을 느끼는 것으로 나타났다. 결국, 다문화가정 청소년들은 차별 사건에 반복적이고 지속적으로 노출되면서 복합외상증후군을 경험하는 것으로 해석할 수 있다.

자해, 자살시도 및 자기파괴 행동은 복합외상 중 가장 염두에 두어야 할 역기능적인 행동이다(Ford, 1999; Van der Kolk, Van der Hart, & Burbridge, 1995). 본문에서도 다문화가정 청소년들은 사회적 차별 경험으로 인해 자해 및 자살 시도를 하는 등 극심한 심리적 어려움을 경험하는 것으로 나타났다. Alderman(2000)에 따르면, 자해 및 자살 시도는 심한 정서적 스트레스를 경험하고 대처할 수 있는 가용 자원이 거의 없을 때 그 결과로서 나타날 수 있다. 본문에서도 자살 또는 자해시도를 한 참여자들은 주위에 도움을 요청할 수 있는 사람이 없었으며, 도움을 요청해도 이를 대수롭지 않게 여기는 주변의 반응으로 인해 고립감과 좌절감을 경험하였다. 예를 들어, 자살시도를 하였던 한 참여자는 가정의 경제 형편이 좋지 않아 부모가 경제적 부양을 위해 떨어져 살고 있었으며, 다문화 배경을 지닌 부모가 자녀와 언어적 소통이 어렵고 본인의 적응 및 삶의 어려움을 극복하는 데 에너지를 뺏겨 자녀의 어려움에 관심을 가지기 어려운 상황이었다. 이는 열악한 가정환경과 낮은 사회적 지위가 다문화가정 청소년의 자살 생각에 영향을 미친다는 김현식과 김두섭(2014)의 연구 결과와 맥을 같이 한다.

한편, '나의 가치를 절하함', '나의 존재 가치를 의심함', '자책함'과 같이 다문화가정 청소년들이 사회적 차별로 인해 자기 자신을 부정하는 모습을 보였는데, 이는 복합외상을 겪는 개인들이 자신을 무력하고, 부적절하며, 가치가 격하되었고, 결함이 있으며, 비난 받을만하다고 지각한다는 Roth와 Newman(1991)의 연구 결과와 일치한다. Herman(1992)의 연구에서도 복합외상은 '내가 있다는 느낌 자체의 상실'을 초래하고, 심각한 정체성 장애와 불연속적이고 파편화된 자기–경험을 동반하였다. 자기개념에 부정적인 영향을 미치는 복합외상이 청소년기에 발생할 경우 개인의 발달에 큰 영향을 미칠 수 있기 때문에 더더욱 주목할 필요가 있다(Courtois & Ford, 2009). 더욱이, 인종/민족적 소수자들이 사회적 차별을 경험하면 낮은 자기 개념과 함께 자신이 속한 인종/민족적 집단, 즉 다문화에 대해 부정적인 고정관념을 내면화하게 된다(Carter, 2007). 본문에서도 다문화가정 청소년들은 사회적 차별로 인해 자신의 다문화 배경에 불만을 품거나 다문화 배경을 숨기고 싶어 하는 등 자신의 정체성을 받아들이고 통합하는 데 어려움을 겪는다고 보고하였다. 결국, 다문화가정 청소년들은 지속적으로 경험하는 사회적 차별로 인해 자아를 통합하지 못하고 주변 관계에서 어려움을 경험하기 때문에, 적절한 개입이나 환경 변화 또는 개인의 결단이 수반되지 않을 경우 외상에 지속적으로 노출될 가능성이 높다고 이해할 수 있다.

3) 사회적 차별로부터의 회복과 그 과정에 영향을 미친 요인

본 연구에 참여한 다문화가정 청소년들은 사회적 차별로 인한 어려움 속에서도 다양한 전략을 사용해서 외상으로 인한 상처를 치유하고 회복된 것으로 나타났다. 다문화가정 청소년들이 사회적 차별로 인한 외상으로부터 회복하는 모습과 이에 영향을 미친 요인들을 요약해서 설명하면 다음과 같다.

우선, 참여자들이 보고한 회복의 양상은 Harvey(1996)의 외상 회복 기준과 유사한 것으로 나타났다. 본 연구에서는 사전 면접을 통해 차별 사건을 회상할 수 있고 그와 관련된 자신의 생각과 감정을 이야기할 수 있는 참여자를 선발한 후 심층 면접을 진행하였다. 이는 Harvey의 8가지 회복 기준 중 ⓐ 외상 사건을 회상하고 기억할 수 있는가, ⓑ 과거 사건에 대한 현재의 감정을 인지할 수 있는가라는 두 가지 기준에 부합한다. 또한 참여자들은 '기분이 나아짐', '마음이 편해짐', '자존감이 회복됨', '집중력이 향상됨', '정서조절이 가능해짐'과 같이 몸과 마음이 편안해지고, '약물사용이 줄어듦', '자살사고 및 행동이 사라짐'과 같이 문제행동이 개선되는 모습을 보였는데, 이는 Harvey의 기준 중에서 ⓒ 외상 사건에 더 이상 압도당하지 않고 방어적인 무감각이나 분리 없이, 외상 사건과 관련된 감정을 느끼고, 명명하고, 견뎌낼 수 있는가, ⓓ 외상으로 인해 지속되는 증상이 비교적 줄어들거나 증상을 더 잘 다룰 수 있는가, ⓔ 자기존중감이 복구되었는가,

ⓕ 자기통합감이 복구되었는가에 해당되는 회복기준에 부합한다고 볼 수 있다. 더욱이, 회복 기준 중 하나인 ⓖ 외상 경험에 새로운 의미를 부여하는가는 본 연구 참여자들이 회복하는 과정에서 사용한 상호작용 전략에서 두드러지게 나타났다. 마지막으로, 연구 참여자들은 가족관계 및 친구관계가 회복되고 가해자를 포용하는 등 대인관계가 개선되는 모습을 보였는데, 이는 ⓗ 관계능력이 복구되었는가(고립에서 벗어나 신뢰와 애착 능력을 되찾았는가)의 기준에 부합한다고 볼 수 있다.

한편, 본 연구에 참여한 다문화가정 청소년들은 다양한 전략을 사용하면서 점차 차별로 인한 외상으로부터 회복된 것으로 나타났다. 이는 Herman(1997)이 제안한 회복의 3단계와 비슷한 궤도를 보이지만, 반드시 모든 참여자가 이러한 3단계를 순차적으로 거치지는 않았으며, 이 중 일부만 나타나는 경우도 있었다. 먼저, 참여자들은 잠을 자거나 독서를 하는 등 정적인 활동부터 여행을 하고 운동을 하거나 취미생활에 집중하는 등 동적인 활동에 이르기까지 자신이 통제할 수 있는 활동에 집중함으로써 자기 효능감과 통제력을 되찾는 모습을 보였다. 또한, 스스로의 마음을 보살피거나 성찰하면서 변화 의지를 다지는 방식으로 심리적인 안정과 통제력을 되찾으려고 노력하였다. 이는 Herman이 제시한 회복의 3단계 중 첫 번째 단계인 '안전을 확립하는 것'으로 해석할 수 있는데, 외상으로 인해 빼앗긴 스스로의 역량과 통제력을 되찾는 활동이라고 볼 수 있다.

또한, 연구 참여자들은 가족, 친구, 멘토, 교사 등 주변 사람들에게 적극적으로 힘든 마음을 털어놓았던 것이 장기적으로 회복에 도움이 되었다고 보고하였다. 이는 Herman(1997)의 2단계인 '기억하고 애도하는 것', 즉 외상 피해자들이 깊이 있고 완전하게 구체적인 외상 이야기를 전달할 수 있는 것과 유사하다. 마지막으로, 본 연구에 참여한 다문화가정 청소년들은 성취를 위해 노력하고 학업에 집중하는 등 자기계발을 위해 노력하는 것으로 나타났는데, 이는 Herman의 3단계인 '일상과 다시 연결되어가는 것'으로 간주할 수 있다. 이 단계에 다다른 외상 피해자들은 과거를 마무리 짓고 미래 과제에 직면할 수 있는 것으로 나타났다. 이러한 연구 결과는 사회적 차별로 인한 외상 경험으로부터 회복되는 것 역시 재난, 질병 등 다른 종류의 외상으로부터 회복되는 것과 유사한 양상을 보인다는 것을 의미한다.

한편, 연구 참여자들은 사회적 차별로 인한 외상으로부터 회복할 때 영향을 미친 요인과 성장에 영향을 미친 요인들의 구분을 힘들어하였고 대부분 유사한 요인들을 보고하였다. 따라서 연구자들은 (32) 개인 특성 및 내적 자원, (26) 또래 친구의 지원, (27) 가족의 관심과 개입, (28) 환경의 긍정적인 변화, (29) 주변의 관심과 적극적인 개입, (30) 전문 서비스의 활용, (31) 다문화 네트워크 형성을 회복과 성장 모두에 영향을 미친 중재적 조건으로 바라보았다. 이는 Harvey(1996)가 제시한 외상과 외상 후 회복에 대한 생태학적 모델, Caulhoun과 Tedeschi(2012)가 제안한 외상 후 성장의 종합적 모델과 맥을 같이 하는데, 두 모형 모두 외부 환경과 개인 내적 특성, 사건의 특징 등이 상호작용해서 회복 및 성장에 영향을 미친다고 주장하고 있다.

흥미로운 사실은, 개인 특성 중 하나인 참여자의 외모(피부색, 생김새)에 대한 인식이 회복에 영향을 미칠 수 있다는 것이다. 즉, 본 연구에서는 참여자들의 피부색이 어두울수록 차별의 빈도와 수준이 더 커지는 경향이 있지만, 자신의 외모가 한국인의 전형적인 외모와 다르기 때문에 자부심을 느낄 경우 오히려 회복에 도움이 된 것으로 나타났다. 또한 본문에서는 또래, 가족, 지인 등 사회적 지지체계에서부터 전문 서비스, 다문화 네트워크, 환경의 변화 등 거시적인 지지체계에 이르기까지 다양한 지지체계가 다문화가정 청소년들의 회복에 도움을 준 것으로 나타났다. 이는 지지체계가 외상 경험 피해자들에게 적응적인 대처능력과 안정감, 통제력을 제공하는 중요한 요인이기 때문에 피해자들의 회복에 결정적인 영향을 미친다는 선행연구와(Harvey, 1996) 유사하다.

4) 사회적 차별로부터의 성장과 그 과정에 영향을 미친 요인

본 연구 결과, 국내 출생 다문화가정 청소년들은 사회적 차별로 인해 '아픔을 안고 분투함'의 과정을 경험하고, 이로부터 회복되고 더 나아가 성장한 것으로 나타났다. 우선, 참여자들은 자아가 성장하고 단단해졌으며 긍정적이고 구체적으로 미래를 생각하게 되었다고 보고하였다. 이러한 양상은 Tedeschi와 Calhoun(2004)이 이야기한 외상 후 성장 중 '자기 지각의 변화'와 유사하다. 여기서 '자기 지각의 변화'란, 외상 후 성장한 사람들이 자신의 내적인 힘에 확신이 생기고 새로운 인생의 가능성을 발견하였음을 뜻한다. 특히, 본 연구에서 다문화가정 청소년들은 자신의 문화적 배경을 긍정적으로 수용하고 다양성을 인정하게 되었으며, 오히려 자신의 배경을 새로운 가능성으로 인정하는 등 다문화 배경을 자랑스럽게 여기고 자산으로 활용할 수 있게 되었다. 이는 일반 청소년을 대상으로 한 기존의 연구나 다른 외상 사건(송주연, 이희경, 2010; 이영선, 2009; Meyerson et al., 2011)에서는 나타나지 않았던 성장의 양상이라고 볼 수 있다.

또한, 국내 출생 다문화가정 청소년들은 사회적 차별로 인한 외상 경험 이후, 다른 사람들을 배려할 수 있게 되고, 관계 형성이 쉬워지는 등 관계 능력이 향상되었으며, 주변 사람들을 신뢰할 수 있고 관계가 좋아지는 등 주변 사람들과의 관계가 개선된 것으로 나타났다. 또한, 자기표현 능력도 향상되었다. 이러한 양상들은 Tedeschi와 Calhoun(2004)이 제시한 성장 양상 중 '대인 관계에서의 변화'에 해당하며, 타인에 대한 친밀감, 연민, 동정, 자기 노출이 증가한 것과 유사하다. 한편, 본 연구에 참여한 국내 출생 다문화가정 청소년들의 경험 중 독특하게 드러난 대인관계에서의 성장은, 또래 관계를 형성하는 방법을 터득하게 되었다는 것이다. 아동청소년기의 주요 발달과업 중 하나는 또래와의 원만한 관계 형성이다(고홍월, 황매향, 2012). 친밀한 관계를 형성할 줄 알고 이러한 관계 자원을 활용하는 능력이 심리적 스트레스 및 부적응에서 벗어나기 위한 주요 요인임을 고려한다면(최현주, 박선영, 2015), 차별 경험 이후 획득한 또래 관계 능력은 국내 출생 다문화가정 청소년들이 이후에 경험할 수 있는 외상 및 관련 어려움을 극복할 수 있는 자원이 될 거라 예상할 수 있다.

또한 다문화가정 청소년들은 사회적 차별로 인한 외상을 극복하면서 마음이 충만해지고 삶에 적극적인 태도를 지니게 되었다. 이는 Tedeschi와 Calhoun(2004)이 주장한 '인생관의 변화'와 유사하다. 인생관의 변화란, 외상 경험 이후 삶의 우선순위가 바뀌고 자신의 삶과 주변 사람들에게 감사하는 마음이 증가하는 것을 의미한다. 국내 출생 다문화가정 청소년이 경험한 독특한 인생관의 변화는 차별에 대한 인식과 이에 대처하는 역량이 증가하였다는 것이다. 구체적으로, 다문화가정 청소년들은 차별 경험을 긍정적으로 재해석하였으며, 차별을 크게 개의치 않고, 합리적으로 사고하며, 능동적으로 차별에 대처할 수 있게 되었다. 다문화가정 청소년들이 사회적 차별에 노출될 가능성이 여전히 높은 현실을 고려하였을 때, 성장 경험으로 형성된 삶에 대한 적극적 태도는 이들에게 필요한 중요 역량 중 하나라고 볼 수 있다. 예를 들어, 한 참여자의 경우 여전히 인터넷에서 참여자의 다문화 배경에 대한 편견과 부정적인 고정관념이 담긴 글 또는 댓글들을 쉽게 목격할 수 있었지만, 이전과는 달리 개의치 않게 되고, 생각을 전환하여 오히려 다문화 배경의 긍정적 요소들을 생각해볼 수 있는 힘이 생겼다고 언급하였다.

자료 분석 결과, 연구에 참여한 다문화가정 청소년들은 다양한 대처 전략을 사용하면서 점차 차별로 인한 외상을 극복하고 성장한 것으로 나타났다. 먼저, 참여자들은 자신의 다문화 배경을 특별하게 생각하고 자신감을 가지는 등 자신의 가능성을 발견하고 자각하기 위해 노력하였다. 이는 기존 선행 연구들에서 자기 내면의 자각과 주의집중, 자기 자신의 이해 등이 외상 후 성장에 영향을 미친다는 연구 결과와 일치한다(김지애, 이동귀, 2012; 장한아, 2011). 또한, 국내 출생 다문화가정 청소년들은 버티고, 삶의 의지를 가지고 힘들어도 포기하려 하지 않는 태도를 바탕으로 성장하였다. 이 또한 기존 선행연구에서 논의되어 왔던 '탄력성'과 유사점을 지니고 있다. 탄력성이란 환경적 요구에 따라 긴장에 대해 인내하는 수준과 충동 통제를 강화하거나 약화시키는 조절 능력을 의미한다(Block & Kremen, 1996). Hooper, Marotta와 Lanthier(2008)에 따르면, 이러한 조절능력과 통제력이 외상 후 성장에 큰 영향을 미치는 것으로 나타났으며, 외상 후 성장이 고통을 견디는 측면이라는 점에서 탄력성은 하나의 대처 책략이자 생존자의 투쟁인 것으로 나타났다(Zoelner & Maercker, 2006).

뿐만 아니라, 국내 출생 다문화가정 청소년들은 차별의 영향을 최소화하고, 차별을 긍정적으로 재해석하고, 합리적으로 사고하려고 애썼다. 이는 기존 선행 연구에서 외상 경험으로부터 의미를 찾고 자신이 경험한 사건을 이해 가능하게 만드는 '의도적 반추' 과정으로 이해할 수 있다. Taylor(1983)의 인지적응이론에 따르면, 의도적 반추는 외상 사건의 원인과 결과를 파악하고 의미를 발견하기 위한 인지적 과정으로 볼 수 있는데, 성장의 한 요인으로 간주한다. 기존 선행 연구(김정옥, 2016; 박혜원, 2006; 유희정, 2012; 이유리, 2015)처럼 국내 출생 다문화가정 청소년 역시 사회적 차별 사건을 경험한 이후 의도적 반추를 통해 성장 경험을 했다고 이해할 수 있다. 이는 국내 출생 다문화가정 청소년들을 상담할 때, 사건의 긍정적 재구조화를 돕는 것이 필요함을 시사한다.

한편, 연구에 참여한 청소년들은 부정적인 상태를 전환하고, 사고방식을 긍정적이고 개방적으로 바꾸었으며, 가해자를 포용하는 등 성숙하게 대응하는 면모를 나타냈다. 이는 외상 후 성장에 대한 정서-인지적 처리모델(An Affective-Cognitive Processing Model of Post-Traumatic Growth)의 설명과 맥을 같이 하는데, 이 모델에서는 외상 후 성장에 있어서 인지적 도식의 재건 과정뿐만 아니라 정서 상태의 변화 또한 중요하다고 간주한다. 즉, 외상 경험에 대한 인지적 평가는 부정적 정서를 감소시키고, 긍정적 정서가 안정화됨으로써 인지적으로 재평가 되는 순환적 구조로 나타난다고 보았다. 실제로 이지영(2014)의 연구에서도 긍정적 정서가 반추와 함께 외상 후 성장에 기여하는 것으로 나타났다. 유호정(2012)의 연구에서도 정서 중심적 대처를 많이 할수록 시간이 흐르면서 용서하게 되고, 사회 적응과 외상 후 성장에 도움이 되는 것으로 나타났다. 이러한 연구 결과는 국내 출생 다문화가정 청소년들이 사회적 차별의 외상으로부터 극복하고 성장하기 위해서는 이들이 정서 조절 능력 및 긍정적 정서를 강화도록 돕는 것이 필요함을 시사한다.

2. 연구의 시사점 및 제한점

1) 연구의 시사점

아래에서는 본 연구 결과의 시사점을 논하고자 한다. 이때, 본 연구결과가 관련 학문 영역에서, 교육현장에서, 상담 장면에서, 그리고 정책적인 측면에서 구체적으로 어떤 시사점을 가지고 있는지를 각각 구분해서 논하고자 한다.

① 학문적 시사점

본 연구는 다문화가정 청소년들이 경험하는 사회적 차별을 구체화시켰다는 측면에서 학문적 의의를 지니고 있다. 기존 선행연구들에서는 사회적 차별이 다문화가정 청소년들의 삶에 영향을 미치는 것으로 나타났지만(김채윤 등, 2013; 김혜미 등, 2011; 오승환, 좌현숙, 2015; 최운선, 2012), 다문화가정 청소년들의 목소리를 통해 이들이 어떠한 차별을 경험하는지, 그로부터 어떤 경험을 하는지를 살펴보지는 않았다. 본 연구 결과, 다문화가정 청소년들이 경험하는 사회적 차별의 종류는 해외 인종/민족적 소수집단 구성원들이 지각한 차별(Carter, 2007)과 유사한 부분도 있었지만, 구분되는 점도 있었다. 본 연구에 참여한 다문화가정 청소년 역시 직접적인 차별과 간접적인 차별을 모두 경험하였지만, 인종 또는 피부색의 차이로 인해 발생하는 차별보다는 '다문화' 집단의 구성원이라는 이유로 차별을 당하는 경우가 많았다. 이러한 연구 결과는 문화적 맥락에 따라 차별의 종류와 중요도가 달라질 수 있음을 의미하고, 국내 출생 다문화가정 청소년들을 대상으로 하는 추후 연구에서 주요 변인으로 채택하여 그 영향력을 탐색할 필요성을 시사한다.

이 책에서 다문화가정 청소년이 경험하는 사회적 차별이 외상 후 스트레스와 복합외상 증후군을 유발하는 외상 사건으로 간주될 수 있음을 확인하였다. 즉, 국내 다문화가정 청소년들은 선행연구(Carlson, Dalenberg, & McDade-Montez, 2012; Carter & Forsyth, 2010; Cheng & Mallinckrodt, 2015; Dalenberg, & Carlson, 2010; Flores et al., 2010)와 유사하게 사회적 차별에 노출되었을 때 고통, 통증, 감정의 요동침, 긴장, 신체 증상 등 외상 후 스트레스 증상을 경험하는 것으로 나타났다. 또한, 다문화가정 청소년들이 사회적 차별에 반복적이고 지속적으로 노출될 경우 기존 선행 연구(Pelcovitz et al., 1997)의 복합외상 증상과 유사한 '자신에 대한 부정적 시각, 대인관계의 어려움, 의미 체계의 변화' 등을 경험하는 것으로 나타났다. 즉, 본 연구 결과를 통해 다문화가정 청소년이 경험한 사회적 차별 사건은 외상 사건으로 간주할 수 있고, 외상 후 스트레스 증상 및 복합 외상 증상까지 유발할 수 있음을 경험적으로 확인할 수 있었다.

한편, 사회적 차별을 외상 사건으로 간주한 선행 연구들은 외상 후 회복 또는 외상 후 성장에 대한 구체적인 논의를 전개하지 않았는데, 본 연구를 통해서 그 가능성을 확인할 수 있었다. 연구 결과, 사회적 차별에 노출된 다문화가정 청소년 또한 사별, 재해 등 다른 외상 사건을 경험한 피해자들과 마찬가지로 회복하고 더 나아가 성장한 것으로 나타났다. 특히, 이 책에서 외상 후 회복 및 성장에 영향을 미친 요인들을 확인할 수 있었는데, 기존에 재해, 질병, 사별 등의 외상으로부터 회복하고 성장하는 데 영향을 미친 요인들과 유사한 측면도 있고, 다문화가정 청소년의 사회적 차별과 관련된 독특한 요인들도 발견할 수 있었다. 즉, 연구 결과 Calhoun 등(2012)이 제시한 의도적 반추, 자기 개방, 사회적 지지, 정서조절, 자기분석 등의 요인을 관찰할 수 있었으며, 또 한편으로는 의지를 가지고 이겨내려고 애를 쓰거나, 다문화 배경을 감사하게 되는 등의 모습도 회복 및 성장 요인으로 관찰할 수 있었다. 특히, 자신의 다문화 배경을 자각하고 수용할수록 외상으로부터 회복하는 양상을 보였으며, 더 나아가 다문화 배경을 긍정적으로 활용하고 감사할 때, 외상으로부터 성장하는 경험을 하는 것으로 나타났다. 이는 문화적 맥락 또는 외상 사건 종류에 따라 회복 및 성장에 영향을 미치는 독특한 요인이 존재할 수 있음을 시사한다.

② 교육적 시사점

지금까지 다문화가정 청소년을 대상으로 한 다문화 교육은 주로 한국어 학습과 같이 일차적으로 한국사회에 적응할 수 있도록 지원하는 교육에 집중된 반면, 다문화 배경을 지닌 부모의 출신국가 및 문화에 대한 정체성을 긍정적으로 인식하고 이를 자신의 정체성으로 통합시켜나갈 수 있는 교육은 충분히 실시되지 않고 있다(김현경 등, 2008). 다문화교육 관련 학자들은 한국의 다문화교육을 '동화주의적 교육'에 국한되어 있다고 비판하고 있다(김현덕, 2008; 최현덕, 2010). 본 연구에 참여한 다문화가정 청소년들 중에서도 차별을 경험하면서 자신의 다문화 정체성을 숨기고 주류 문화에 전적으로 동화하려고 노력하는 경우가 있었다. 그러나 이러한 전략은 단기적으로는 친구들의 차별을 피할 수 있게 해서 마음의 안정을 찾는 데 도움을 줄 수는 있지만, 자신의 정체성 일부를 부정하는 일인 만큼 장기적으로는 정체성의 혼란을 가중시키는 것으로 나타났다. 다문화가정 청소년들이 차별 사건으로부터 회복하고 더 나아가 성장할 수 있게 한 요인 중 하나가 다문화 배경을 인식, 수용하고 이를 활용할 수 있게 된 것임을 고려할 때, 다문화가정 청소년들이 직면하게 될 정체성 혼란에 대한 대처 능력을 키우고 소수자로서의 정체성을 확립하며 자신감을 기를 수 있는 교육적 접근, 예를 들어 소수자 정체성 교육(양영자, 2008)이 필요해 보인다.

한편, 본 연구에 참여하였던 다문화가정 청소년들은 주변 친구들이 다문화에 대한 이해가 부족한 채 민감하지 못한 발언과 행동을 하였을 때 상처를 많이 받았다고 보고하였다. 그러나 주변에서 다문화에 대한 인식이 긍정적으로 변화하면 상처를 회복하고 자신의 다문화 배경에 자부심을 갖게 되는 모습을 보이기도 하였다. 이러한 연구 결과는 주류 청소년을 대상으로 하는 다문화 교육이 주로 타문화에 대한 지식 획득이나 체험 등 문화적 이벤트에 국한된 것이 분명 한계가 있음을 시사한다. 다문화 교육의 주요 목적은 단순히 타 문화에 대한 지식을 습득하는 것부터 다문화 사회를 살아가기 위한 기본적인 태도와 행동 변화를 꾀하는 것까지 포괄할 필요가 있을 것이다.

또한 본 연구 결과는 교사들을 대상으로 한 다문화교육의 내용과 방향의 교육적 시사점을 제공한다. 본 연구 결과, 다문화가정 청소년들에게 민감하지 못한 발언과 행동으로 인해 상처를 주는 사람으로 가장 많이 거론된 사람은 바로 학교 교사였다. 이는 교사 교육과정에 다문화에 대한 민감성과 감수성을 증진시키기 위한 내용이 필수적으로 포함될 필요가 있음을 시사한다. 관련 선행 연구들은 기존의 교사 교육 프로그램들이 '다문화 교육'이라는 용어를 사용함으로서 '다문화'에 대한 배타성을 오히려 강화시키고 있으며, 기초 이론이나 정보 제공에 치우쳐 정의적이고 행동적 영역에서 교사의 변화를 이끌어내지 못한다고 지적하였다(강인애, 김현미, 2013; 박상철, 윤희원, 조영달, 2007;

차윤경, 2008). 즉, 교사를 대상으로 하는 다문화 교육은 교사의 문화적 감수성 또는 다양성을 존중하는 태도 증진에 초점을 맞출 필요가 있다(김선아, 2010). 실제로 강인애와 김현미(2013)는 정의적 측면의 문화적 다양성 교육 프로그램을 실시하였는데, 문화적 다양성에 민감한 교사는 학생들로 하여금 불평등, 인종주의, 편견에 민감한 정서를 갖도록 북돋우고, 일상생활에서 편견적이고 차별적인 상황 등을 비판적으로 성찰할 수 있는 능력을 지니도록 조력하게 되는 것으로 나타났다.

③ 상담에 대한 시사점

이 책의 연구 결과는 다문화 관련 상담자 및 학교 상담자들에게 다음과 같은 시사점을 제공한다. 첫째, 본 연구 결과를 통해 상담자들은 다문화가정 아동 및 청소년들이 우리 사회에서 어떤 종류의 차별을 경험하고 있고 이로 인해 어느 정도의 아픔을 경험하고 있는지의 실체적이고 구체적인 정보를 얻을 수 있을 것이다. 기존의 다문화 관련 선행 연구들은 주로 중도입국 청소년들에게 관심을 기울여 왔다(엄명용, 2013; 이병철, 송다영, 2011; 이진석, 2014; 최대희, 2014). 연구 결과에 따르면, 국내 출생 다문화가정 청소년 역시 사회 및 학교 안에서 직간접적으로 행해지는 다양한 차별에 노출되어 있고, 또래 등 주변 사람들로부터 소외되고 배제 당하면서 적응 상의 어려움을 경험하는 것으로 나타났다. 더욱이, 이러한 차별 경험으로 인해 자살 및 자해 등 심각한 자기 손상을 경험하는 다문화가정 청소년들이 있는 것으로 나타나, 상담자들의 관심과 적극적인 개입이 필요함을 시사한다.

둘째, 본 연구를 통해 다양한 대처 전략과 회복 및 성장 요인들이 밝혀졌는데, 상담자가 차별로 인해 힘들어 하는 다문화가정 청소년을 조력할 때 사용할 수 있는 구체적인 개입 기술과 전략에 관한 정보를 제공해 준다. 다문화가정 청소년들은 차별 사건의 즉각적인 영향에 대처하기 위해 잠을 자거나, 독서를 하거나, 맛있는 음식을 먹고, 운동이나 노래를 하는 등 다른 활동에 집중하거나, 학업에 열중하고 미래나 진로를 계획하는 등 자기계발에 힘썼다. 즉, 상담자는 차별 사건이 초래하는 즉각적인 고통으로 괴로워하는 다문화가정 청소년을 상담함에 있어서 사건에 매몰되어 자동적인 반추적 사고를 하지 않는 대신, 본 연구 참여자들이 사용하였던 적응적인 대처전략을 사용함으로써 차별 사건으로 인한 부정적인 영향을 완화시킬 수 있도록 조력할 필요가 있다. 한편, 다문화가정 청소년들은 차별의 부정적인 영향을 최소화하고, 이를 긍정적으로 재해석하며, 문제에 대해 거리를 두고 원인을 파악하는 등 합리적인 사고 능력을 증진시키면서 성장한 것으로 나타났다. 이는 상담자들이 국내 출생 다문화가정 청소년들을 상담할 때, 청소년이 경험하는 심리적 고통을 공감하는 한편, 차별 사건을 이해하고 차별 사건이 지니는 의미와 현실적인 대처 방안을 강구할 수 있도록 돕는 것이 필요함을 시사한다(Tedeschi & Calhoun, 2004). Garnefski, Kraaij와 Spinhoven(2001)은 조망 확대, 계획 다시 생각하기, 긍정적 초점 변경, 수용, 긍정적 재평가의 과정을 통해 외상 사건 이후 나타나는 심리적 어려움이나 부정적인 정서조절 방식(예, 자기 비난, 타인 비난, 파국화 등)을 완화시켜 성장으로 나아갈 수 있다고 제언하였다. 국내에서도 실연 경험 대학생을 위한 외상 후 성장 프로그램에서 의미를 재구성하는 과정에서 개인의 강점, 새로운 가능성에 대한 인식이 향상된 것으로 나타났다(박정, 장현아, 김보미, 이유리, 차민지, 2015). 다문화가정 청소년을 상담하는 상담자 역시 차별 사건에 대한 조망을 확대시키고, 차별로 인해 초래된 부정적 결과와 긍정적 결과를 통합적으로 바라보도록 도울 필요가 있다. 특히, 본 연구에 참여한 청소년 중에는 자신의 다문화 배경을 새롭게 지각하고 특별히 여기게 되면서 회복하고 성장하였다고 보고한 경우가 있었다. 이는 내담자로 하여금 차별 사건을 새롭고 통합적으로 인식할 수 있도록 조력함과 더불어, 내담자의 다문화 배경을 긍정적으로 바라보고 이러한 배경을 가진 자신을 특별하고 귀하게 여길 수 있도록 조력하는 것이 필요함을 시사한다.

셋째, 본 연구에서 다문화가정 청소년들은 부정적인 감정을 조절하려고 노력하였을 때 회복되고 성장할 수 있었던 것으로 나타났다. 이는 선행 연구(송현, 이영순, 2012)에서 외상 사건 생존자들이 정서를 명확하게 인식하고, 이를 표현하고, 조절하였을 때 성장한 것과 일치하는 결과이다. 구체적으로, 본 연구에 참여한 다문화가정 청소년들은 차별 사건으로 인해 짜증이 나고 화가 날 때 긍정적인 활동으로 승화시키거나 긍정적으로 생각을 전환시켰으며, 부정적인 감정을 자기 발전에 대한 동기로 해석하거나 다양한 활동에 대해 개방적인 태도를 갖도록 노력하였다. 이는 다문화가정 청소년을 조력하는 상담자가 본 연구에서 유용하다고 나타난 정서조절 방식들을 소개하는 한편, 내담자 스스로 정서 조절 방식들을 선택하고 실천에 옮기도록 조력하는 것이 필요함을 시사한다.

넷째, 본 연구 결과 다문화가정 청소년들이 차별로 인한 '아픔을 안고 분투함'의 과정에서 회복하고 성장하는 데 가장 큰 영향을 미친 것은 주변 사람들의 관심과 지지로 나타났다. 부모, 교사, 주변 또래 친구 및 상급생들이 다문화가정 청소년에게 얼마나 관심을 가지고 직접적인 도움 및 힘이 되어 주었는지에 따라 청소년들은 쉽게 회복하기도 하였고, 더 힘들어하기도 하였다. 예를 들어, 자녀가 차별 사건을 이야기하자 부모가 정서적으로 지지해주고 이야기를 들어주며 적극적으로 개입하였을 때 참여자들은 안정과 안전을 경험했다고 보고하였다. 또한 교사가 다문화가정 청소년의 동의 없이 다문화 배경을 다른 학우들에게 개방하지 않거나, 차별 사건이 발생한 경우 적극적으로 개입하였을 때, 다문화가정 청소년의 대처와 회복에 긍정적인 영향을 미친 것으로 나타났다. 따라서 상담자는 다문화가정 청소년들이 차별 사건으로 인해 아프고 힘들어할 때, 다른 청소년 상담과 마찬가지로 부모 및 교사의 지지와 관심을 유도할 수 있는 개입이 중요하다.

보호자 및 교사의 도움을 촉진시킬 수 있도록 돕는 것도 상담자로서 필요한 일이지만, 주변에 도움을 요청하고 이를 받아들일 수 있게 다문화가정 청소년을 준비시키고 힘을 길러주는 일도 상담자에게 요구되는 일이다. 본 연구에 참여한 다문화가정 청소년들은 차별 사건으로 인해 타인을 믿지 못하게 되는 등 대인관계에서 어려움을 겪는 것으로 나타났다. 이러한 불신은 주변에 도움 요청을 방해하고 꺼리게 만들며, 심리적 어려움을 심화시키는 것으로 나타났다. 실제로 많은 참여자들은 부모나 교사가 자신의 차별 사건에 큰 도움이 되지 않을 거라 판단하고 혼자서 이겨내려고 분투하였는데, 이것이 오히려 심리적 어려움과 고통을 심화시키는 결과를 초래하였다고 보고하였다. 즉, 사회적 차별은 관계 내에서 발생하는 만큼, 국내출생 다문화가정 청소년들이 친밀하고 신뢰로운 관계를 형성시키지 못하게 만들고, 이는 결과적으로 스스로를 고립시켜 회복 및 성장을 저해할 가능성이 높다. 따라서 상담자는 다문화가정 청소년들이 먼저 상담자를 믿고, 안정적인 관계를 형성하여 힘든 마음을 털어놓을 수 있게 조력할 필요가 있다. Sudderth(1998)에 따르면, 안전한 장소에서 자신의 경험을 개방하는 것은 외상 생존자들의 회복에 있어서 중요한 첫걸음이다. 실제로 본 연구 참여자 중 한 명은 초등학교 때 처음으로 차별 사건을 경험한 이후 장기간에 걸친 상담 끝에 사람을 믿을 수 있게 되었다고 보고하였다. 이는 상담자가 상담관계에서 일관된 관심과 배려를 제공함으로써, 내담자의 손상된 신뢰를 회복하고 나아가 새로운 관계 형성을 시도할 수 있도록 조력할 필요가 있음을 시사한다.

④ 정책적 시사점

이 책의 연구 결과, 참여자들은 사회적 차별을 경험한 후 '차별하는 사회에 대한 불만'을 갖게 된 것으로 나타났다. 이는 단순히 차별을 행하는 개인 가해자만 변해야하는 것이 아니라, 다문화에 대한 부정적인 시선과 태도들이 존재하고 있는 우리 사회 전체가 변해야 함을 시사한다. 정부에서는 다문화가족지원법 제12조(법률 제14061호, 2016. 3.2., 일부개정, 시행 2016.9.3.)에 의거하여, 다문화가족지원센터를 통해 생활에 필요한 정보, 교육지원, 가정폭력 피해자에 대한 보호지원, 의료건강관리 지원, 아동 보육교육 지원 및 다국어 서비스를 지원하고 있다. 그런데 다문화가정 청소년 중 일부는 이러한 지원 정책들로 인해 드러내고 싶지 않음에도 불구하고 '다문화'임이 밝혀졌고, 마치 '외부인' 또는 '이방인'처럼 간주되어 오히려 차별로 인한 고통과 사회에 대한 불만이 커졌다고 보고하였다. 이는 정책 자체의 문제가 아니라 정책 시행 과정에 문제가 있음을 시사한다. 예를 들어, 국내에서 출생하여 상대적으로 한국 문화에 익숙한 다문화가정 청소년들에게는 한국어 지원 프로그램이나 한국 문화 습득을 위한 문화 체험 프로그램이 굳이 필요하지 않을 수 있다. 그러나 이러한 프로그램에 다문화가정 청소년을 억지로 참여하게 하는 경우가 있는데, 이는 정책 수혜자를 적절히 분류하지 않은 채 다문화라는 범주에 기계적으로 포함시킨 결과라 볼 수 있다. 또한, 참여자의 불만을 초래한 사례 중 외국인 부모의 모국에 대한 발표를 강요한다거나, 관련 대회에 억지로 참가시키는 경우도 있었는데, 이 또한 다문화가정 청소년이 실제로 다문화를 어떻게 인지하고 수용하는지를 검토하지 않고 단순히 정책 수혜를 강요하였다고밖에 볼 수 없다.

교육부(2015)의 '글로벌 브릿지 사업'(이중 언어, 수학, 과학, 예체능 등에 우수한 자질이 있는 다문화가정 학생을 글로벌 리더로 육성하는 프로그램)과 여성가족부(2016)의 부모 출신국 언어, 문화 이해 프로그램 등 다양한 지원 정책들은 다문화가정 청소년들이 자신의 다문화 배경을 강점으로 인식할 수 있게 도와주는 요소를 포함하고 있다. 이러한 프로그램들이 적합한 대상에게 제공되기 위해서는, 우선적으로 다문화가정 청소년이 자신의 다문화 배경을 어떻게 인식하고 있는지를 민감하게 살펴보고, 이러한 프로그램 참여가 청소년에게 어떤 의미를 지니고 있는지를 고려한 후, 적절한 대상에게 프로그램 참여를 권유하는 등의 배려를 바탕으로 정책을 시행할 필요가 있다.

이와 관련해서 다문화가정 청소년들은 '다문화'이기 때문에 부당한 처우를 경험한다고 느꼈는데, '다문화'라는 용어는 해당되는 대상의 특성을 반영하는 것이 아니라 부정적인 고정관념을 나타내는 용어로 인식되고 있음을 알 수 있었다. 이는 다문화라는 용어 사용을 재고할 필요성을 시사한다. 우리나라에서는 1990년대 중반 이후 결혼이주여성이 급증하면서 '다문화'라는 용어가 등장하기 시작하였다. 사회의 성숙과 충분한 준비 없이 '다문화'를 위한 교육 및 정책들이 성급히 마련된 것도 문제지만, 결과적으로 '다문화'를 부정적인 범주로 인식하게 된 것이 더 본질적인 문제라 할 수 있다(이종윤, 2010). 즉, 정책 수혜자를 변별하기 위한 수단으로서의 '다문화'가 아니라 여러 문화적 가치를 존중하고 수용하는 본래의 '다문화' 개념이 살아날 수 있는 용어 변화가 요구된다. 예를 들어, 다문화가정 청소년을 인종/민족적 소수집단 청소년으로 명칭을 변경한 정책 입안도 대안이 될 수 있다. 한동균(2011)에 따르면 '소수자'라는 용어는 신체적, 문화적 차이로 인해 다른 사회 구성원에게 차별받거나, 차별받는 집단에 속해 있다고 인식하는 사람들을 의미한다. 즉, 이러한 용어는 실제로 이들이 경험하는 어려움을 반영하고 있는데, 사람들로 하여금 인종/민족적 소수자들에 대한 정책 또는 프로그램의 진정한 의미를 수용하는 데 도움이 될 것으로 판단된다.

2) 연구의 제한점

본 연구는 기존의 선행 연구와는 달리 사회적 차별을 외상 사건으로 간주하였고, 다문화가정 청소년들이 사회적 차별을 경험하면서 어떤 어려움을 호소하고 어떻게 회복하고 성장하는지를 참여자들의 생생한 목소리를 바탕으로 확인하였다는 점에서 의의를 지닌다. 이러한 의의 및 독특성에도 불구하고 본 연구는 다음과 같은 제한점을 가지고 있다. 첫째, 본 연구에 참여한 다문화가정 청소년들의 특성으로 인해 연구 결과를 해석하는 데 주의를 요한다. 예를 들어, 연구 참여자의 부친은 대부분 한국 출생이었고(N=25, 86.2%), 참여자의 외국 부모의 출신 국가는 중국, 일본, 필리핀, 태국, 대만 등 주로 동북 및 동남아시아 국가들이었다. 본 연구에 참여한 다문화가정 청소년들의 부모 국적 현황은 기존의 통계청 조사와 행정안전부의 외국인 주민 현황 통계와 크게 다르지 않다. 그러나 부모 중 누가 한국인이냐에 따라 또는 외국인 부모의 출신 국적에 따라 다문화가정 청소년의 경험이 달라진다는 연구 결과(조윤주, 최연실, 2013), 특히 외모 차이가 뚜렷이 나타나는 기타 국적(유럽, 북미, 라틴 아메리카, 아프리카 등) 자녀의 경우 놀림이나 차별, 따돌림 경험이 많았다는 연구 결과(전경숙, 송미경, 2011)를 고려하였을 때, 연구에 참여하지 않은 다문화 청소년(외국인 부와 한국인 모의 가정, 기타 국적의 배경)의 경우 어떠한 차별을 경험하고 어떤 과정으로 회복하고 성장하는지를 조사할 필요가 있다.

둘째, 본 연구에서는 근거이론 접근을 활용해서 차별 사건과 관련된 일련의 경험 간 관계를 구조적으로 파악하였다는 의의를 지니고 있다. 그러나 연구 방법상 보다 상세한 정보를 드러내지 못한 아쉬움이 있다. 즉, 사회적 차별의 종류에 따라 다문화가정 청소년들이 경험하는 어려움에 차이가 있는지, 회복하고 성장하는 데 영향을 미친 요인들이 외상 사건에 따라 어떤 차이가 있는지, 외상 후 회복과 성장을 경험한 다문화가정 청소년들 사이에는 개인차가 존재하는지, 그러한 개인차와 관련 있는 변인은 무엇인지 등은 확인하지 못하였다. 따라서 각 주제에 대응하는 질적, 양적 연구들이 추후에 수행됨으로써 다문화가정 청소년들의 회복과 성장을 조력할 수 있는 보다 구체적인 전략과 기술이 확인·개발될 수 있을 것이다. 마지막으로, 본 연구에서는 다양한 방식으로 연구의 타당성을 확보하기 위해 노력하였다. 예를 들어, 연구자들은 다문화에 대한 민감성을 키우기 위해 1년 이상 관련 세미나에 참석하고 소모임 토의를 진행하였으며, 연구 개시 이전에는 관련 전문가들로부터 질문지 및 연구 대상의 적절성 등을 검토받았고, 연구의 윤리적 타당성 확보를 위해 책임자의 소속 대학에서 연구 승인을 구하였다. 또한 연구자들은 지속적인 논의와 합의 과정을 거치면서 수집한 자료를 분석하였고, 개방코딩과 축코딩한 결과를 전문가 2인에게 그 타당성을 확인받았으며, 다문화가정 청소년들에게 연구 결과가 자신의 경험과 일치하는지를 확인받았다. 이러한 노력에도 불구하고, 본 연구결과는 연구팀이 지닌 다문화에 대한 태도 및 인식으로부터 완전히 자유롭다고 볼 수 없다. 후속 연구에서는 동일한 집단을 대상으로 연구를 수행하거나, 교사, 부모, 또래 등의 시선으로 다문화가정 청소년들이 경험하는 어려움 및 극복 방법을 확인함으로써, 본 연구 결과가 재연되는지를 확인할 수 있을 것이다.

| 참고문헌 |

강인애, 김현미 (2013). 초·중등교사 대상 문화다양성 연수프로그램 개발 및 적용 사례연구. 학습자중심교과교육학회, 2(3). 285-306.

고나래 (2008). 아동, 청소년기 복합외상 경험이 정서조절과 대인관계문제에 미치는 영향. 이화여자대학교 석사학위논문.

고은주 (2009). 결혼 이주여성의 문화적 적응 스트레스, 가정폭력, 사회적 지지, 자아존중감, 외상 후 스트레스와 심리건강의 관계. 전남대학교 석사학위논문.

고홍월, 황매향 (2012). 심리적 외상 경험 다문화가정 아동과 일반가정 아동이 인식하는 대인관계 특성 비교. 초등상담연구, 11(2), 279-298.

교육부 (2015). 2015년 다문화 학생 교육지원 계획 발표. 교육부 홍보담당관실 보도자료(15. 7. 21. 기준).

국가인권위원회 (2003). 기지촌 혼혈인 인권실태조사. 서울: 국가인권위원회.

국립국어원 (2008). 표준국어대사전. 서울: 두산동아.

김미자 (2010). 북한이탈여성의 외상 경험에 관한 연구. 임상사회사업연구, 7(1), 1-18.

김선아 (2010). 반성적 교사: 미술교사 전문성 개발을 위한 방안 모색. 미술교육논총, 24(1), 27-50.

김정옥 (2016). 청소년이 지각한 사회적 지지가 외상 후 성장에 미치는 영향: 희망과 의도적 반추를 매개로. 가톨릭대학교 석사학위논문.

김지애, 이동귀 (2012). 외상 후 성장 집단의 판별요인 연구. 상담학연구, 13(4), 1845-1859.

김채윤, 배윤진, 임지영 (2013). 다문화청소년의 자아정체감 및 차별경험에 따른 학교생활적응의 차이. 2013년 한국가정관리학회 주관 공동춘

계학술대회, 365-365.

김현경 (2007). 난민으로서의 새터민의 외상(trauma) 회복 경험에 대한 현상학 연구. 이화여자대학교 박사학위논문.

김현경, 엄진섭, 전우택 (2008). 북한이탈주민의 외상 경험 이후 심리적 성장. 사회복지연구, 39(1), 29-56.

김현덕 (2008). 다문화사회의 도래와 국제이해교육의 역할. 유네스코 아시아·태평양 국제이해교육원, 다문화사회와 국제이해교육. 파주: 동녘.

김현식, 김두섭 (2014). 다문화가족 청소년과 자살행위. 한국사회학, 48(2), 35-66.

김혜미, 원서진, 최선화 (2011). 다문화가정 자녀들의 차별경험과 심리적 적응: 사회적 지지의 매개효과 검증을 중심으로. 사회복지연구, 42(1), 117-149.

김화선 (2010). 중국 비농화 과정에서 나타난 조선족 마을의 이민모촌화와 여성의 이주. 이화여자대학교 박사학위논문.

동아일보 (2013, 5, 6). 여전히 서러운 다문화 자녀들(上) 지워지지 않는 주홍글씨. http://news.donga.com/3/all/20130506/54926123/1에서 2013. 9. 11. 자료 얻음.

박상철, 윤희원, 조영달 (2007). 논문: 우리나라 다문화가정의 자녀 교육 실태 조사 연구. 교육연구와 실천, 71(1), 1-60.

박정, 장현아, 김보미, 이유리, 차민지 (2015). 실연 경험 대학생을 위한 외상 후 성장 프로그램의 효과 검증: 예비연구. 사회과학연구, 39(3), 311-333.

박주희, 정진경 (2007). 국제결혼이주여성의 문화적응과 정체성. 한국심리학회지여성, 12(4), 395-432.

박진우 (2015). 다문화가정 청소년의 자아정체성 형성경험에 관한 연구. 중앙대학교 박사학위논문.

박혜원 (2006). 외상 후 증상, 영성성 및 성장적 숙고가 외상 후 성장에 미치는 영향. 부산대학교 대학원 석사학위 청구 논문.

박홍순 (2008). 이주민의 정체성과 포스트콜로니얼 대안. 다문화 사회와 국제이해교육. 유네스코 코리아 · 태평양 국제이해교육원 엮음, 63-86.

법제처 (2011). 다문화가족지원법 제12조.

서영석, 조화진, 안하얀, 이정선 (2012). 한국인이 경험한 외상 사건: 종류 및 발생률. 한국심리학회지: 상담 및 심리치료, 24(3), 671-701.

송승훈, 이홍석, 박준호, 김교헌 (2007). 한국판 외상후 성장 척도의 타당도 및 신뢰도 연구. 한국심리학회지: 건강, 14(1), 193-214.

송주연, 이희경 (2010). 소아암 환아 어머니의 희망이 외상 후 성장에 미치는 영향: 삶의 의미를 매개로. 상담학연구, 11(4), 1501-1517.

송현, 이영순 (2012). 정서인식명확성과 외상후 성장의 관계: 정서표현과 정서조절양식의 매개효과. 한국심리학회지: 상담 및 심리치료, 24(4), 891-910.

신선영 (2009) 삶의 의미와 사회적 지지가 외상 후 성장에 미치는 영향: 성장적 반추를 매개변인으로. 가톨릭대학교 석사학위논문.

심우엽 (2010) 초등학생의 다문화 아동에 대한 인식과 태도. 초등교육연구, 23(4), 43-63.

안현의 (2007). 복합외상(complex trauma)의 개념과 경험적 근거. 한국심리학회지: 일반, 26(1), 105-119.

양계령 (2008). 심리적 학대와 자아 탄력성이 복합 PTSD에 미치는 효과: 가정폭력 피해여성을 중심으로. 강원대학교대학원 석사학위논문.

양계민, 김승경, 김윤영, 정소희, 이정미, 박선영 (2012). 다문화가족 아동·청소년의 발달과정 추적을 위한 종단연구 III. 한국청소년개발원 연구보고서, 1-487.

양계민, 황순택 (2008). 입국초기 새터민 청소년들의 심리적 건강상태에 관한 탐색적 연구. 한국청소년연구, 49, 333-358.

양영자 (2008). 한국 다문화교육의 개념 정립과 교육과정 개발 방향 탐색. 이화여자대학교 박사학위논문.

엄명용 (2013). 다문화가정 중도입국청소년의 한국사회 적응 영향 요인. 한국가족복지학, 42(단일호), 39-82.

여성가족부 (2016). 제2차 다문화가족정책 기본계획(2013-2017). 2016년도시행계획. 서울: 여성가족부.

오성배 (2005). 코시안(kosian)아동의 성장과 환경에 관한 사례연구. 한국교육, 32(3), 61-83.

오승환 (2001). 결손가족 청소년의 적응 결정요인에 관한 비교연구: 부모이혼, 별거가족과 사망가족을 중심으로. 사회복지연구, 17(1), 99-125.

오승환, 좌현숙 (2015). 중도입국 청소년과 일반 다문화가족 청소년의 우울에 영향을 미치는 요인 비교. 학교사회복지, 32(3), 385-412.

우채영, 박아청, 정현희 (2010). 성별 및 학교 급별에 따른 청소년의 인간관계, 스트레스, 우울과 자살생각 간의 구조적 관계. 교육심리연구, 24(1), 19-38.

유호정 (2012). 만성화 된 외상 후 스트레스 장애를 가진 참전군인의 사회적응과 외상 후 성장에 미치는 심리적 요인: 대처전략, 용서, 사회적 지지를 중심으로 (초). 한국심리학회 연차 학술발표논문집, 2012(1), 250-250.

유희정 (2012). 외상 후 성장에 영향을 미치는 변인들 간의 구조적 관계. 부산대학교 박사학위논문.

윤명숙, 박은아 (2011). 정신보건사회복지사의 외상 후 성장관련 요인 연구. 정신보건과 사회사업, 39(1), 61-89.

윤지혜, 오영림 (2010). 연구논문: 탈북청소년의 외상 이후 성장 (PTG) 체험연구–탈북대학생을 중심으로. 청소년학연구, 17(12), 49-82.

이겨레 (2011). 북한이탈청소년의 정신건강에 영향을 미치는 요인에 관한 연구: 문화적응스트레스의 매개효과를 중심으로. 대구대학교 석사학위논문.

이경혜 (2006). 양양이와 강강이. 글뿌리.

이민경 (2008). 한국사회의 다문화 교육 방향성 고찰–서구 사례를 통한 시사점을 중심으로. 교육사회학연구, 18, 83-104.

이병철, 송다영 (2011). 다문화가족 중도입국청소년의 학교생활 적응에 관한 질적 연구. 한국사회복지학, 63(4), 131-154.

이양자, 정남운 (2008). 외상 후 성장에 대한 연구 개관: 적응과의 관계 및 치료적 적용을 중심으로. 한국심리학회지: 건강, 13(1), 1-23.

이영선 (2009). 암환자 가족을 대상으로 한 “외상 후 성장척도(K-PTGI)”의 타당도 검증. 사회복지연구, 40(2), 123-143.

이영선, 이소래, 주성아, 고영빈, 김예진, 한인영 (2012). 응급구조원, 지하철 승무원, 아동보호전문기관 사회복지사의 대리 외상과 외상 후 성장. 사회복지연구, 43(1), 249-273.

이유리 (2015). 관계 상실 경험 여고생의 자기노출, 사회적 지지가 외상후 성장에 미치는 영향: 의도적 반추를 매개변인으로. 대전대학교 석사학위논문.

이종윤 (2010). 한국의 다문화정책 관련법에 관한 일 고찰. 다문화콘텐츠연구, (4), 163-185.

이지영 (2014). 반추 양식과 외상후 성장 간의 관계: 정서 및 인지적 과정을 중심으로. 고려대학교 석사학위논문.

이진석 (2014). 다문화가정 중도 입국 청소년들의 시민성 탐색. 시민교육연구, 46(4), 79-105.

임주용, 오윤자 (2010). 청소년의 다문화 인식과 다문화효능감. Family and Environment Research, 48(10), 143-157.

장한아 (2011). 자기성찰과 외상후 성장과의 관계에서 정서표현양가성의 조절효과. 가톨릭대학교 석사학위논문.

전경숙, 송민경 (2011). 다문화가정 자녀의 출신국적 배경에 따른 한국생활 적응의 차이. 청소년학연구, 18(11), 305-335.

전영실, 신동준, 박상희, 김일수 (2012). 다문화가정 청소년의 비행피해 및 가해에 대한 연구. 형사정책연구원 연구총서, 1-332.

정예리 (2010). 다문화가정 유아의 차별 경험을 통한 인간이해 가치교육적 함의. 윤리교육연구, 21(1), 249-267.

정예리, 이숙희 (2009). 다문화가정 아동의 차별 경험에 관한 연구. 한국열린유아교육학회 학술대회 발표논문집, 9, 219-234.

정용교 (2011). 다문화 시민교육의 실태와 실천적 적용탐색. 한국교육논단, 10(3), 87-111.

정하성, 우룡 (2007). 다문화가정 청소년의 사회적응 실태 및 사회적응 프로그램 개발방안. 한국청소년개발원 연구보고서, 87-88.

조민식, 송시형 (2011). 다문화가정 자녀의 사회적 차별문제—수도권 거주 다문화가정 자녀를 중심으로—. 글로벌 사회복지연구, 1(1), 53-72.

조윤주, 최연실 (2013). 다문화가족 외국인 남성의 가족상담에 대한 필요성 인식 관련 변인: 사회인구학적 변인, 한국어 능력, 가족관계 만족도, 가족상담 경험 유무를 중심으로. 상담학연구, 14(1), 459-477.

차윤경 (2008). 한국 다문화교육의 전망과 과제. 한국사회와교육연구학회. 2008년도 주제별 전국학술대회 자료집, 3-20.

최대희 (2014). 중도입국청소년 정체성 연구를 위한 일고찰. 다문화와 인간, 3(2), 133-165.

최운선 (2012). 한,일 다문화가정 청소년의 개인적 특성, 민족 정체감, 차별경험, 자아존중감과 문제행동 간의 관계. 한국가족복지학, 17(2), 49-71.

최현덕 (2010). 다문화주의와 여성주의 사이의 갈등에 전제되어 있는 문화개념에 관하여. 사회와 철학, (20), 259-284.

최현옥, 손정락 (2011). 한국형 마음챙김에 기반한 스트레스 감소(K-MBSR) 프로그램이 북한이탈주민의 외상 후 스트레스 증상, 경험회피 및 수치심에 미치는 효과. 한국심리학회지: 건강, 16(3), 469-482.

최현주, 박선영 (2015). 청소년의 차별경험과 주관적 안녕감 간의 관계에서 회복탄력성과 사회적 지지의 조절역할. 청소년복지연구, 17(2), 81-105.

한노을 (2008). 외상 후 성장에 관한 현상학적 연구: 아동기 성폭력을 경험한 여성을 중심으로. 서울여자대학교 석사학위논문.

한동균 (2011). 다문화사회에서 소수자교육의 의미와 접근법. 글로벌교육연구, 3, 107-132.

한선영, 윤여상, 김현아 (2007). 북한이탈주민의 외상 후 스트레스 증상 척도개발 및 타당화 연구. 한국심리학회지: 상담 및 심리치료, 19(3), 693-718.

홍봉선, 아영아 (2011). 청소년의 외국인에 대한 사회적 거리감에 관한 연구. 사회과학연구, 27(3), 165-187.

Affleck, G., Tennen, H., Croog, S., & Levine, S. (1987). Causal attribution, perceived benefits, and morbidity after a heart attack: An 8-year study. *Journal of Consulting and Clinical Psychology,* 55(1), 29-35.

Alcock, M. (2003). Refugee trauma, the assault on meaning. *Psychodynamic Practice,* 9(3), 291-300.

Alderman T, (2000). Self-inflicted violence: Helping those who hurt themselves. *The Prevention Researcher,* 7(Suppl 2): 5-8.

American Psychiatric Association. (2013). *DSM-5.* American Psychiatric Association.

Beiser, M., & Hyman, I. (1997). Refugees'time perspective and mental health. *American Journal of Psychiatry,* 154, 996-1002.

Best, M., Streisand, R., Catania, L., & Kazak, A. E. (2001). Parental distress during pediatric leukemia and posttraumatic stress symptoms (PTSS) after treatment ends. *Journal of Pediatric Psychology,* 26(5), 299-307.

Block, J., & Kremen, A. M. (1996). IQ and ego-resiliency: Conceptual and empirical connections and separateness. *Journal of Personality and Social Psychology,* 70(2), 349-361.

Branscombe, N. R., Schmitt, M. T., & Harvey, R. D. (1999). Perceiving pervasive discrimination among African Americans: Implications for group identification and well-being. *Journal of Personality and Social Psychology,* 77(1), 135-149.

Brewin, C. R., Kleiner, J. S., Vasterling, J. J., & Field, A. P. (2007). Memory for emotionally neutral information in posttraumatic stress disorder: A meta-analytic investigation. *Journal of Abnormal Psychology,* 116(3), 448-463.

Brown, D. P., & Fromm, E. (1986). *Hypnotherapy and hypnoanalysis.* Hillsdale, NJ: Lawrence Erlbaum.

Bryant-Davis, T., & Ocampo, C. (2005). Racist incident based trauma. *The Counseling Psychologist, 33*(4), 479-500.

Butts, H. (2002). The black mask of humanity: Racial/ethnic discrimination and post-traumatic stress disorder. *Journal of the American Academy of Psychiatry and the Law, 30,* 336-339.

Calhoun, L. G., & Tedeschi, R. G. (1990). Positive aspects of critical life problems: Recollections of grief. *Omega, 20,* 265-272.

Calhoun, L. G., & Tedeschi, R. G. (2012). *Posttraumatic growth in clinical practice.* Routledge.

Calhoun, L. G., Cann, A., & Tedeschi, R. G. (2010). *The posttraumatic growth model: Sociocultural considerations in Posttraumatic growth and culturally competent practice: Lessons learned from around the globe.* Hoboken, NJ. John Wiley & Sons, Inc.

Carlson, E. B., Dalenberg, C., & McDade-Montez, E. (2012). Dissociation in posttraumatic stress disorder part I: Definitions and review of research. *Psychological Trauma: Theory, Research, Practice, and Policy, 4*(5), 479-489.

Carter, R. T. (2007). Racism and psychological and emotional injury: Recognizing and assessing race-based traumatic stress. *The Counselling Psychologist, 35*(1), 13-105.

Carter, R. T., & Forsyth, J. (2010). Reactions to racial discrimination: Emotional stress and help-seeking behaviors. *Psychological Trauma: Theory, Research, Practice, and Policy, 2*(3), 183-191.

Carter, R. T., Mazzula, S., Victoria, R., Vazques, R., Hall, S., Smith, S., Sant-Barket, S., Forsyth, J., Bazelais, K., & Williams, B. (2013). Initial development of the Race-Based Traumatic Stress Symptom Scale: Assessing the emotional impact of racism. *Psychological Trauma: Theory, Research, Practice, and Policy, 5*(1), 1-9.

Cheng, H. L., & Mallinckrodt, B. (2015). Racial/ethnic discrimination, posttraumatic stress symptoms, and alcohol problems in a longitudinal study of Hispanic/Latino college students. *Journal of Counseling Psychology, 62*(1), 38-49.

Comas-Diaz, L., & Jacobsen, F. M. (2001). Ethnocultural allodynia. The *Journal of Psychotherapy Practice and Research, 10*(4), 246-252.

Corbin, J., & Strauss, A. (2014). Basics of qualitative research: *Techniques and procedures for developing grounded theory.* Sage publications.

Courtois, C. A., & Ford, J. D. (Eds.). (2009). *Treating complex traumatic stress disorders: An evidence-based guide* (pp. 82-104). New York, NY: Guilford Press.

Czopp, A. M., & Monteith, M. J. (2003). Confronting prejudice (literally): Reactions to confrontations of racial and gender bias. *Personality and Social Psychology Bulletin, 29*(4), 532-544.

Dalenberg, C., & Carlson, E. (2010, November). New versions of the Dissociative Experiences Scale: The DES-R (revised) and the DES-B (brief). *In Annual meeting of the International Society for Traumatic Stress Studies,* November, Montreal, Quebec.

Erikson, E. (1963). *Childhood and society.* New York: Norton.

Flores, E., Tschann, J. M., Dimas, J. M., Pasch, L. A., & de Groat, C. L. (2010). Perceived racial/ethnic discrimination, posttraumatic stress symptoms, and health risk behaviors among Mexican American adolescents. *Journal of Counseling Psychology, 57*(3), 264-273.

Ford, J. D. (1999). Disorders of extreme stress following war-zone military trauma: Associated features of posttraumatic stress disorder or comorbid but distinct syndromes?. *Journal of Consulting and Clinical Psychology, 67*(1), 3-12.

Frankl, V. (1967). Psychotherapy and existentialism. Selected papers on logotherapy. London, England: Penguin Books.

Garnefski, N., Kraaij, V., & Spinhoven, P. (2001). Negative life events, cognitive emotion regulation and emotional problems. *Personality and Individual Differences, 30*(8), 1311-1327.

Glaser, B., & Strauss, A. (1967). The discovery of grounded theory. London: *Weidenfeld and Nicholson,* 24(25), 288-304.

Guba, E. G., & Lincoln, Y. S. (1981). *Effective evaluation: Improving the usefulness of evaluation results through responsive and naturalistic approaches.* San Francisco, CA. Jossey-Bass.

Harvey, M. (1996). An ecological view of psychological trauma and trauma recovery. *Journal of Traumatic Stress, 9*(1), 3-23.

Harvey, M., Liang, B., Harney, P., Koenan, K., Tummala-Narra, P., & Lebowitz, L. (2003). A multidimensional approach to the assessment of trauma impact, recovery and resiliency: Initial psychometric findings. *Journal of Aggression, Maltreatment & Trauma, 6*(2), 87-109.

Helgeson, V. S., Reynolds, K. A., & Tomich, P. L. (2006). A meta-analytic review of benefit finding and growth. *Journal of Consulting and Clinical Psychology, 74*(5), 797-816.

Herman, J. L. (1992). Complex PTSD: A syndrome in survivors of prolonged and repeated trauma. *Journal of Traumatic Stress, 5*(3),

377-391.

Herman, J. L. (1997). *Trauma and recovery* (Vol. 551). NY. Basic Books.

Hooper, L. M., Marotta, S. A., & Lanthier, R. P. (2008). Predictors of growth and distress following childhood parentification: A retrospective exploratory study. *Journal of Child and Family Studies, 17*(5), 693-705.

Ickovics, J. R., Meade, C. S., Kershaw, T. S., Milan, S., Lewis, J. B., & Ethier, K. A. (2006). Urban teens: Trauma, posttraumatic growth, and emotional distress among female adolescents. *Journal of Consulting and Clinical Psychology, 74*(5), 841-850.

Jessor, R., Turbin, M. S., & Costa, F. M. (1997). Predicting developmental change in risky driving: The transition to young adulthood. *Applied Developmental Science, 1*(1), 4-16.

Johnson, R. (1993). Clinical issues in the use of the DSM—III—R with African American children: A diagnostic paradigm. *Journal of Black Psychology, 19*(4), 447-460.

Kaiser, C. R., & Miller, C. T. (2001). Stop complaining! The social costs of making attributions to discrimination. *Personality and Social Psychology Bulletin, 27*(2), 254-263.

Kilmer, R. P., & Gil-Rivas, V. (2010). Exploring posttraumatic growth in children impacted by Hurricane Katrina: Correlates of the phenomenon and developmental considerations. *Child Development, 81*(4), 1211-1227.

Kimhi, S., Eshel, Y., Zysberg, L., & Hantman, S. (2010). Postwar winners and losers in the long run: Determinants of war related stress symptoms and posttraumatic growth. *Community Mental Health Journal, 46*(1), 10-19.

King, L. A., Scollon, C. K., Ramsey, C., & Williams, T. (2000). Stories of life transition: Subjective well-being and ego development in parents of children with down syndrome. *Journal of Research in Personality, 34*(4), 509-536.

Kira, I. A., Templin, T., Lewandowski, L., Ashby, J. S., Oladele, A., & Odenat, L. (2012). Cumulative Trauma Disorder scale (CTD): Two Studies. *Psychology, 3*(9), 643-656.

Lang, A., Goulet, C., & Amsel, R. (2003). Lang and Goulet Hardiness

Scale: Development and testing on bereaved parents following the death of their fetus/infant. *Death Studies, 17,* 851-880.

McCormick, C. M., Mathews, I. Z., Thomas, C., & Waters, P. (2010). Investigations of HPA function and the enduring consequences of stressors in adolescence in animal models. *Brain and Cognition, 72*(1), 73-85.

Mellor, D. (2004). Responses to racism: A taxonomy of coping styles used by Aboriginal Australians. *American Journal of Orthopsychiatry, 74*(1), 56-71.

Meyerson, D. A., Grant, K. E., Carter, J. S., & Kilmer, R. P. (2011). Posttraumatic growth among children and adolescents: A systematic review. *Clinical Psychology Review, 31*(6), 949-964.

Mokgatlhe, B., P., & Schoeman, J. B. (1998). Predictors of satisfaction with life: The role of racial identity, collective self-esteem and gender-role attitudes. *South African Journal of Psychology, 28,* 28-35.

Neighbors, H. W., & Williams, D. R. (2001). The epidemiology of mental disorder. *Health issues in the Black community*(pp. 99-128). San Francisco, California: Jossey-Bass Publishers.

Neville, H. A., Lilly, R. L., Duran, G., Lee, R. M., & Browne, L. (2000). Construction and initial validation of the Color—Blind Racial Attitudes Scale (CoBRAS). *Journal of Counseling Psychology, 47*(1), 59-70.

Olsson, C. A., Bond, L., Burns, J. M., Vella-Brodrick, D. A., & Sawyer, S. (2003). Adolescent resilience: A concept analysis. *Journal of Adolescence, 26,* 1-11.

Ouimette, P. C., Wolfe, J., & Chrestman, K. R. (1996). Characteristics of posttraumatic stress disorder-Alcohol abuse comorbidity in women. *Journal of Substance Abuse, 8*(3), 335-346.

Pelcovitz, D., Van der Kolk, B., Roth, S., Mandel, F., Kaplan, S., & Resick, P. (1997). Development of a criteria set and a Structured Interview for Disorders of Extreme Stress (SIDES). *Journal of Traumatic Stress, 10*(1), 3-16.

Phipps, S., Long, A. M., & Ogden, J. (2007). Benefit finding scale for children: Preliminary findings from a childhood cancer population.

Journal of Pediatric Psychology, 32(10), 1264-1271.
Pieterse, A., Carter, R., Evans, S., & Walter, R. (2010). An exploratory examination of the associations among racial and ethnic discrimination, racial climate, and trauma-related symptoms in a college student population. *Journal of Counseling Psychology, 57*(3), 255-263.
Polanco-Roman, L., Danies, A., & Anglin, D. M. (2016). Racial discrimination as race-based trauma, coping strategies, and dissociative symptoms among emerging adults. *Psychological Trauma: Theory, Research, Practice and Policy, 6*(1), 1-9.
Roth, S., & Newman, E. (1991). The process of coping with sexual trauma. *Journal of Traumatic Stress, 4*(2), 279-297.
Rothbaum, F., Weisz, J. R., & Snyder, S. S. (1982). Changing the world and changing the self: A two-process model of perceived control. *Journal of Personality and Social Psychology, 42*(1), 5-32.
Rudmin, F. W. (2003). Critical history of the acculturation psychology of assimilation, separation, integration, and marginalization. *Review of General Psychology, 7*(1), 3-37.
Rutkowski, L., Vasterling, J. J., Proctor, S. P., & Anderson, C. J. (2010). Posttraumatic stress disorder and standardized test-taking ability. *Journal of Educational Psychology, 102*(1), 223-233.
Schreiber, R. S., & Stern, P. N. (Eds.). (2001). *Using grounded theory in nursing.* Springer Publishing Company.
Scurfield, R. M., & Mackey, D. W. (2001). Racism, trauma and positive aspects of exposure to race-related experiences: Assessment and treatment implications. *Journal of Ethnic and Cultural Diversity in Social Work, 10*(1), 23-47.
Sellers, R. M., Smith, M. A., Shelton, J. N., Rowley, S. A., & Chavous, T. M. (1998). Multidimensional model of racial identity: A reconceptualization of African American racial identity. *Personality and Social Psychology Review, 2*(1), 18-39.
Sheikh, A. I. (2004). Posttraumatic growth in the context of heart disease. *Journal of Clinical Psychology in Medical Settings, 11*(4), 265-273.
Smith, W. A., Allen, W. R., & Danley, L. L. (2007). "Assume the position… You fit the description". Psychosocial experiences and

racial battle fatigue among African American male college students. *American Behavioral Scientist, 51*(4), 551-578.

Spencer, M. B., & Markstrom-Adams, C. (1990). Identity processes among racial and ethnic minority children in America. *Child Development, 61*(2), 290-310.

Stangor, C., Swim, J. K., Sechrist, G. B., Decoster, J., Van Allen, K. L., & Ottenbreit, A. (2003). Ask, answer, and announce: Three stages in perceiving and responding to discrimination. *European Review of Social Psychology, 14*(1), 277-311.

Stanton, A. L., Bower, J. E., & Low, C. A. (2006). Posttraumatic growth after cancer. *Handbook of posttraumatic growth: Research and practice,* (pp. 138-175). New York: Psychology Press.

Strauss, A., & Corbin, J. (1990). *Basics of qualitative research* (Vol. 15). Newbury Park, CA: Sage.

Strauss, A., & Corbin, J. (1998). *Basics of qualitative research: Techniques and procedures for developing grounded theory.* Sage Publications, Inc.

Sudderth, L. K. (1998). "It'll come right back at me" The interactional context of discussing rape with others. *Violence Against Women, 4*(5), 572-594.

Swim, J. K., & Hyers, L. L. (1999). Excuse me-What did you just say?!: Women's public and private responses to sexist remarks. *Journal of Experimental Social Psychology, 35*(1), 68-88.

Taylor, S. E. (1983). Adjustment to threatening events: A theory of cognitive adaptation. *American Psychologist, 38*(11), 1161-1173.

Tedeschi, R. G., & Calhoun, L. G. (1995). *Trauma and transformation: Growing in the aftermath of suffering.* Sage Publications.

Tedeschi, R. G., & Calhoun, L. G. (1996). The posttraumatic growth theory: Measuring the positive legacy of trauma. *Journal of Traumatic Stress, 9*(3), 455-471.

Tedeschi, R. G., & Calhoun, L. G. (2004). Posttraumatic growth: Conceptual foundations and empirical evidence. *Psychological Inquiry, 15*(1), 1-18.

Utsey, S. O., Chae, M. H., Brown, C. F., & Kelly, D. (2002). Effect of ethnic group membership on ethnic identity, race-related stress and quality of life. *Cultural Diversity and Ethnic Minority Psychology, 8*(4), 366-377.

Van der Kolk, B. A., Van der Hart, O., & Burbridge, J. (1995). *Approaches to the treatment of PTSD.* Eurgene, Oregon: Trauma Clinic.

Vasterling, J. J., & Brailey, K. (2005). Neuropsychological findings in adults with PTSD. In J. J. Vasterling & C. R. Brewin (Eds.), Neuropsychology of PTSD: *Biological, cognitive, and clinical perspectives* (pp.178-207). New York: Guilford Press

Vivero, V. N., & Jenkins, S. R. (1999). Existential hazards of the multicultural individual: Defining and understanding "cultural homelessness". *Cultural Diversity & Ethnic Minority Psychology, 5*(1), 6-26.

Wolchik, S. A., Coxe, S., Tein, J. Y., Sandler, I. N., & Ayers, T. S. (2009). Six-year longitudinal predictors of posttraumatic growth in parentally bereaved adolescents and young adults. *Omega, 58*(2), 107-128.

Zoellner, T., & Maercker, A. (2006). Posttraumatic growth in clinical psychology-A critical review and introduction of a two component model. Clinical Psychology *Review, 26*(5), 626-653.

부 록

[부록 1-1] 전문가 평정지

현대아산사회복지재단 학술연구

전문가 평정지

본 연구팀에서는 사회적 차별로 인해 외상을 경험한 다문화가정 청소년들이 회복 및 성장하는 과정에 영향을 미친 주요 요인을 밝혀내기 위한 연구를 진행하고 있습니다. 본 연구팀은 이를 통해 사회적 차별로 인해 외상 및 심리적 어려움을 경험하고 있는 다문화가정 청소년을 돕기 위한 대응방략을 모색하고자 합니다.

※ 본 연구에서 사용하는 주요 용어들은 다음과 같이 정의하였습니다.

다문화가정 청소년 : 한쪽 부모가 출생 시 외국인인 가정의 2세 중 현재 만 13세 이상 18세 이상의 한국에서 출생한 청소년(법제처, 2011).
사회적 차별 : 사회체제 내에서 가해자-피해자의 형태로 나타나고 약자의 지속적인 피해 경험을 포함하는 차별(Bryant-Davis & Ocampo, 2005)로 구체적으로는 직접적 차별(신체적 공격, 언어적 공격, 고정관념을 바탕으로 한 대우, 범죄자로 가정함), 간접적 차별(배제, 접근의 어려움, 정보의 제한, 기만당함), 제도적 차별(자격에 대한 의문) 등을 포함합니다(Carter, 2007).

각 면접 질문의 내용, 표현 및 구성에 대한 전문가 평가를 의뢰 드리고자 합니다. 바쁘시겠지만 충실히 응답해주시길 부탁드립니다.

평정에 응해주셔서 감사드립니다.

현대아산사회복지재단 지원
연세대학교 교육학과 상담교육전공
다문화가정 청소년의 회복 및 성장 과정 연구팀

■ 다음은 평정하시는 전문가의 인적사항에 관한 문항입니다. 해당되는 곳에 표시하시거나 구체적으로 기술하여 주시기 바랍니다.

성별 : ① 남 ( ) ② 여 ( )

2. 나이 : 만 세

3. 직업 :

4. 다문화가정 청소년 또는 다문화가정 청소년의 차별 경험에 관련된 임상 경험 또는 현장 활동 경험이 있으시면 구체적으로 적어주시기 바랍니다. (임상 경험, 구체적인 활동 내용 등)

5. 다문화가정 청소년 또는 다문화가정 청소년의 차별 경험에 관련한 연구 경험이 있으시면 구체적으로 기술해주시기 바랍니다. (연구 경험, 연구의 제목과 내용 등)

다음 페이지로 넘어가 주시기 바랍니다. →

※ 본 평정에 앞서 본 연구의 개관과 목적에 대해 설명 드리겠습니다.

■ 연구의 개관

▸연구의 필요성

여성가족부가 실시한 조사에 따르면, 사회적 차별을 경험한 다문화가정 청소년의 비율은 2009년 36.4%에서 41.3%로 증가하였고, 또래로부터 폭력을 경험한 다문화가정 청소년 또한 약 63%에 달하는 것으로 나타났습니다. 이러한 사회적 차별은 다문화가정 청소년들이 자아상을 확립하고 이후 건강한 성인으로 성장하는데 있어서 부정적인 영향을 미치기 때문에 "외상 사건"의 하나로 간주될 수 있습니다. 그러나 국내 문헌들에서는 다문화가정 청소년이 경험하는 사회적 차별을 외상 사건으로 인식하지 않고 있을 뿐 아니라 그로 인한 증상에 주목하지 않고 있어, 사회적 차별로 인해 경험하는 심리적 어려움을 해소할 수 있는 구체적인 도움을 제공하지 못하고 있는 실정입니다. 더욱이, 외상 사건을 경험한 사람들의 경우 외상으로 인한 심리적인 어려움을 극복하고 그 이전보다 더 성장할 가능성이 있는데, 기존 문헌들에서는 사회적 차별 경험을 부정적으로만 바라보고 있기 때문에 외상 사건으로서의 사회적 차별 경험에 대한 포괄적인 이해를 제공하는데 한계를 지니고 있습니다. 따라서 본 연구에서는 사회적 차별과 관련된 외상이나 스트레스를 경험하더라도 이로부터 회복하는 과정에 있거나 이전보다 더 성장한 다문화가정 청소년들을 대상으로 이들의 개인적인 특성과 보호요인을 도출해 사회적 차별을 경험하고 이로 인해 힘들어 하는 다문화가정 청소년들의 적응을 돕는 데 유용한 시사점을 제공할 것입니다.

▸연구의 목적

본 연구에서는 다문화가정 청소년들이 사회적 차별로 인해 경험한 심리적 어려움 및 고통을 외상 경험으로 정의하고, 실제 사회적 차별로 인한 외상으로부터 회복의 과정에 있거나 회복된 경험이 있는 다문화 청소년을 대상으로 심층 면접을 실시하여 사회적 차별 관련 회복 및 성장에 대한 생생한 목소리를 듣고자 합니다. 구체적인 연구 목적과 문제는 다음과 같습니다.

연구 목적 1. 국내 출생 다문화가정 청소년들이 한국사회에서 경험하는 외상 사건으로서의 사회적 차별과 관련 증상을 살펴보고자 한다.

연구 문제 1) 국내 출생 다문화가정 청소년들은 어떤 종류의 사회적 차별 사건으로 인해 외상 증상을 경험하는가?

연구 문제 2) 사회적 차별로 인해 국내 출생 다문화가정 청소년들은 어떤 증상을 나타내는가? (예, 인지, 정서, 행동, 대인관계, 학교생활 등)

연구 목적 2. 국내 출생 다문화가정 청소년들이 어떤 측면에서 사회적 차별로부터 회복되었고, 이에 영향을 미치는 요인은 무엇인지 살펴보고자 한다.

연구 문제 3) 국내 출생 다문화가정 청소년들은 사회적 차별 경험 이후 어떤 측면에서 회복되었는가?

연구 문제 4) 국내 출생 다문화가정 청소년들이 사회적 차별을 경험한 후 회복되는 과정에서 영향을 미친 요인은 무엇인가?

연구 목적 3. 국내 출생 다문화가정 청소년들이 사회적 차별과 관련된 외상 사건을 경험한 후 성장한 내용 및 영역, 이러한 성장에 영향을 미치는 요인을 살펴보고자 한다.

연구 문제 5) 국내 출생 다문화가정 청소년들은 사회적 차별을 경험한 후 어떤 측면에서 성장하였는가?

연구 문제 6) 국내 출생 다문화가정 청소년들이 사회적 차별을 경험한 후 성장하는 데 있어서 영향을 미친 요인은 무엇인가?

■ **본 연구에서의 다문화가정 청소년, 사회적 차별, 외상 사건, 회복, 성장에 대한 정의**

▸ 다문화가정 청소년

본 연구에서는 한쪽 부모가 출생 시 외국인인 가정의 2세 중 현재 만 13세 이상 만 18세 이하의 국내 출생 청소년을 다문화가정 청소년으로 정의하였습니다(법제처, 2011)

▸ 사회적 차별

본 연구에서 "사회적 차별"이란 사회체제 내에서 가해자-피해자의 형태로 나타나고 약자의 지속적인 피해 경험을 포함하는 차별(Bryant-Davis & Ocampo, 2005)로 구체적으로는 직접적 차별(신체적 공격, 언어적 공격, 고정관념을 바탕으로 한 대우, 범죄자로 가정함), 간접적 차별(배제, 접근의 어려움, 정보의 제한, 기만당함), 제도적 차별(자격에 대한 의문) 등을 포함합니다(Carter, 2007).

▸ 외상 사건

본 연구에서 "외상 사건"이란 자신 및 타인의 생명과 신체적 안전을 위협하고, 자기개념 및 관계패턴, 대응기제 및 대처능력 등을 위협하는 것으로 인식되는 사건으로 정의하였고, '외상 증상'은 이로 인한 부정적 상태로 정의하였습니다(서영석 등, 2012).

▸ 외상 회복

본 연구에서 "외상 회복"이란 사회적 차별 경험으로 인한 부정적 상태(심리 · 정서적 외상)에서 원하였던 본래의 상태로 다시 복원이 된 것으로 정의하였습니다(Harvey, 1996, 2003). 본 연구에서는 외상에 대한 회복을 완결의 의미가 아닌 삶 전반에 걸쳐서 지속적으로 일어나는 역동적인 과정으로 보고자 합니다(Banyard & Williams, 2007). 따라서 Harvey(1996)가 제시한 여덟 가지 외상 회복의 기준 중 한 가지 이상을 충족할 경우 사회적 차별 피해 경험으로부터 회복되었다고 가정할 것입니다. (1) 외상 사건을 회상하고 기억해 낼 수 있는가, (2) 외상 사건이 그에 대한 감정과 함께 상기되는가, 과거 사건에 대한 현재의 감정도 인지할 수 있는가, (3) 외상 사건에 더 이상 압도당하지 않고 방어적인 무감각이나 분리 없이, 외상 사건과 관련된 감정을 느끼고, 명명하고, 견뎌낼 수 있는가, (4) 외상으로 인해 지속되는 증상이 비교적 줄어들거나 증상을 더 잘 다룰 수 있는가, (5) 자기존중감이 복구되었는가(죄책감 또는 수치심을 느끼거나 자기 비난하기를 멈추고 자신을 돌볼 가치가 있는 존재로 여기에 되었는가), (6) 자기통합감이 복구되었는가(자신에 대해 더 조화롭고 통합되게 느끼는가), (7) 관계적 능력이 복구되었는가(고립에서 벗어나 신뢰와 애착 능력을 되찾았는가), (8) 외상 경험에 새로운 의미를 부여하는가.

▸ 외상 후 성장

본 연구에서 "외상 후 성장"이란 사회적 차별과 관련된 사건으로 인한 외상 증상에서 사건 경험 이전보다 특정 영역(자아상 또는 대인관계의 변화, 새로운 삶의 가치관 형성 등)에서 더 향상된 긍정적 변화가 있는 것으로 정의하였습니다(Calhoun & Tedeschi, 1999). 외상 사건의 종류에 따라서 성장의 내용과 영역이 다르지만, Tedeschi와 Calhoun(1996)은 여러 선행연구를 종합하여 다음과 같은 다섯 가지 성장 영역을 제시하였습니다. (1) 다른 사람들과의 연결성: 나눔, 소속감, (2) 새로운 가능성: 새로운 흥미, 새로운 기회, 변화를 위한 노력, (3) 개인적 강인성: 자기 신뢰, 역경에 대한 조절력, (4) 영성 변화: 영적 문제에 대한 이해, 종교적 믿음, (5) 삶에 대한 이해: 삶의 우선순위, 삶에 대한 감사. 본 연구에서는 제시한 다섯 가지 성장 영역 이외에도 다문화가정 청소년이 사회적 차별 경험 이전보다 더 긍정적이고 높은 수준으로 변화된 측면을 하나 이상 보고할 경우 성장한 것으로 간주할 것입니다.

■ 연구 절차 및 방법

본 연구에서는 사회적 차별로 인해 심리적 어려움을 경험하고 이로부터 회복되었거나 회복 과정 중에 있다고 인지하고 있는 다문화가정 청소년(중, 고등학생 남녀 각 20명씩) 총 40명으로부터 자료를 수집할 예정입니다. 이를 위해, 본 연구에서는 사전 면접을 통해 연구 목적에 적절한 연구 참여자를 선별하여 심층 면접을 진행할 예정입니다. 사전 면접에서는 다음의 기준을 바탕으로 최종 연구 참여자를 선별할 예정입니다.

첫째, 다문화가정 청소년으로서 사회적 차별을 경험 하였다.
둘째, 사회적 차별로 인해서 인지, 행동, 정서, 대인관계, 학교 측면에서 외상을 겪었다.
셋째, 사회적 차별로 인해 겪은 외상으로부터 현재 회복되었거나 회복의 과정에 있다.

본 연구팀은 사전 면접에서 1) 사회적 차별 경험 여부, 2) 사회적 차별로 인한 외상 증상 경험 여부, 3) 사회적 차별로 인한 외상 증상으로부터 회복 여부에 대한 정보를 수집하기 위해 기존의 문헌들에서 사용된 설문지를 다문화가정 청소년에 적합하게 수정하여 사용할 예정입니다. 구체적으로 1) 사회적 차별 경험 여부를 알아보기 위해 Carter(2007)이 제안한 차별의 종류를 다문화가정 청소년에 맞게 제작하였습니다. 2) 사회적 차별로 인한 외상 증상 경험 여부와 3) 사회적 차별로 인한 외상 증상으로부터회복 여부를 알아보기 위해 복합외상 후 스트레스(Com plex PTSD Interview; Ouimette et al., 1996)의 양계령(2008), 이지민과 홍창희(2008)의 번안을 참고하여 본 연구의 대상인 다문화가정 청소년에 맞게 제작하였습니다.

심층 면접에서는 사전 면접을 바탕으로 선별된 최종 연구 참여자들로부터 1) 외상 증상을 유발한 사회적 차별 사건, 2) 사회적 차별 경험으로 인한 외상 증상, 3) 외상 증상으로부터의 회복 양상 및 이에 미친 영향 요인, 4) 외상 증상으로부터의 성장 양상 및 이에 영향을 미친 요인에 대한 정보를 수집할 예정입니다. 이를 위해, **본 연구팀에서는 사전 면접에서 사용된 설문과는 달리 심층 면접에서 사용된 설문지와 면접지를 선행연구들을 바탕으로 연구 목적과 문제에 맞춰 제작하였습니다.** 따라서 전문가 여러분들로부터 면접지가 본 연구 목적에 적절한지, 본 연구의 참여자에게 적절한지 여부 등을 검토 받아야할 필요가 있다고 판단하였습니다.

■ **전문가 의뢰사항**

본 연구팀은 사회적 차별 사건 및 이로 인한 외상 후 스트레스, 외상 회복 및 외상 후 성장과 관련된 선행연구들을 토대로 심층 면접질문을 구성하였습니다. 전문가께서는 **심층 면접지의 질문 내용**이 전체 연구 목적에 부합하는지, 질문의 표현이나 면접 구성 방식은 적절한 지, 사전 면접을 통해 선발한 연구 참여자들에게 적절한지 등에 대해 전문가 평정을 요청 드립니다. 연구에 대한 전반적인 이해를 바탕으로 평정을 실시해 주시길 부탁드립니다.

평정리스트는 다음 페이지에 있습니다. →

※ 심층 면접지를 보면서 아래에 제시된 각 문항에 대해 응답해 주시기 바랍니다.

〈 전문가 평정 리스트 〉

※ 각 문항에 대해 1점부터 5점까지 해당되는 곳에 표시해 주시기 바랍니다.
(1점: 전혀 그렇지 않다 / 2점: 그렇지 않다 / 3점: 보통이다 / 4점: 그렇다 / 5점: 매우 그렇다)

<table>
<tr><th colspan="3">차별 사건 및 외상 증상 (1-3쪽)</th></tr>
<tr><td>1</td><td colspan="2">1쪽에는 외상 증상을 유발한 사회적 차별 사건을 구체적으로 탐색하는 질문들이 제시되어 있습니다. 이는 아래의 연구 목적 1의 연구 문제 1)을 달성하기 위한 것으로 심층 면접질문지의 [영역 1]의 [지시문]과 1-1번~1-6번의 각 질문들이 그 목적에 잘 부합된다고 생각하십니까?

연구 목적 1. 국내 출생 다문화가정 청소년들이 한국사회에서 경험하는 외상 사건으로서의 사회적 차별과 관련 증상을 살펴보고자 한다.
연구 문제 1) 국내 출생 다문화가정 청소년들은 어떤 종류의 사회적 차별 사건으로 인해 외상 증상을 경험하는가?</td></tr>
<tr><td colspan="2">1점: 전혀 그렇지 않다 ~ 5점: 매우 그렇다</td><td>1---------2---------3---------4----------5</td></tr>
<tr><td colspan="3">3점 미만에 표시하였다면, 구체적인 이유를 기술해 주시고 이를 보완할 수 있는 방법이 있다면 제안을 부탁드립니다.</td></tr>
<tr><td colspan="3">1. 구체적인 이유</td></tr>
<tr><td colspan="3">2. 이를 보완할 수 있는 방법</td></tr>
<tr><td>2</td><td colspan="2">2쪽에는 사회적 차별을 경험한 이후의 외상 증상을 묻는 질문들이 제시되어 있습니다. 이는 아래의 연구 목적 1의 연구 문제 2)를 달성하기 위한 것으로 심층 면접지의 [영역 2]의 [지시문]과 2-1번~2-6번의 각 질문들이 이러한 목적에 잘 부합된다고 생각하십니까?

연구 목적 1. 국내 출생 다문화가정 청소년들이 한국사회에서 경험하는 외상 사건으로서의 사회적 차별과 관련 증상을 살펴보고자 한다.
연구 문제 2) 사회적 차별로 인해 국내 출생 다문화가정 청소년들은 어떤 증상을 나타내는가? (예, 인지, 정서, 행동, 대인관계, 학교생활 등)</td></tr>
<tr><td colspan="2">1점: 전혀 그렇지 않다 ~ 5점: 매우 그렇다</td><td>1---------2---------3---------4----------5</td></tr>
<tr><td colspan="3">3점 미만에 표시하였다면, 구체적인 이유를 기술해 주시고 이를 보완할 수 있는 방법이 있다면 제안을 부탁드립니다.</td></tr>
<tr><td colspan="3">1. 구체적인 이유</td></tr>
<tr><td colspan="3">2. 이를 보완할 수 있는 방법</td></tr>
</table>

<table>
<tr><td>3</td><td colspan="2">3쪽에는 다문화가정 청소년들이 차별로 인해서 경험한 심리적 어려움을 원활하게 보고할 수 있도록 제작한 활동지1. <외상 증상 리스트>가 제시되어 있습니다. 이 활동지의 활용 및 그 내용이 적절하다고 생각하십니까?</td></tr>
<tr><td colspan="2">1점: 전혀 그렇지 않다 ~ 5점: 매우 그렇다</td><td>1---------2---------3---------4----------5</td></tr>
<tr><td colspan="3">3점 미만에 표시하였다면, 구체적인 이유를 기술해 주시고 이를 보완할 수 있는 방법이 있다면 제안을 부탁드립니다.</td></tr>
<tr><td colspan="3">1. 구체적인 이유</td></tr>
<tr><td colspan="3">2. 이를 보완할 수 있는 방법</td></tr>
<tr><td colspan="3">다문화가정 청소년들이 면접에 더 흥미를 갖고 집중할 수 있고, 차별로 인한 외상 증상을 원활히 설명하기 위해 위와 같은 활동지 이외에 어떠한 도구나 방법을 활용하면 좋을지에 대한 조언을 부탁드립니다.</td></tr>
<tr><th colspan="3">외상 회복 양상 및 회복에 영향을 미친 요인 (4-6쪽)</th></tr>
<tr><td>4</td><td colspan="2">4쪽에는 사회적 차별로 인해 경험한 외상으로부터의 회복 양상이 무엇이었는지를 알아보고자 질문을 구성하였습니다. 이는 아래의 연구 목적 2의 연구 문제 1)을 달성하기 위한 것으로 심층 면접지의 [영역 3]의 [지시문]과 3-1번의 각 질문들이 이러한 목적에 잘 부합된다고 생각하십니까? (세부 질문들도 함께 검토 부탁드립니다)

연구 목적 2. 국내 출생 다문화가정 청소년들이 어떤 측면에서 사회적 차별로부터 회복되었고, 이에 영향을 미치는 요인은 무엇인지 살펴보고자 한다.
연구 문제 3) 국내 출생 다문화가정 청소년들은 사회적 차별 경험 이후 어떤 측면에서 회복되었는가?</td></tr>
<tr><td colspan="2">1점: 전혀 그렇지 않다 ~ 5점: 매우 그렇다</td><td>1---------2---------3---------4----------5</td></tr>
<tr><td colspan="3">3점 미만에 표시하였다면, 구체적인 이유를 기술해 주시고 이를 보완할 수 있는 방법이 있다면 제안을 부탁드립니다.</td></tr>
<tr><td colspan="3">1. 구체적인 이유</td></tr>
<tr><td colspan="3">2. 이를 보완할 수 있는 방법</td></tr>
<tr><td>5</td><td colspan="2">4쪽에는 외상으로부터의 회복에 영향을 미친 요인이 무엇이었는지를 알아보고자 질문을 구성하였습니다. 이는 아래의 연구 목적 2의 연구 문제 4)을 달성하기 위한 것으로 심층 면접지의 3-2번의 각 질문들이 이러한 목적에 잘 부합된다고 생각하십니까? (세부 질문들도 함께 검토 부탁드립니다)

연구 목적 2. 국내 출생 다문화가정 청소년들이 어떤 측면에서 사회적 차별로부터 회복되었고, 이에 영향을 미치는 요인은 무엇인지 살펴보고자 한다.
연구 문제 4) 국내 출생 다문화가정 청소년들이 사회적 차별을 경험한 후 회복되는 과정에서 영향을 미친 요인은 무엇인가?</td></tr>
</table>

<table>
<tr><td colspan="2">1점: 전혀 그렇지 않다 ~ 5점: 매우 그렇다</td><td>1---------2---------3---------4----------5</td></tr>
<tr><td colspan="3">3점 미만에 표시하였다면, 구체적인 이유를 기술해 주시고 이를 보완할 수 있는 방법이 있다면 제안을 부탁드립니다.</td></tr>
<tr><td colspan="3">1. 구체적인 이유</td></tr>
<tr><td colspan="3">2. 이를 보완할 수 있는 방법</td></tr>
<tr><td>6</td><td colspan="2">5-6쪽에는 다문화가정 청소년들이 외상 증상, 회복, 성장을 쉽게 이해하도록 돕기 위해 제작한 활동지 2-1과 활동지 2-2 <외상, 회복, 성장 그림>이 제시되어 있습니다. 본 그림에서 회복에 대한 설명이 적절하다고 생각하십니까?</td></tr>
<tr><td colspan="2">1점 : 전혀 그렇지 않다 ~ 5점: 매우 그렇다</td><td>1---------2---------3---------4----------5</td></tr>
<tr><td colspan="3">3점 미만에 표시하였다면, 구체적인 이유를 기술해 주시고 이를 보완할 수 있는 방법이 있다면 제안을 부탁드립니다.</td></tr>
<tr><td colspan="3">1. 구체적인 이유</td></tr>
<tr><td colspan="3">2. 이를 보완할 수 있는 방법</td></tr>
<tr><td colspan="3">다문화가정 청소년들이 외상으로부터의 회복을 이해할 수 있도록 도움이 되기 위해서는 이러한 활동지 이외에 어떠한 도구나 방법을 활용하면 좋을지에 대한 조언을 부탁드립니다.</td></tr>
<tr><th colspan="3">외상 후 성장 양상 및 영향 요인 (5-9쪽)</th></tr>
<tr><td>7</td><td colspan="2">5-6쪽에는 다문화가정 청소년들이 외상 증상, 회복, 성장을 쉽게 이해하도록 돕기 위해 제작한 활동지 2-1과 활동지 2-2 <외상, 회복, 성장 그림>이 제시되어 있습니다. 본 그림에서 성장을 다이아몬드 또는 진주로 설명한 것이 적절하다고 생각하십니까?</td></tr>
<tr><td colspan="2">1점: 전혀 그렇지 않다 ~ 5점: 매우 그렇다</td><td>1---------2---------3---------4----------5</td></tr>
<tr><td colspan="3">3점 미만에 표시하였다면, 구체적인 이유를 기술해 주시고 이를 보완할 수 있는 방법이 있다면 제안을 부탁드립니다.</td></tr>
<tr><td colspan="3">1. 구체적인 이유</td></tr>
<tr><td colspan="3">2. 이를 보완할 수 있는 방법</td></tr>
<tr><td colspan="3">다문화가정 청소년들이 성장의 개념을 이해할 수 있도록 도움이 되기 위해서는 이러한 활동지 이외에 어떠한 도구나 방법을 활용하면 좋을지에 대한 조언을 부탁드립니다.</td></tr>
<tr><td>8</td><td colspan="2">7쪽에는 외상 후 성장 양상을 확인하는 질문들로 이루어져 있습니다. 이는 아래의 연구 목적 3의 연구 문제 5)를 달성하기 위한 것으로 [영역 4]의 [지시문]과 4-1번~4-6번의 각 질문들이 이러한 목적에 잘 부합된다고 생각하십니까?

연구 목적 3. 국내 출생 다문화가정 청소년들이 사회적 차별과 관련된 외상 사건을 경험한 후 성장한 내용 및 영역, 이러한 성장에 영향을 미치는 요인을 살펴보고자 한다.
연구 문제 5) 국내 출생 다문화가정 청소년들은 사회적 차별을 경험한 후 어떤 측면에서 성장하였는가?</td></tr>
</table>

<table>
<tr><td colspan="2">1점: 전혀 그렇지 않다 ~ 5점: 매우 그렇다</td><td>1---------2---------3---------4----------5</td></tr>
<tr><td colspan="3">3점 미만에 표시하였다면, 구체적인 이유를 기술해 주시고 이를 보완할 수 있는 방법이 있다면 제안을 부탁드립니다.</td></tr>
<tr><td colspan="3">1. 구체적인 이유</td></tr>
<tr><td colspan="3">2. 이를 보완할 수 있는 방법</td></tr>
<tr><td>9</td><td colspan="2">8쪽에는 다문화가정 청소년들이 차별로 인해서 경험한 심리적 어려움으로부터 성장한 모습을 원활하게 묘사할 수 있도록 제작된 <u>활동지 3 <외상 후 성장 목록></u>이 제시되어있습니다. 이러한 목적을 달성하기 위해 이 활동지의 활용 및 내용이 적절하다고 생각하십니까?</td></tr>
<tr><td colspan="2">1점 : 전혀 그렇지 않다 ~ 5점: 매우 그렇다</td><td>1---------2---------3---------4----------5</td></tr>
<tr><td colspan="3">3점 미만에 표시하였다면, 구체적인 이유를 기술해 주시고 이를 보완할 수 있는 방법이 있다면 제안을 부탁드립니다.</td></tr>
<tr><td colspan="3">1. 구체적인 이유</td></tr>
<tr><td colspan="3">2. 이를 보완할 수 있는 방법</td></tr>
<tr><td colspan="3">다문화가정 청소년들이 차별로 인해서 경험한 심리적 어려움으로부터 성장한 모습을 원활하게 묘사할 수 있도록 도움이 되기 위해서는 이러한 활동지 이외에 어떠한 도구나 방법을 활용하면 좋을지에 대한 조언을 부탁드립니다.</td></tr>
<tr><td>10</td><td colspan="2">9쪽에는 외상 후 성장에 영향을 미친 요인들이 무엇인지를 탐색하는 질문들로 이루어져 있습니다. 이는 아래의 연구 목적 3의 연구 문제 6)을 달성하기 위한 것으로[영역 5]의 [지시문]과 5-1번~5-4번의 각 질문들이 이러한 목적에 잘 부합된다고 생각하십니까?

연구 목적 3. 국내 출생 다문화가정 청소년들이 사회적 차별과 관련된 외상 사건을 경험한 후 성장한 내용 및 영역, 이러한 성장에 영향을 미치는 요인을 살펴보고자 한다.
연구 문제 6) 국내 출생 다문화가정 청소년들이 사회적 차별을 경험한 후 성장하는 데 있어서 영향을 미친 요인은 무엇인가?</td></tr>
<tr><td colspan="2">1점: 전혀 그렇지 않다 ~ 5점: 매우 그렇다</td><td>1---------2---------3---------4----------5</td></tr>
<tr><td colspan="3">3점 미만에 표시하였다면, 구체적인 이유를 기술해 주시고 이를 보완할 수 있는 방법이 있다면 제안을 부탁드립니다.</td></tr>
<tr><td colspan="3">1. 구체적인 이유</td></tr>
<tr><td colspan="3">2. 이를 보완할 수 있는 방법</td></tr>
</table>

<table>
<tr><th colspan="3">마무리 (9쪽)</th></tr>
<tr><td>11</td><td colspan="2">[마무리] 부분에 제시된 질문들이 면접을 정리하고 마무리하는데 적절하다고 생각하십니까? (6-1, 6-2, 6-3번)</td></tr>
<tr><td colspan="2">1점: 전혀 그렇지 않다 ~ 5점: 매우 그렇다</td><td>1---------2---------3---------4----------5</td></tr>
<tr><td colspan="3">3점 미만에 표시하였다면, 구체적인 이유를 기술해 주시고 이를 보완할 수 있는 방법이 있다면 제안을 부탁드립니다.</td></tr>
<tr><td colspan="3">1. 구체적인 이유</td></tr>
<tr><td colspan="3">2. 이를 보완할 수 있는 방법</td></tr>
<tr><th colspan="3">질문의 가독성</th></tr>
<tr><td>12</td><td colspan="2">질문 내용은 다문화가정 중, 고등학생들이 충분히 이해할 수 있을 정도로 쉽게 기술되었습니까? 어렵게 느껴지신다면, 어떤 질문을 어떻게 물어보는 것이 좋을지 조언해 주시길 부탁드립니다.</td></tr>
<tr><td colspan="2">1점: 전혀 그렇지 않다 ~ 5점: 매우 그렇다</td><td>1---------2---------3---------4----------5</td></tr>
<tr><td colspan="3">3점 미만에 표시하였다면, 구체적인 이유를 기술해 주시고 이를 보완할 수 있는 방법이 있다면 제안을 부탁드립니다.</td></tr>
<tr><td colspan="3">1. 구체적인 이유</td></tr>
<tr><td colspan="3">2. 이를 보완할 수 있는 방법</td></tr>
<tr><th colspan="3">연구 윤리</th></tr>
<tr><td>12</td><td colspan="2">연구 윤리에 위배되는 질문이나 표현이 있습니까(예: 연구 참여자의 심리적 상처를 극대화 할 수 있는 질문이나 표현 등)?</td></tr>
<tr><td colspan="2">1점: 전혀 그렇지 않다 ~ 5점: 매우 그렇다</td><td>1---------2---------3---------4----------5</td></tr>
<tr><td colspan="3">3점 미만에 표시하였다면, 구체적인 이유를 기술해 주시고 이를 보완할 수 있는 방법이 있다면 제안을 부탁드립니다.</td></tr>
<tr><td colspan="3">1. 구체적인 이유</td></tr>
<tr><td colspan="3">2. 이를 보완할 수 있는 방법</td></tr>
</table>

※ 지금까지 평정하고 조언해주신 것 이외에 덧붙이고 싶으신 의견이 있으시면 자유롭게 기술해 주시기 바랍니다.

[부록 2-1] 사전 면접지(면접자용)

현대아산사회복지재단 학술연구

사전 면접지

[면접자용]

1. 사전 면접의 목적

1) 사회적 차별을 경험한 적이 있고, 2) 사회적 차별로 인한 외상 증상을 겪었으며, 3) 사회적 차별로 인한 외상 증상으로부터 회복되었거나 회복 과정 중에 있는 다문화가정 청소년을 선별하기 위해 사전 면접을 실시합니다.

2. 면접 대상자 평가

[지시문]

연구 목적에 대한 설명 및 감사 표현

공부하느냐고 바쁠 텐데 이렇게 시간 내주어서 고마워요. 제 이름은 □□□이고 대학교에서 상담을 공부하고 있어요. 상담은 마음이 힘들거나 다친 아이들이 다시 건강하고 행복해질 수 있도록 돕는 일이구요. 오늘은 OO가 다문화가정 청소년이라는 이유(엄마나 아빠가 다른 나라에서 태어났기 때문에)로 겪었던 차별(다른 친구들과 다르게 대우 받음)과 힘들었던 점에 대해서 이야기를 해보려고 해요. 그리고 만약에 이제는 더 이상 힘들지 않게 되었다면 어떻게 해서 그렇게 되었는지를 이야기 해볼 거예요. OO가 해준 이야기를 통해서 앞으로 OO와 비슷한 힘든 일을 겪는 친구들에게도 도움이 될 수 있을 거예요.

녹음에 대한 허락

시작하기 전에, 제가 OO가 하는 이야기를 전부 다 기억할 수는 없을 것 같아요. 그래서 녹음을 하는 것이 꼭 필요해요. [동의서 녹음 부분을 읽어줌]

연구대상자의 위험과 이득에 대한 설명

이제부터 선생님이 몇 가지 질문들을 할 건데 생각이 나는 대로 편안하게 이야기 해주면 되요. 이야기하다가 혹시 힘들어 질 수도 있어요. 그러면 언제든지 그만하거나 잠시 쉬었다가 하자고 이야기하면 돼요.

1) 다문화 청소년으로서 차별을 경험하였는가?

[지시문]
[※ 사전 면접 활동지1. 차별경험 체크리스트 제공] 여기에 다문화가정 청소년이기 때문에 주변의 친구들과 다르다는 이유로 지금까지 살아오면서 경험할 수 있는 차별이 제시되어 있어요. 직접 경험하거나 목격한 차별 경험이 있다면 모두 표시해주세요(만약 연구 참여자에게 외상적으로 기능하였다면, 미디어를 통해 목격한 것도 차별 경험에 포함시킬 수 있다). 그리고 빈 칸에는 그 경험을 하였을 당시의 연령도 써주세요. (차별을 경험할 당시 연령을 확인하고) 지금도 이 차별을 경험하고 있나요? 이 경험에 대해 구체적으로 얘기해줄 수 있겠어요?

Cf. 평가 방법
※ 사전 면접 활동지1. 차별경험 체크리스트를 통해 수집된 정보를 바탕으로 평가함. 만약 위의 두 문항에 모두 "아니다"로 응답하였을 경우 심층 면접을 진행하기 어려울 가능성이 높을 것으로 사료됨

	그렇다	아니다
다문화가정 청소년으로서 사회적 차별을 경험하였는가?		
반복적이고 지속적으로 사회적 차별을 경험하였는가?		

엄마(아빠)가 한국에서 태어나지 않은 다문화가정에서 태어나 자랐기 때문에 부모가 모두 한국에서 태어난 친구들과는 다른 경험을 하였을 것 같아요. 그 중에서는 좋은 경험도 있었겠지만, 다른 친구들과 다르다는 이유로 공정하지 않은 대우를 받기도 하였을 텐데 먼저 어떤 차별을 경험하였는지 이야기를 해보도록 해요. '차별'이란 단어의 뜻에 대해서는 알고 있나요? 차별이 어떤 것이라고 생각하나요? [만약 연구 참여자가 차별의 뜻을 잘 이해하지 못하거나 그 예를 잘 생각해내지 못한다면, 차별 관련 동화(양양이와 강강이; 이경혜, 2006)을 보여줌. 연구자의 조작적 정의와 일치하고 앞으로의 질문을 이해할 수 있는 대상자인지 판단함]

♠ 조작적 정의
다문화가정 청소년: 부모 중 한명이 외국에서 태어났으며, 만 13세 이상 18세 이하인 국내 출생 청소년(법제처, 2011).
사회적 차별: 사회체제 내에서 가해자-피해자의 형태로 나타나고 약자의 지속적인 피해 경험을 포함하는 차별(Bryant-Davis & Ocampo, 2005)로 구체적으로는 직접적 차별(신체적 공격, 언어적 공격, 고정관념을 바탕으로 한 대우, 범죄자로 가정함), 간접적 차별(배제, 접근의 어려움, 정보의 제한, 기만당함), 제도적 차별(자격에 대한 의문) 등을 포함합니다(Carter, 2007).

2) 경험한 차별로 인해서 외상 후 스트레스를 경험하였는가?

[지시문]
설문지를 통해 지금까지 살아오면서 어떤 차별을 겪었는지 기억을 떠올려 보았어요. [※사전 면접 활동지2. 차별로 겪은 어려움리스트의 오른편에 있는 '지금은?'을 가린 후]여기 보면 차별을 겪고 나서 어떤 어려움이 있었는지 표시할 수 있어요. 일단 맨 왼쪽에 있는 것을 읽어보면, 구체적으로 어떤 부분이 힘들었는지 다른 사람들이 얘기해준 거예요. 그 다음, 오른쪽 부분을 보면 이러한 어려움들이 차별을 겪었을 그 당시에는 얼마만큼 힘들었는지 표시할 수 있어요. OO가 차별을 겪었을 때 너무 힘들었던 것은 100점, 전혀 안 힘들었던 것은 0점에 표시해주세요.
[공감반응] 지금까지 이야기를 들어보니 그때 참 억울하고 힘들었을 것 같아요. [가린 것을 내리고 '지금은?'이 보이도록 한 후] 그럼 표시하였던 것들이 지금은 어떤지 맨 오른쪽 부분에도 똑같이 0점에서 100점사이로 표시해주세요(앞서 차별경험을 물어보았을 때, 시점이 1년 이내인 경우 오른쪽 부분인 "지금은?"만 표시하게 한다.).

Cf. 평가 방법
사전 면접지의 전체 영역을 통해 수집된 정보를 바탕으로 평가함. 만약 차별을 겪었을 때 에 해당하는 모든 문항들의 점수의 평균이 25점 이하일 경우 심층`면접을 진행하기 어려울 가능성이 높을 것으로 사료됨

♠ 조작적 정의
외상 후 스트레스: 자신 및 타인의 생명과 신체적 안전을 위협하고, 자기개념 및 관계패턴, 대응기제 및 대처능력 등을 위협하는 것으로 인식되는 사건으로 인한 부정적 상태를 의미한다(서영석 등, 2012) 사전 면접에서 사용된 문항들은 Complex PTSD Interview; CPTSD-I(Ouimette et al., 1996)를 번안한 양계령(2008)과 이지민과 홍창희(2008)를 참고하여 대상에 맞게 수정하였다.

3) 외상 후 스트레스로부터 회복되었는가?

	그렇다	아니다
외상 사건을 포함한 고통스러운 사건을 명료하게 중요한 것들을 회상할 수 있는가? ("차별로 겪은 어려움 리스트" 전반적으로 참고)		
외상 사건에 대해 압도되지 않고 현재의 감정을 인식할 수 있는가? ("차별로 겪은 어려움 리스트"의 1~8번 문항)		
외상으로 인한 증상이 비교적 줄어들거나 증상을 더 잘 다룰 수 있는가? ("차별로 겪은 어려움 리스트"의 9~10번 문항)		
자기존중감이 복구되었는가? (죄책감 또는 수치심을 느끼거나 자기 비난하기를 멈추었는가?) ("차별로 겪은 어려움 리스트"의 11번 문항)		
대인관계에서의 어려움이 줄어들거나 변화하였는가? ("차별로 겪은 어려움 리스트"의 12~13번 문항)		
외상 경험에 새로운 의미를 부여하게 되었는가? ("차별로 겪은 어려움 리스트"의 14번 문항)		

Cf. 평가 방법
사전 면접지의 전체 문항을 통해 수집된 정보를 바탕으로 평가함. 사전 면접지의 모든 문항들에 있어서 현재와 차별을 겪었을 때의 점수 차이를 바탕으로 위의 회복 영역 6개를 면접자가 평정함(현재-차별 겼었을 때 = 0점 → 아니다, 25점 이상 → 그렇다). 모두 '아니다'라고 판단될 경우 심층 면접을 진행하기 어려울 가능성이 높을 것으로 사료됨.

♠ 조작적 정의
외상 회복: 외상 회복은 단순히 외상 사건의 중단이나 외상으로 인한 증상이 사라지는 것이 아니라, 심리·정서적으로 더 이상 외상 경험에 압도당하지 않고 지속되는 증상을 조절하며 외상 경험의 의미를 이해할 수 있는 상태를 의미함(Harvey, 2003).
사전 면접에서 사용된 문항들은 Harvey(2003)의 8가지 회복 기준 중 (2) "외상 사건이 그에 대한 감정과 함께 상기되는가, 과거 사건에 대한 현재의 감정도 인지할 수 있는가" 와 (3)"외상 사건에 더 이상 압도당하지 않고 방어적인 무감각이나 분리 없이, 외상 사건과 관련된 감정을 느끼고, 명명하고, 견뎌낼 수 있는가"는 외상 후 스트레스의 "정서 및 충동조절 기능의 변화"에 해당되어 [영역 3]에 함께 포함시켰으며, (5) "자기존중감이 복구되었는가(죄책감 또는 수치심을 느끼거나 자기 비난하기를 멈추고 자신을 돌볼 가치가 있는 존재로 여기에 되었는가)"와 (6) "자기통합감이 복구되었는가(자신에 대해 더 조화롭고 통합되게 느끼는가)"는 외상 후 스트레스의 "자기인식의 변화"에 해당되어 [영역 5]에 함께 포함시켰다.

[부록 2-2-1] 사전 면접 활동지1. 차별경험 체크리스트

현대아산사회복지재단 학술연구

내가 경험하였던 차별

아래에는 다문화가정 청소년이기 때문에 주변의 친구들과 다르다는 이유로 지금까지 살아오면서 경험할 수 있는 차별이 제시되어 있습니다. 직접 경험하거나 목격한 차별 경험이 있다면 모두 표시해주세요. 그리고 아래에는 그 경험을 하였을 당시의 연령도 써주세요.

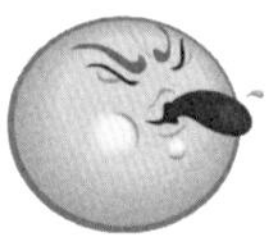 놀림을 받는다 당시연령:	 대화를 할 때 다문화가정 청소년에 대한 고정관념이 포함되어있다 당시연령:	 내가 다르게 생긴 것에 대해비난을 받는다 당시연령:
 인종차별이 포함된 농담을 듣는다 당시연령:	 잘못한 것이 없는데 이유없이 혼난다 당시연령:	 침을 뱉는다 당시연령:
 폭력 또는 위협을 한다 당시연령:	 내가 제시한 생각이나 의견이 무시당한다 당시연령:	 무시받는다 당시연령:
 이유 없이 더 오래 기다리게 한다 당시연령:	 어떤 장소에 들어갈 수 없게 한다 당시연령:	 '너는 이걸 이용할 수 없어'라는 얘기를 듣는다 당시연령:

 내가 하고 싶은 주어진 기회를 포기하라고 한다 당시연령:	 어떤 활동을 수행할 능력이 없다고 평가받는다 당시연령:	 가게에 들어가면 누군가 따라 붙어서 감시한다 당시연령:
 도둑으로 몰린다 당시연령:	 경찰이나 관리자가 들어오지 못하게 막는다. 당시연령:	 수색을 받는다 당시연령:
 자격이 있는지 질문받는다 당시연령:	 외국인으로 간주된다 당시연령:	 집단에 속할 수 없고, 혼자 남게 된다. 당시연령:
 물러서 있어야 한다 당시연령:	 물건을 사기위해 비용을 더 지불해야 한다 당시연령:	 내가 이룬 것(능력)을 인정받지 못한다 당시연령:

**Microsoft Powerpoint 2010의 무료 제공 클립아트를 활용하여 제작함.

**여기에는 위에서 표시한 사건들 중 가장 힘들었던 사건을 적어주세요.

(   )

[부록2-2-2] 사전 면접활동지2. 차별로 겪은 어려움 체크리스트

현대아산사회복지재단 학술연구

날짜: - - **차별로 인해 겪었던 어려움** 이름:_____

	내 모습	차별을 겪을 때					지금은?				
1	감정의 변화가 심하게 일어난다. "오늘 아침에는 기분이 좋았는데 금방 기분이 나빠졌어요"	0	25	50	75	100	0	25	50	75	100
2	갑자기 슬퍼진다.	0	25	50	75	100	0	25	50	75	100
3	심하게 불안해지고 우울해진다. "안절부절 못하고, 가만히 있지를 못하겠어요" "기분이 너무 안 좋아요"	0	25	50	75	100	0	25	50	75	100
4	화가 나서 참을 수 없다. "짜증이 나요."	0	25	50	75	100	0	25	50	75	100
5	내 몸에 일부러 상처를 낸 적이 있다. "칼로 손목을 그은 적이 있어요" "일부러 벽에다 머리를 박거나 주먹으로 책상을 친 적이 있어요"	0	25	50	75	100	0	25	50	75	100
6	실제로 자살시도를 하였다. "옥상에서 뛰어내리려고 난간에 올라간 적이 있어요" "자살 사이트를 검색했어요"	0	25	50	75	100	0	25	50	75	100
7	충동적으로 위험한 행동을 한다. "그냥 아무 생각 없이 술을 마신 적이 있어요" "그냥 괜히 펴보고 싶어서 담배를 핀 적이 있어요"	0	25	50	75	100	0	25	50	75	100

8	위험한 행동인줄 알면서 일부러 그 행동을 한다. "술을 마시면 안 되는 걸 알면서도 계속 술을 마셨어요" "훔치면 안 되는 것을 알면서도 훔쳤어요"	0	25	50	75	100	0	25	50	75	100
9	"그 때 기억이잘 나지 않아요" "수업이나 공부에 집중하기 힘들어졌어요"	0	25	50	75	100	0	25	50	75	100
10	"몸에 오랫동안 아픈 부위가 생겼어요" "가끔 몸이 저리고 마비가 오는 것 같아요" "소화가 잘 안돼요" "머리가 아파요"	0	25	50	75	100	0	25	50	75	100
11	"나는 아무것도 할 수 없는 사람이에요" "그때 괴롭힘을 당한 건 다 제 잘못이에요" "내가 부끄럽고 창피해요"	0	25	50	75	100	0	25	50	75	100
12	"믿을 사람이 아무도 없어졌어요" "친구를 오래 사귀기 힘들어졌어요" "새로운 친구를 사귀기가 어려워졌어요" "엄마 아빠에게 이야기하기가 어려워졌어요"	0	25	50	75	100	0	25	50	75	100
13	"나도 다른 사람을 똑같이 괴롭히고 싶어요" "그때 말고도 괴롭힘을 당한 적이 있어요"	0	25	50	75	100	0	25	50	75	100
14	"이제 기대할 것이 아무것도 없어요" "희망이 없어요" "소중하다고 믿었는데, 이제는 다 쓸 데 없어요"	0	25	50	75	100	0	25	50	75	100

※ 0점: 전혀 아니다. 25점: 약간 아니다. 50점: 보통이다. 75점: 약간 그렇다. 100점: 정말 그렇다.
참고: 차별을 겪을 때를 먼저 표시 한 후에, 차별을 겪을 때 점수를 가린 후 지금의 상태를 표시합니다.

[부록3-1] 심층 면접지(면접자용)

현대아산사회복지재단 학술연구

심층 면접지 [면접자용]

[지시문]
안녕하세요. 전 시간에는 ○○의 아버지의 국적이 ______이고, 어머니의 국적은 ______여서 ○○가 겪었던 경험이 무엇인지 간략히 알아보았어요, 어땠나요? [지금까지 과정이 어렵지는 않은지, 불편한 것이나 궁금한 것은 없는 지 확인] 지금부터는 ○○가 겪었던 차별과 어려움이 무엇인지, 그것을 어떻게 극복해 나아가고 있는지를 자세히 이야기해볼 텐데요. 힘들었던 일들을 자세히 이야기해줘야 하기 때문에 그 과정에서 ○○가 힘들어질 수도 있어요. 하지만 ○○가 겪었던 일과 그것을 어떻게 극복하였는지를 이야기해주면, 다른 비슷한 경험을 하고 있는 친구들이 ○○의 이야기를 통해 도움을 받을 수 있어요. 또, 만약 여기서 ○○가 힘들었던 것을 이야기해봄으로서 스스로 느꼈던 생각이나 느낌들을 정리해보는 기회를 가질 수 있구요. 그리고 선생님에게 ○○가 힘들었던 점들을 털어놓으면, 이제까지 ○○ 혼자서 짊어졌던 무겁고 슬픈 마음들을 여기다가 내려놓고 갈 수 있을 거에요. [지금 이야기를 듣고 기분이 어떤지, 인터뷰를 진행하는 것에 대해서 다시 확인함] 참여해줘서 고마워요.
이제 여러 질문들을 하고 그에 대해서 ○○가 자유롭게 대답해주면 되요. 질문이 이해가 가지 않는다면 언제든지 편하게 다시 물어보면 되고, 또 너무 이야기하기가 힘들거나 쉬는 시간이 필요하면 이야기해주면 되요. 다른 궁금한 점이 있으면 언제든지 물어봐도 되구요.
이제부터 시작할 텐데요. 첫 번째로는 어떤 차별(다른 친구들과 다르게 대우)을 경험 하였는지를 이야기할 것이고, 두 번째로는 그 경험으로부터 회복(제자리로 돌아온 것)한 것 같은지에 대해서 이야기를 하고, 세 번째로는 그 이후로 성장(더 좋은 경험)을 하였는지를 각각 세 영역으로 나누어서 물어보려고 해요.

[영역 1] 구체적인 차별 관련 외상 사건에 대한 탐색

[지시문]
지난번에 설문지(면접)를 통해 지금까지 살아오면서 어떤 차별을 겪었는지 기억을 떠올려 보았는데, 앞에서 표시하고 생각해봤던 차별 경험들 중에서 ○○를 가장 힘들게 하였던 사건에 대해 자세히 이야기해보려고 해요 [참여자가 자세하게 가장 힘들었던 사회적 차별 경험을 말할 수 있도록 한다. 참여자가 상황설명을 한 번에 쭉 길게 하는 경우 먼저 들어주고, 연구자가 확인하고자 하는 내용이 나오는 지 판단한 후 재확인을 위해서 간단히 질문한다.]

[1-1] 언제: ○○를 힘들게 해서 기억에 남는 사건은 언제 경험한 것인가요?
※ 사전설문(면접)에서 응답한 당시 연령을 참고

[1-2] 누가: 차별을 가하고 불공정한 대우를 한 사람은 누구인가요? 주변에는 또 누가 있었나요?

[1-3] 어디서: 어디서 이런 일이 일어났나요?

[1-4] 무엇을, 어떻게: 그 때의 상황을 상세하게 말해보면 어떤 일이 일어났나요? 신체적으로 괴롭히는 폭력이 포함되어 있었나요?
아니면 언어적으로 놀리거나 심한 말을 하였나요?
다른 사람이 봐도 힘들어 보일 만큼 힘들었나요?
아니면 겉으로는 아무렇지 않은데 마음속으로 힘들었나요?

[1-5] 횟수, 지속기간: 이러한 차별은 그 후로 몇 번 더 있었나요?
이러한 차별은 그 후로 얼마동안이나 지속되었나요?

[1-6] 대처방식: 이 차별을 당할 때 ○○는 어떻게 반응하였나요?
(예: 도움구하기, 피하기, 무시하기, 조용히 이성적으로 이야기하기, 보복하기, 참기, 주변사람에게 도움 요청하기 등)
이렇게 대응하였던 것이 ○○에게 도움이 되었나요?
만약에 도움이 되지 않았다면 왜 도움이 되지 않은 것 같나요?

[영역 2] 차별관련 외상 사건으로 인한 외상 증상

[지시문] 다문화가정 자녀로 살면서 겪었던 차별 중 가장 기억에 남는 사건에 대해서 이야기를 하였는데, 이로 인해서 그 당시에 어땠는지를 자세히 알아보려고 해요. 그 때 들었던 생각이나 느낌 등에 대해서 이야기해보면 ○○가 생각과 느낌을 정리하는 기회도 가질 수 있고, ○○의 이야기를 바탕으로 다른 비슷한 경험을 하고 있는 친구들을 도울 수 있는 정보도 얻을 수 있을 것 같아요. 어렵지만 그 때를 생각해보면서 들었던 생각이나 느낌에 대해서 이야기해보아요. [※ 심층 면접활동지 1. 외상 증상목록을 제시하며] 이 중에서 아까 말한 차별을 경험하고 났을 때 겪었던 것들이 있나요? [아래의 질문 들은 필수적으로 질문해야 할 문항들만을 포함하고 있으며, ※ 심층 면접활동지 1. 외상 증상목록에 표시한 부분들에 대해 다음 질문들로 더 자세한 이야기를 끌어내도록 해야 한다. 다문화가정 청소년의 차별사건 이후 정서-인지-행동 측면에서의 경험을 개방적으로 듣고자 하는 것이 본 질문의 목적이다.]

[2-1] [감정] ※ 심층 면접활동지
2-1. 외상 증상목록의 내 마음 속에 드는 감정에서 ____한 기분이었다고 하였는데, 자세히 설명해줄 수 있나요?

2-1-1. 그 느낌이 얼마나 강하였나요?
만약 점수를 준다면, 0에서 100점 중에 몇 점이었나요?
그림에서 표시한 거 말고 다른 기분이나 느낌은 없었나요?

[2-2] [인지] ※ 심층 면접활동지
2-2. 외상 증상목록의 내 머리 속에 떠오른 생각에서 ____한 생각이 들었다고 하였는데, 자세히 설명해줄 수 있나요?
그림에 표시한 거 말고 다른 생각이 들었던 건 없었나요?

[2-3] [행동] ※ 심층 면접활동지
2-3. 외상 증상목록의 내가 밖으로 표현한 행동에서 ____한 행동을 하였다고 하였는데, 자세히 설명해줄 수 있나요?
그림에 표시한 거 말고 다른 행동을 하지는 않았나요?

[2-4] [신체증상] ※ 심층 면접활동지
2-4. 외상 증상목록의 신체증상 영역에서 ____에 표시를 하였는데, 자세히 설명해줄 수 있나요?
그 신체증상이 얼마나 강하였나요?
만약 점수를 준다면, 0에서 100점 중에 몇 점이었나요?
얼마나 자주 신체증상을 경험하였나요?

[2-5] [대인관계] ※ 심층 면접활동지
2-5. 외상 증상목록의 대인관계 영역에서____에 표시를 하였는데, 자세히 설명해줄 수 있나요?
차별과 관련된 힘든 일이 있고 나서 ○○와 엄마의 사이가 변한 것이 있었나요? 차별과 관련된 힘든 일이 있고 나서 ○○와 아빠의 사이가 변한 것이 있었나요? 차별과 관련된 힘든 일이 있고 나서 친구랑 사이가 변한 것이 있었나요?
차별과 관련된 힘든 일이 있고 나서 새롭게 친구를 사귀는 것이 혹시 힘들어 졌나요?
차별을 하였던 사람에 대해서는 어떻게 생각하게 되었나요?

[2-6] [학교생활] ※ 심층 면접활동지
2-6. 외상 증상목록의 학교생활 영역에서 어려움이 있다고 표시하였는데, 자세히 설명해줄 수 있나요?
차별과 관련된 힘든 일이 있고 나서 학교생활에서 달라진 것이 있었나요?
학년이 올라가거나 중학교로 오면서 어려운 점은 없었나요?
차별과 관련된 힘든 일이 있고 나서 공부하기 더 어렵고 힘들어졌나요?
여기에 이야기한 것 말고도 더 힘든 일이 있었나요?

[영역 3] 외상 회복 양상 및 회복에 영향을 미친 요인

[지시문] 지금까지 들어보니 ○○가 굉장히 힘들었을 것 같다. 그리고 늘 이러한 차별이 있을 수 있다고 느끼니깐 ○○가 더 힘들었을 것 같네요. ○○의 이야기를 들으니 나도 마음이 아프다. 그리고 힘들었을 텐데 이야기해줘서 너무 고마워요. [※ 사전 면접(설문지)에서 응답한 내용 참고] 그래도 이 설문지를 보면 어느 정도 ○○가 괜찮아진 것 같다고 느끼나보다. 정말 대견하고 기특하다. 그렇다면 지금부터는 차별 받고 난 뒤에 힘들었었는데, 시간이 지나면서 ○○에게 어떤 변화가 있었는지를 이야기해보자. 다른 사람들의 도움도 받고, 스스로 강해진 면도 있었을 것 같네. [※ 심층 면접활동지 2. 외상, 회복, 성장 그림 제시] 이 그림에서와 같이 사람들은 차별 경험을 겪고 힘든 점이 있기도 하였지만 그럼에도 불구하고 시간이 흘러 이전 상태로 점차 돌아가는 것을 회복이라고 해요. 차별 받고 상처받았던 모습이 이 벌레 먹어서 구멍이 뚫린 사과라고 한다면, 지금 다시 원래 모습으로 되돌아온 것이 회복이에요. [※ 심층 면접활동지 2. 외상, 회복, 성장 그림 제시] 그리고 다음 그림을 보면 평범하였던 조개가 있었는데 차별받고 충격을 받게 되면 조개껍질이 그만 분리되어 버릴 수도 있어요. 하지만 지금은 조개껍질이 다시 붙어서 원래 상태로 돌아왔다면 회복이 된 것이라고 볼 수 있겠죠. [※ 심층 면접활동지 2. 외상, 회복, 성장 그림 제시] 마지막으로 이 그림을 보면, 어떤 나무가 있었는데 거센 폭풍우를 맞아서 잎이 다 떨어져버렸어요. 그런데 나뭇가지에서 잎이 다시 돋아나서 원래의 모습으로 돌아가게 되면 회복이라고 볼 수 있어요. 회복이라는 말이 이제 이해가 되나요?

[3-1] [※ 사전 면접에서 응답한 내용 참고]
아까 차별을 겪고 나서는 바로 이런 점들이 힘들었다고 하였는데요. 혹시 이 점들이 지금은 어떤지를 생각해보아요. 혹시 이렇게 힘든 상황이 끝나지 않고 아직도 계속되고 있나요? [피면접자가 표시한 부분의 점수를 비교하며 하나씩 물어봄]
(만약 그 상황이 지속중이라고 한다면) 아직까지 그런 상황에 있긴 하지만 예전보다는 그래도 괜찮아졌다고 생각되는 것은 어느 것인가요?
(만약 그 상황이 없어졌다고 한다면) 그런 상황이 끝나게 되면서 예전보다 더 좋아진 게 있다면 뭐가 있을까요?

[3-2] 차별을 처음 경험하였을 때 보다 나아진 점이 있다면 이렇게 나아지기까지 어떤 노력을 하였거나 도움을 받았을까요?
지금 이렇게 괜찮아지기까지의 노력이나 도움 받은 내용을 이야기해보려고 해요. 힘들었었는데 괜찮아졌다고 이야기하였는데, 그러기 위해서 스스로 노력한 점이 있나요?
______________하였다고 하였는데, 그렇게 하고 나니 실제로 어땠어요? 효과가 있었어요? 효과가 없었다면 그 이유가 뭐라고 생각하나요?
힘들었다가 이제는 괜찮아졌는데, 그 과정에서 주위로부터 도움을 받았나요? 도움을 받았다면, 누가 어떻게 도움을 주었나요?
그 도움을 받고 나니 실제로 어땠어요? 효과가 있었어요?

도움을 받으면서 한편으로 스스로 노력한 점은 있었어요?
효과가 없었다면 그 이유가 뭐라고 생각하나요?
주위로부터 도움을 받지 못하였었다면, 정말 힘들었겠네. [감정적 공감 및 지지, 필요할 경우 자세히 이야기해보고 감정을 해소할 수 있도록 도움] 지금은 많이 나아졌다고 하였는데, 어떻게 나아질 수 있었던 건가요?
______________하였다고 하였는데, 그렇게 하고 나니 실제로 어땠어요? 효과가 있었어요? 효과가 없었다면 그 이유가 뭐라고 생각하나요?
그럼 ○○가 겪었던 힘든 일을 겪고 있는 친구들에게 해주고 싶은 말이 있나요?

[영역 4] 외상 후 성장 양상

[지시문] 지금까지 차별경험으로부터 어려움을 겪었지만 이로부터 점차 극복을 하고 괜찮아진 지점까지 이야기를 하였어요. 우리는 여기에서 더 나아가서 지금까지의 어려움을 극복한 덕분에 이전보다 더 좋아진 점이 있거나 새로 깨달은 점이 있다면 이것을 성장한 경험이라고 해요. [※ 심층 면접활동지 2. 외상, 회복, 성장 그림 제시] 상처가 있었던 사과가 원래의 상태로 돌아왔을 뿐만 아니라 그 이상으로 사과가 아닌 보석이 되는 것을 성장이라고 이야기해요. [※ 심층 면접활동지 2. 외상, 회복, 성장 그림 제시] 그리고 다음 그림을 보면, 조개가 다시 껍질이 붙었을 뿐만 아니라 그 속에서 진주를 만들어냈다면 이것을 성장이라고 볼 수 있는 거예요. 이제 성장이 회복이랑 다른 점이 뭔지 이해가 가나요? [피면접자가 이해하기 힘들어 할 경우 다시 설명해주도록 한다.] 차별로 힘들었지만 이 경험으로부터 얻을 수 있었던 좋은 부분들이 있을까에 대해서 이야기해보아요.

[4-1] ○○가 차별로 인해서 힘들어 하였지만 다시 원래 사과로 돌아온 것을 넘어서 보석이 되었다고 느꼈던 부분들이 있나요? 있다면 무엇인가요? (먼저 개방형 질문으로 피면접자가 스스로 성장개념에 대해 생각해보고 관련된 경험을 말해볼 수 있도록 한다. 충분한 이야기가 이루어졌다는 판단이 들면 보다 자세한 예시를 제공하기 위해 [※ 심층 면접활동지 3. 외상 후 성장 목록]을 제시하고 해당하는 성장 내용에 표시한 후 자세히 이야기 해보도록 한다.)

[4-2] [자기 효능감 증진, 내적으로 강해짐] ※ 심층 면접활동지
4-2. 외상 후 성장 목록에서 ____에 표시를 하였는데 힘든 일을 겪고 시간이 지나고 나니 내 자신에 대해서 새롭게 느끼거나 생각한 것이 있나요?
만약 있다면, 어떤 점에서 새롭게 느끼거나 생각하게 되었나요?
나에 대해 긍정적으로 생각하게 된 점이 있나요?

[4-3] [소속감 증진, 대인관계 발전] ※ 심층 면접활동지

4-3. 외상 후 성장 목록에서 ____에 표시를 하였는데 힘든 일을 겪고 시간이 지나고 나니 친구(가족)들과의 사이가 좋게 변한 것이 있나요?
만약 변하였다면 어떻게 변하였나요?
친구(가족)랑 더 가깝게 느꼈나요?
친구(가족)를 더 믿고 의지할 수 있게 되었나요?
친구(가족)에 대해서 새롭게 느끼거나 생각하게 된 점이 있나요?

[4-4] [삶에 대한 감사] ※ 심층 면접활동지

4-4. 외상 후 성장 목록에서 ____에 표시를 하였는데 힘든 일을 겪고 시간이 지나고 나니 나에게 중요한 것이 무엇인지 새롭게 알게 된 점이 있나요?
나에게 새롭게 중요하다고 생각되는 것은 무엇인가요? 그렇게 느끼는(생각하는) 것이 어떤가요?
하루하루 살아가는 것에 즐거움을 느끼게 되었나요? 즐거움을 느꼈다면, 언제 어떻게 느꼈나요?

[4-5] [영적인 성장] ※ 심층 면접활동지

4-5. 외상 후 성장 목록에서 ____에 표시를 하였는데 혹시 종교를 믿고 있다면, 힘든 일을 겪고 시간이 지나고 나니 종교적인 부분에서 변화가 있었나요?

[4-6] [새로운 가능성을 발견함] ※ 심층 면접활동지

4-6. 외상 후 성장 목록에서 ____에 표시를 하였는데 힘든 일을 겪고 시간이 지나고 나니 이전에는 할 수 없었던 것을 할 수 있게 된 것이 있나요?
새로운 활동(프로그램, 학원 등)을 시작하게 되었나요?
어떤 활동을 어떻게 시작하게 되었나요?
이전에는 혼자서 못 할 일들을 할 수 있게 된 것이 있나요?
어떤 일을 혼자서 할 수 있게 되었나요? 어떤 방법으로 할 수 있게 되었나요?
새로운 장래희망이나 꿈이 생긴 것이 있나요? 있다면 무엇이고, 그것에 대해 어떻게 생각하나요?

[영역 5] 외상 후 성장에 영향을 미친 요인

[지시문]
우리나라에서 다문화가정 자녀로서 살면서 겪은 차별 경험과 그로 인한 어려움을 이야기 해본 후에 시간이 흐른 뒤에 어떤 변화가 있었는지를 함께 이야기해보면서 회복을 거쳐서 성장까지 이야기해보았어요. 이번에는 특히, 여기 보이는 보석, 진주와 같이 ○○가 새롭고 달라진 면을 가질 수 있게 도움이 되었던 것은 무엇이고 이를 통해 무엇을 얻을 수 있었는지 이야기해보고 싶어요. 이 이야기를 통해 차별로 인해 어려움을 겪고 있는 다른 친구들에게 어떤 부분에서 도움을 줄 수 있을까를 알아볼 수 있을 것 같아요.

[5-1] 힘들었었는데 괜찮아졌고 더 나아가 지금 좋아진 부분이 있다고 지금 이야기하였는데, 그러기 위해서 스스로 노력한 점이 있나요?
______________하였다고 하였는데, 그렇게 하고 나니 실제로 어땠어요? 효과가 있었어요? 효과가 없었다면 그 이유가 뭐라고 생각하나요?

[5-2] 힘들었었는데 괜찮아졌고 더 나아가 지금 좋아진 부분이 있다고 지금 이야기하였는데, 그 과정에서 주위로부터 도움을 받았나요?
도움을 받았다면, 누가 어떻게 도움을 주었나요?
그 도움을 받고 나니 실제로 어땠어요? 효과가 있었어요?
도움을 받으면서 한편으로 스스로 노력한 점은 있었어요?
효과가 없었다면 그 이유가 뭐라고 생각하나요?

[5-3] 주위로부터 도움을 받지 못하였었다면, 어떻게 힘들었는데 괜찮아질 수 있었나요?
______________하였다고 하였는데, 그렇게 하고 나니 실제로 어땠어요?
효과가 있었어요? 효과가 없었다면 그 이유가 뭐라고 생각하나요?

[5-4] 그럼 ○○와 같이 힘든 일을 겪고 있는 친구들이 여기서 괜찮아지고 더 나아가 좋아지려면 더 필요한 게 있을까요? 어떤 이야기를 해주고 싶나요?

[마무리]

[6-1] 심층 면접을 통해 느낀점 탐색, 불안 해소
지금까지 ○○가 겪었던 차별과 그 이후에 느꼈던 것들, 극복하는 과정에서 어떻게 하였는지 이야기를 들어보았어요. 특히 이러한 경험들이 내가 어떤 잘못을 해서 공정하지 않은 대우를 받은 것이 아니었기 때문에 억울한 마음, 무엇인가 잘못되고 있다는 부당한 마음들이 들어서 더 힘들었을 것 같아요. 그리고 ○○가 해준 힘들었던 이야기를 들으면서 나도 ○○처럼 화가 나기도 하고 마음이 아프고 그랬어요. 그래도 분명 힘든 점들이 많았지만 그 과정을 잘 견디고, 또 자신만의 방식으로 잘 극복해온 것 같네요. ○○의 이야기를 들으면서 ○○가 참 기특하고 대견하였어요. 그리고 ○○가 아주 힘들어하였던 경험들을 선생님과 나누어주고 잘 이해할 수 있게 설명해주어서 너무 고마워요. 소중한 이야기를 잘 들었고 오늘 이야기해준 내용 그대로가 전달될 수 있도록 노력할게요. 지금까지 이야기를 나눠보니 어떤가요? 궁금한 점이나 걱정되는 점, 힘들었던 점을 말해주어도 괜찮아요.

[6-2] 다문화가정 청소년의 입장에서 더 필요한 도움 이야기
지금까지 해준 이야기를 바탕으로 앞으로는 ○○와 같은 친구들이 더 어려움을 겪지 않도록 많은 사람들이 노력할 수 있게 될 것 같아요. 지금 해준 이야기들 덕분에 다른 친구들은 비슷한 일을 당하였을 때 어떻게 하면 도움 받을 수 있는지를 알게 되고, 자신들이 겪는 것이 혼자만의 일이 아니라는 위로를 받을 수 있을 거예요. 고마워요. 이밖에도 다문화가정 청소년들이 잘 적응하기 위해 어떤 도움이 더 있었으면 좋겠는지 구체적으로 이야기해주세요.

[6-3] 마무리 인사
지금까지 긴 시간동안 정말 수고하였고, 마지막으로 하고 싶은 얘기나 궁금한 것이 있나요?

[부록3-2-1] 심층 면접활동지1. 외상증상목록

현대아산사회복지재단 학술연구

차별 그 이후

우리가 함께 이야기해봤던 차별 경험 그 이후에 나는 무엇을 경험하였을까요?

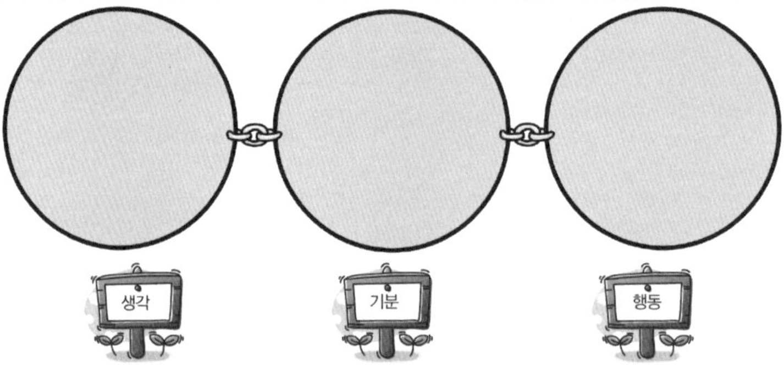

내 머리 속에 떠오른 생각	내 마음 속에 드는 기분		내가 밖으로 표현한 행동
 차별이 자꾸 다시 생각남	 슬프다	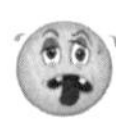 힘없다	 충동적으로 행동한다
	 화난다	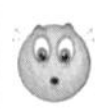 긴장되다	
 집중이 어려움	 떨린다	 불행하다	 도망간다
	 초조하다	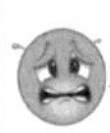 불안하다	
 부정적인 생각 (예: 나는 실패하였다, 나는 소중하지 않다)	 쓸쓸하다	 두렵다	 아무것도 안한다

<table>
<tr><td rowspan="2"> 이상한 생각</td><td> 괘씸하다</td><td> 신경질 난다</td><td> 똑같이 대응한다</td></tr>
<tr><td> 외롭다</td><td> 짜증 나다</td><td> 강하게 표현한다</td></tr>
</table>

**Microsoft Powerpoint 2010의 무료 제공 클립아트를 활용하여 제작함.

차별 그 이후

우리가 함께 이야기해봤던 차별 경험 그 이후에 나는 무엇을 경험하였을까요?

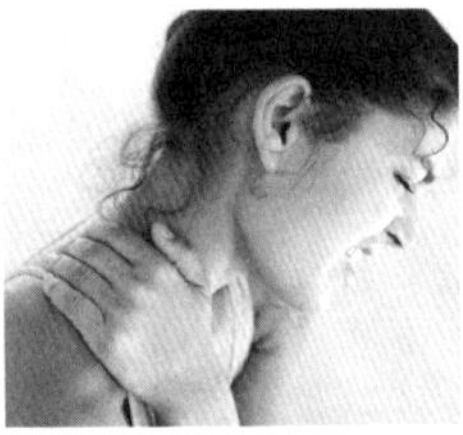		
신체증상	대인관계	학교생활
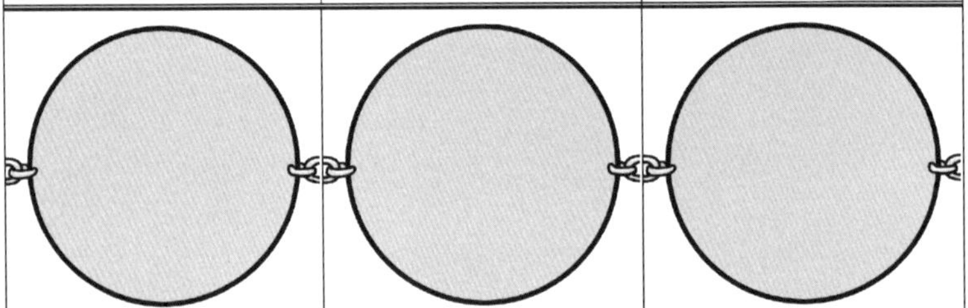		
□ 심장이 빨리 뛴다. □ 숨쉬기가 어렵다. □ 입이 마른다. □ 입맛이 없다. □ 손이 떨린다. □ 손에 땀이 난다. □ 머리가 아프다. □ 배가 아프다.	□ 친구 관계에서 달라진 점 □ 가족 관계에서 달라진 점 (엄마, 아빠, 형제자매, 친척포함) □ 선생님과 관계에서 달라진 점 □ 새로운 사람을 만날 때 어려움 □ 차별을 가한 사람에 대한 생각	□ 학년이 바뀔 때 어려움 □ 중학교나 고등학교로 진급할 때 어려움 □ 공부할 때의 어려움

참고: Carter et al(2013)이 개발한 RBTSSS의 1)우울 2)침범 3)화 4)각성 5)신체적 반응 6)낮은 자아존중감 7)회피 영역에 해당하는 내용을 정서, 인지, 행동 영역으로 나누고 대인관계 영역과 학교생활 영역을 추가하여 총 9개의 내용 영역을 포함하고 있음.

**Microsoft Powerpoint 2010의 무료 제공 클립아트를 활용하여 제작함.

[부록3-2-2] 심층 면접활동지2. 외상, 회복, 성장 그림(3가지)

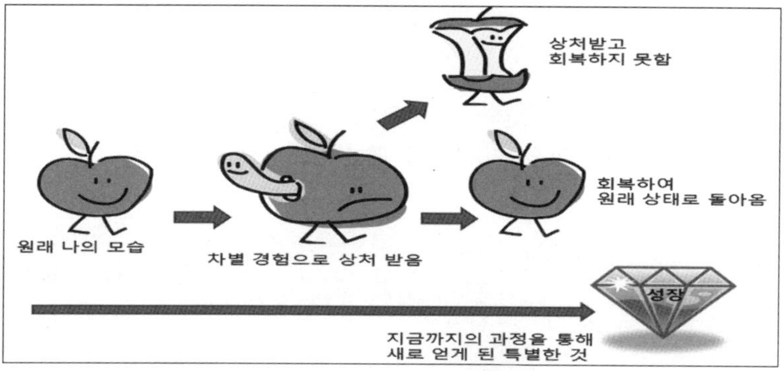

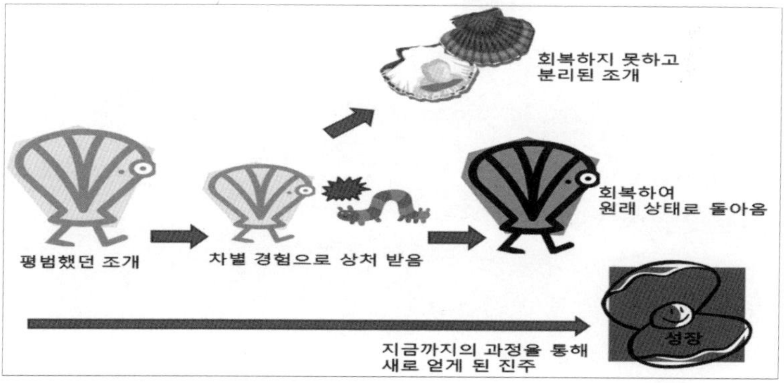

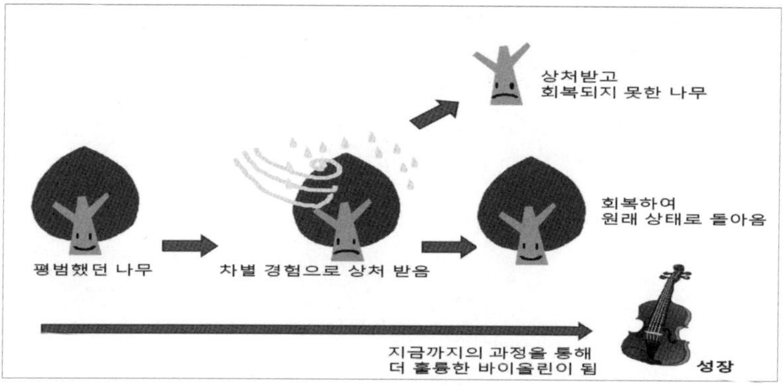

**Microsoft Powerpoint 2010의 무료 제공 클립아트를 활용하여 제작함.

[부록3-2-3] 심층 면접활동지3. 외상 후 성장목록

현대아산사회복지재단 학술연구

차별 그 이후 성장

차별로 인한 어려움을 극복하고 얻은 좋은 것들

사람들과 관계가 깊어짐 (Relating to others)	내적으로 강해짐 (Personal Strength)	삶에 감사하게 됨 (Appreciation of Life)	영적으로 변화가 있음 (Spiritual Change)	새로운 가능성을 발견함 (New Possibilities)
사람들은 참 친절하다. 사람들은 나를 도와준다. 사람들과 가까워졌다. 다른 사람에게 내 감정을 표현하는 것이 쉽다. 사람들과 어떻게 하면 더 잘 지낼 수 있는 지 안다. 사람들과 관계를 개선하기 위해 노력한다.	나는 어려움이 생겨도 극복할 수 있다. 나는 더 많은 것을 다룰 수 있다. 나는 생각하였던 것보다 강하다.	나는 나에게 중요한 것이 무엇인지 안다. 나는 매일 매일에 감사한다. 작은 것에도 행복을 느낀다.	나는 신이 좋은 것을 주심을 안다. 신에 대한 믿음이 강해졌다.	할 수 없었던 것을 할 수 있게 되었다. 내가 원하는 것을 얻기 위한 새로운 방법을 안다. 내가 앞으로 나아가야 할 길을 찾은 것 같다.

[부록 4-1] 연구참여자모집기관협조요청문(요약)

현대아산사회복지재단 학술연구

다문화가정 청소년 차별 경험 연구 참여자 모집

본 연구에서는 사회적 차별로 인해서 심리적 어려움을 경험한 후, 극복하고 있는 다문화가정 청소년들을 대상으로 심층 면접을 진행할 예정입니다. 이를 통해 이들이 심리적 어려움을 극복할 수 있었던 요인을 확인함으로써, 현재 어려움을 경험하고 있거나 미래에 어려움을 경험할 수 있는 다른 다문화가정 청소년들에게 실질적인 도움을 제공하고자 합니다.

연구의 진행 과정

연구팀은 다문화 기관 및 다문화 중점 학교를 통해 연구 참여자를 모집하고, 사전 설문/면접을 실시하여 연구 목적에 적합하고 자신의 경험을 이야기할 수 있는 다문화가정 청소년들을 선별하여 심층 면접을 실시할 예정입니다. 구체적인 연구 목적 및 절차는 [첨부 1] 연구 참여자 모집 기관 협조 요청문 2페이지 "연구의 개관, 절차 및 방법"을 참고해주시길 바랍니다.

1. 연구 참여자 모집 → 2. 사전 설문/면접을 통한 참여자 선별 → 3. 심층 면접 실시

기관 의뢰사항

저희는 다음과 같은 3가지 방법으로 다문화 기관 및 다문화 중점 학교에서 연구 참여자를 모집하고자 합니다.

귀 기관에 있는 다문화가정 청소년(부모 중 한명이 외국에서 태어났으며, 만 13세 이상 18세 이하인 국내 출생 청소년)들을 소개해주시기 바랍니다.
본 연구팀에서 준비한 다문화가정 청소년을 위한 자아존중감 향상 프로그램(75분)을 홍보해주시기 바랍니다.
본 연구팀에서 다문화가정 청소년들이 저희 연구에 관심을 가질 수 있도록 제작한 연구 참여 홍보물[첨부 2]을 적합한 장소에 게시해주시기 바랍니다.

※ 자세한 기관 의뢰사항은 [첨부 1] 연구참여자 모집 기관 협조 요청문의 3-4페이지 "기관 의뢰사항"에 제시되어 있습니다.
※※ 본 연구팀에서 직접 전화를 드려 협조 여부 및 협조 방법을 문의 드리겠습니다. 사전에 저희 연구팀으로 연락을 주실 경우에는 아래의 연락처로 연락주시길 부탁드립니다,

본 연구팀에서는 다음의 사항을 약속드립니다.
연구 참여자들이 직접 참여 여부를 결정할 수 있도록 하겠습니다.
연구 목적에 맞는 참여자를 선별하기 위해 사전 설문을 진행하겠습니다.
연구 참여자의 부모님께 연락하여 연구 참여에 대한 승낙을 얻겠습니다.
심층 면접을 진행하면서 차별로 인해 상처를 받은 다문화가정 청소년들에게 치유적인 경험이 될 수 있도록 노력하겠습니다.

연세대학교 교육학과 상담교육전공
다문화가정 청소년의 회복 및 성장 과정 연구팀

[부록 4-2] 연구참여자모집기관 협조 요청문

현대아산사회복지재단 학술연구

다문화가정 청소년의 차별 경험 연구 참여자 모집

본 연구에서는 사회적 차별로 인해서 심리적 어려움을 경험하였던 다문화가정 청소년들을 대상으로 심층 면접을 진행할 예정입니다. 이를 통해 이들이 심리적 어려움을 극복할 수 있었던 요인을 추출함으로써, 현재 어려움을 경험하고 있는 다문화가정 청소년들에게 실질적인 도움을 제공하고자 합니다.

※ 본 연구에서 사용하는 주요 용어들은 다음과 같이 정의하였습니다.

다문화가정 청소년: 부모 중 한명이 외국에서 태어났으며, 만 13세 이상 18세 이하인 국내 출생 청소년(법제처, 2011).
사회적 차별: 사회체제 내에서 가해자-피해자의 형태로 나타나고 약자의 지속적인 피해 경험을 포함하는 차별(Bryant-Davis & Ocampo, 2005)로 구체적으로는 직접적 차별(신체적 공격, 언어적 공격, 고정관념을 바탕으로 한 대우, 범죄자로 가정함), 간접적 차별(배제, 접근의 어려움, 정보의 제한, 기만당함), 제도적 차별(자격에 대한 의문) 등을 포함합니다(Carter, 2007).

본 연구에서는 과거에 사회적 차별로 심리적 어려움을 경험하였지만, 현재 회복되었거나 회복하는 과정에 있는 참여자를 선별하여 면접을 실시할 예정입니다. 면접을 실시하는 연구자들은 현재 상담을 공부하고 있는 대학원생들입니다. 인터뷰를 실시하면서 차별로 인해 상처를 받은 다문화가정 청소년들에게 치유적인 경험이 될 수 있도록 노력할 예정이니 많은 홍보 및 참여 독려 부탁드립니다.

연세대학교 교육학과 상담교육전공
다문화가정 청소년의 회복 및 성장 과정 연구팀

다음 장부터 연구의 개관, 절차 및 방법과 기관 의뢰사항이 기술되어 있습니다.

연구의 개관, 절차 및 방법

연구의 개관

최근 여성가족부가 실시한 조사에 따르면, 사회적 차별을 경험한 다문화가정 자녀 비율은 2009년 36.4%에서 41.3%로 증가하였고, 또래로부터 폭력을 경험한 다문화가정 자녀 또한 약 63%에 달하는 것으로 나타났습니다. 이러한 사회적 차별은 다문화가정 청소년들이 자아상을 확립하고 이후 건강한 성인으로 성장하는 데 있어서 부정적인 영향을 미칠 수 있습니다. 그러나 여전히 사회적 차별로 인해 경험하는 심리적 어려움을 해소할 수 있는 구체적인 도움을 제공하지 못하고 있는 실정입니다. 더욱이, 사회적 차별을 경험한 사람들의 경우 심리적인 어려움을 극복하고 그 이전보다 더 성장할 가능성이 있는데, 사회적 차별 경험을 부정적으로만 바라보고 있기 때문에 이에 대한 포괄적인 이해를 제공하는 데 한계가 있습니다. 따라서 본 연구에서는 다문화가정 청소년들의 생생한 목소리를 바탕으로 사회적 차별과 관련된 스트레스를 경험하더라도 이를 극복하고 더 나아가 성장할 수 있도록 돕는 데 유용한 시사점을 도출하는 것이 목적입니다.

연구 절차 및 방법

본 연구에서는 사회적 차별 경험으로 인해 심리적 어려움을 경험하고, 이로부터 회복되었거나 회복 과정 중에 있다고 인지하고 있는 다문화가정 청소년(남녀 각 20명씩) 총 40명으로부터 자료를 수집할 예정입니다. 이를 위해 우선, 연구 참여자를 모집하고 홈페이지를 통한 사전 설문을 실시하여 연구 참여자들을 선별할 예정입니다. 선별한 연구 참여자를 대상으로 심층 면접을 실시할 예정입니다. 구체적인 연구절차는 다음 그림 및 아래의 설명과 같습니다.

1\. 연구 참여자 모집 → 2. 사전 설문/면접을 통한 참여자 선별 → 3. 심층 면접 실시

연구 참여자 모집

본 연구팀에서는 다양한 방법으로 연구 참여자를 모집할 예정입니다. 첫째, 다문화 기관 및 다문화 중점 학교에 전화 또는 이메일 연락을 취해 연구 목적을 설명한 후, 저희 연구에 도움을 주실 수 있는지 여부를 문의할 예정입니다. 둘째, 다문화가정 청소년들이 자주 찾는 카페, 거리 등에 본 연구팀에서 제작한 홍보물을 게시하여 연구 참여자를 모집할 예정입니다. 다음 페이지의 기관 의뢰사항에는 귀 기관에 드리는 연구 참여자 모집에 관련된 요청사항이 있습니다.

사전 설문/면접을 통한 참여자 선별

본 연구팀은 아래의 세 가지 기준에 모두 해당되는 참여자만을 최종 연구 참여자로 선별할 예정입니다. 첫째, 다문화가정 청소년으로서 사회적 차별을 경험하였다. 둘째, 사회적 차별로 인해서 인지, 행동, 정서, 대인관계, 학교생활 측면에서 외상을 겪었다. 셋째, 사회적 차별로 인해 겪은 외상으로부터 현재 회복되었거나 회복의 과정에 있다. 홈페이지에 게시되어 있는 사전 설문을 실시한 결과 다문화가정 청소년들 중 위의 기준에 하나라도 해당되지 않을 경우, 심층 면접을 진행하지 않을 예정입니다. 또한 기타 여러 가지 상황으로 인하여 사전 설문 시행이 어려운 경우에는 본 연구팀이 직접 면접의 형태로 사전 면접을 시행할 예정입니다.

3. 심층 면접

   심층 면접에서는 1) 외상 증상으로부터의 회복 양상 및 이에 미친 영향 요인 2) 외상으로부터의 성장 양상 및 이에 영향을 미친 요인에 대한 정보를 수집할 예정입니다.

기관 의뢰사항

본 연구팀에서는 연구 참여자 모집을 위해 다양한 방법을 활용할 예정입니다. 아래에는 다문화 기관 및 다문화 중점 학교를 통해 연구 참여자를 모집하는 3가지 방법이 제시되어 있습니다. 연구 참여자 모집에 앞서 본 연구팀은 전화 및 방문을 통해 자세한 설명을 드리고 기관에서 해주실 수 있는 부분을 여쭙고자 합니다. 이에 앞서 다음의 기관 의뢰사항을 검토해주시면 감사하겠습니다.

1. 다문화가정 청소년 추천

   귀 기관에 있는 다문화가정 청소년(부모 중 한명이 외국에서 태어났으며, 만 13세 이상 18세 이하인 국내 출생 청소년)들을 소개해주시길 바랍니다. 소개된 청소년들에게 저희 연구팀이 직접 연락하여 연구 목적을 설명한 뒤 참여자가 원할 경우 사전 설문/면접을 실시할 예정입니다. 이 과정에서 연구팀은 참여자의 부모님께 직접 전화를 걸어 연구 목적을 설명하고 자녀의 연구 참여에 대한 승낙을 받을 예정입니다. 만약 참여자가 연구 참여를 망설일 경우, 아래 2번 '다문화가정 청소년을 대상으로 하는 자아존중감 향상 프로그램'에 참여하도록 독려할 예정입니다. 이 프로그램에 참여한 뒤 연구 참여 의사를 다시 한 번 확인할 예정입니다. 참여자가 연구에 참여하길 원할 경우 사전 설문을 실시할 수 있도록 홈페이지 안내를 할 것이며, 부모로부터 자녀의 연구 참여에 대한 승낙을 받을 예정입니다.

2. 다문화가정 청소년 대상 자아존중감 향상 프로그램 소개

   본 연구팀은 다문화가정 청소년들이 연구 참여에 관심을 가질 수 있도록

75분짜리 자아존중감 향상 프로그램을 준비하였습니다. 주 내용은 사회적 차별로 인해 상처를 받은 다문화가정 청소년들의 자아존중감을 향상시키기 위한 내용으로 구성되어 있습니다. 아래의 프로그램은 기관의 요청 및 대상에 따라 언제든지 수정 및 보완 가능합니다. 프로그램에 대한 자세한 내용은 아래에 제시되어 있습니다. 귀 기관에서 아래의 프로그램을 실시할 수 있도록 장소와 시간을 마련해주신다면 저희 연구팀에서 직접 찾아가 진행할 예정입니다. 프로그램을 실시한 뒤 연구팀은 청소년들에게 연구 목적을 설명하고, 연구 참여를 희망한 학생에게는 사전 설문을 실시할 수 있도록 홈페이지를 안내하고, 이때 직접 부모님께 전화로 자녀의 연구 참여 승낙을 독려할 예정입니다.

< 다문화가정 청소년을 대상으로 한 자아존중감 향상 프로그램 >

1. 진행 장소 : 아이들이 편할 수 있는 장소로 귀 기관에서 정해주신다면 감사하겠습니다.
2. 진행 일시 : 아이들이 많이 모일 수 있는 시간으로 귀 기관에서 정해주신다면 감사하겠습니다.
3. 진행자 : 본 연구팀에 속한 석/박사 대학원생 3명
4. 내용 :

(10분: 나의 특별한 점을 소개합니다)
- 내가 되고 싶은 것/하고 싶은 것/갖고 싶은 것 등의 욕구로 자신에 대해 이야기하기
- 친구들 앞에서 자신을 소개하기

(20분: 다문화 관련 편견 인식하기)
- 활동지에 자신 및 타인의 행동 중 마음에 들지 않는 부분 적기
- 적은 내용을 공유하여 그 이유를 찾아보기
- 활동지의 부정적인 면을 긍정적으로 바꿔 표현하기

(20분: 나의 꿈과 목표에 대해 생각하기)
- 인종차를 극복한 세계의 지도자에 대한 예화자료 들려주기
- 나의 꿈나무 활동지에 내가 이루고 싶은 일을 적기
- 그 일을 하기 위해 내가 지금 해야 할 일을 열매 옆에 적기
- 나의 꿈나무 열매 발표하기

(20분: 다문화의 강점 찾기)
- 목표달성을 위한 자신의 자원 찾기
- 현재 투입할 수 있는 인적/물적/환경적 자원
- 계발해야 할 자원
- 자원 사용의 우선 순위 및 시간 관리(투명 플라스틱 통에 블록 담기 활동을 통해 자원 사용의 우선순위를 생각하게 됨)

(5분: 소감 나누기)
- 좋은 글 나눔 (무엇이 되고자 하는가)—김수영의 <당신의 꿈은 무엇입니까>에서 발췌

3. 홍보물 게시

본 연구팀에서는 다문화가정 청소년들이 연구 참여에 관심을 가질 수 있도록 홍보물을 제작하였습니다(예시, 첨부 2). 첨부 2에서 볼 수 있듯이 홍보물에서는 다문화가정 청소년들이 홈페이지 또는 이메일을 통해 연구

참여 신청 및 문의를 할 수 있도록 그 내용과 절차를 설명하고 있습니다. 홍보물을 통해 직접 연락한 다문화가정 청소년들은 연구자로부터 연구 목적에 대한 설명을 듣고 연구 참여 여부를 직접 결정할 수 있습니다. 연구를 참여하기로 결정한 다문화가정 청소년들의 경우 본 연구팀에서 부모님께 직접 연락하여 자녀의 연구 참여에 대한 승낙을 받을 예정입니다. 사전 설문/면접을 시행한 후, 최종 연구 참여가 결정된 다문화가정 청소년들이 원하는 장소와 시간에 심층 면접이 진행될 예정입니다. 홍보물의 내용을 검토하신 뒤 귀 기관에 게시할 수 있을 경우, 저희 연구팀에서 자체 제작한 첨부 2와 비슷한 포스터를 우편으로 발송해드릴 예정입니다. 다문화가정 청소년들이 저희 연구에 관심을 가질 수 있도록 적합한 장소에 홍보물을 부착해주시기 바랍니다.

아래의 그림은 앞서 설명 드린 3가지 연구 참여자 모집 방법과 본 연구에서 청소년이 경험하게 되는 연구내용을 간단히 보여주는 것입니다.

본 연구팀에서는 다음의 사항을 약속드립니다.
연구 참여자들이 직접 참여 여부를 결정할 수 있도록 하겠습니다.
연구 목적에 맞는 참여자를 선별하기 위해 사전 설문을 진행하겠습니다.
연구 참여자의 부모님께 연락하여 연구 참여에 대한 승낙을 얻겠습니다.
심층 면접을 진행하면서 차별로 인해 상처를 받은 다문화가정 청소년들에게 치유적인 경험이 될 수 있도록 노력하겠습니다.

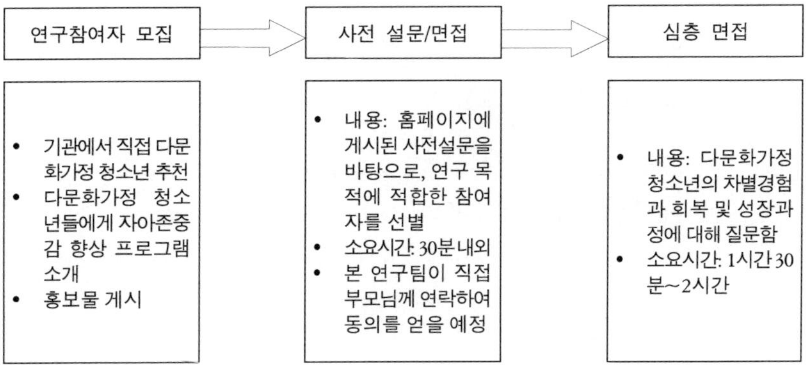

[부록 4-3] 연구참여모집 홍보물

아산사회복지재단 연구 -연세대학교 상담교육 전공-

응답하라

1996~2001년생

나의 경험을 이야기하고, **문화상품권** 받으러 가자!

청소년 여러분의 연구참여를 기다립니다.

내가 남들과 다르다는 이유로 사람들이 나를 무시하고 괴롭혔던 적이 있었나요?
이러한 아픔을 극복하고 꿈을 이루려고 노력하는 여러분의 이야기를 듣고 싶습니다.
여러분의 이야기는 앞으로 비슷한 경험을 하게 될 친구들에게 큰 도움을 줄 수 있어요.

누가 참여할 수 있나요? 한국에서 출생하였고, 부모 중 한 명이 외국인인 가정의 만13세 이상 ~ 만18세 이하의 청소년

언제까지 신청할 수 있나요? 2014년 4월 21일 ~ 2014년 10월 31일

어떻게 신청하나요?

▶ 홈페이지(web.yonsei.ac.kr/youaregood)로 접속하여, 연구의 목적 및 인터뷰 내용을 살펴봐주시기 바랍니다.
참여를 희망하실 경우, 홈페이지의 공지사항 및 팝업창의 절차를 따르시면 됩니다.
▶ 또는 이메일 주소(youaregood@yonsei.ac.kr)로 참여 신청 메일을 보냅니다.
(예) 제목: 인터뷰 참여 신청 / 내용: 나이, 연락처, 전화 가능한 시간

신청하면 무엇을 하나요?

1. 신청한 청소년 여러분에게 연구팀이 전화를 드려 만날 시간과 장소를 정합니다.
2. 연구팀과 만나서 인터뷰에 참여합니다.

※ 자세한 내용은 홈페이지(web.yonsei.ac.kr/youaregood)를 참고해주세요!

선물을 드려요! 인터뷰에 참여한 청소년 여러분들에게 문화상품권 2만원을 지급합니다.

[부록 5-1] 개방코딩 결과에 대한 빈도분석표

본 연구는 국내출생 다문화가정 청소년의 사회적 차별 경험에 대한 보다 폭넓은 이해를 돕기 위해, 참여자들의 경험 빈도를 산출하여 아래 그림과 같이 요약하였다. 구체적으로, 본 연구에서는 참여자들의 인터뷰 결과를 다시 살펴보면서, 각 개념에 해당하는 경험(예: 물건을 숨김)을 얼마나 많이 보고하였는지에 대한 빈도를 측정하였다. 그 다음, 측정된 각 개념의 빈도를 상위 개념인 하위범주 별로 합산하여 하위범주에 해당하는 경험(예: 물건을 빼앗김)의 빈도로 산출하여 아래의 그래프로 제시하였다. 이러한 결과는 추후 연구에서 국내출생 다문화가정 청소년의 사회적 차별과 관련한 어려움을 돕기 위해 염두에 두어야할 부분 및 영역에 대한 구체적인 정보를 제공할 수 있을 것으로 기대한다.

1. 다문화가정 청소년이 경험한 외상 사건으로서의 사회적 차별

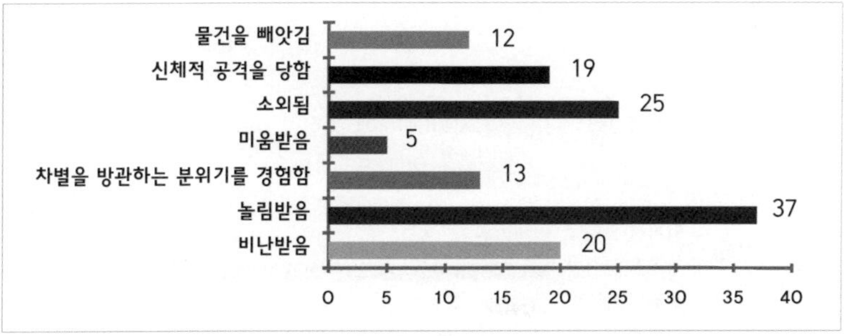

[그림 5-1] 인과적 조건으로서 다문화가정 청소년이 경험한 사회적 차별

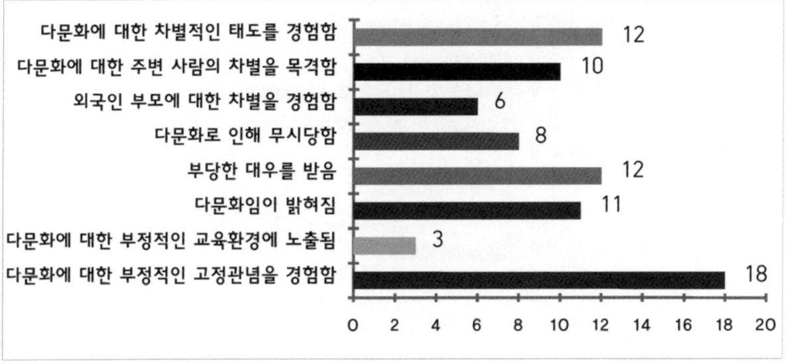

[그림 5-2] 맥락적 조건으로서 다문화가정 청소년이 경험한 사회적 차별

2. 사회적 차별로 인한 다문화가정 청소년의 "아픔을 안고 분투함"

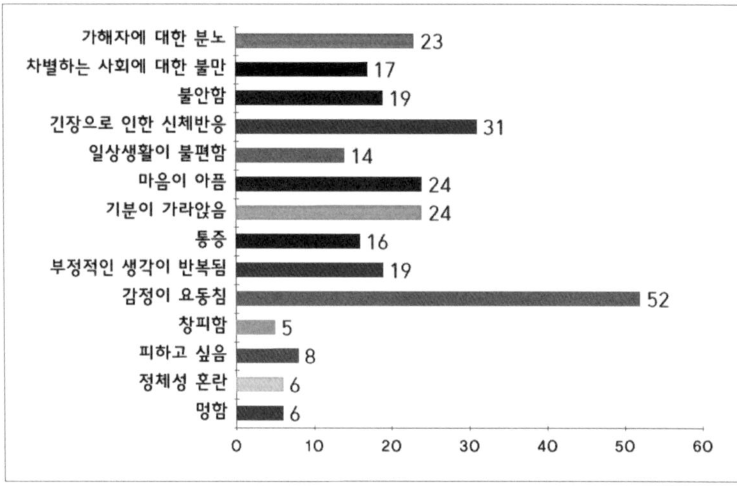

[그림 5-3] 차별 사건 직후에 경험한 어려움

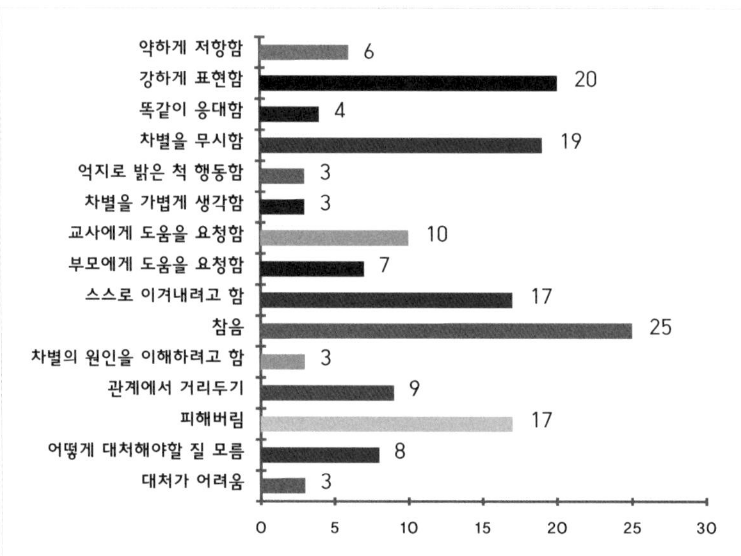

[그림 5-4] 차별 사건에 대한 즉각적 대응

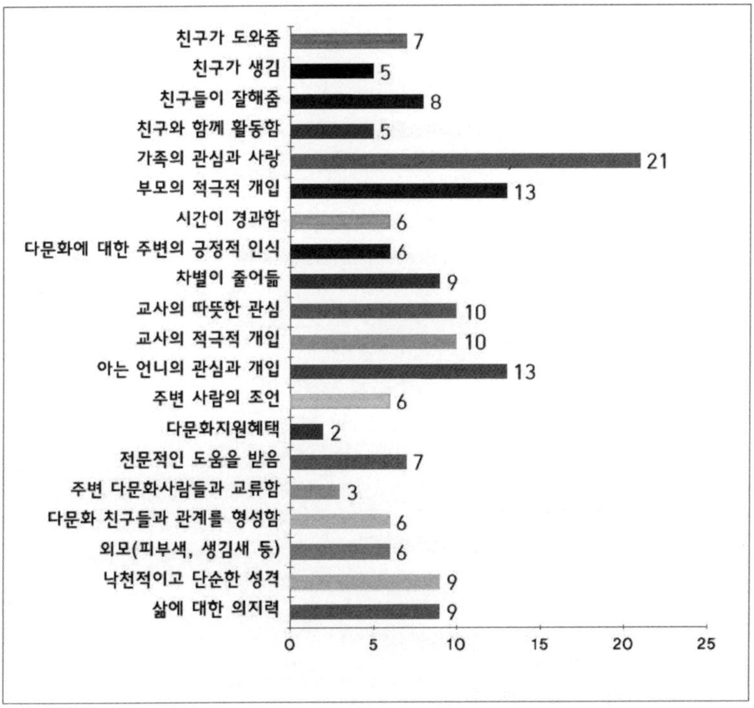

[그림 5-5] 차별 사건 이후에 경험한 어려움

3. 사회적 차별로부터의 회복 및 성장하는 과정에 영향을 미친 중재적 조건

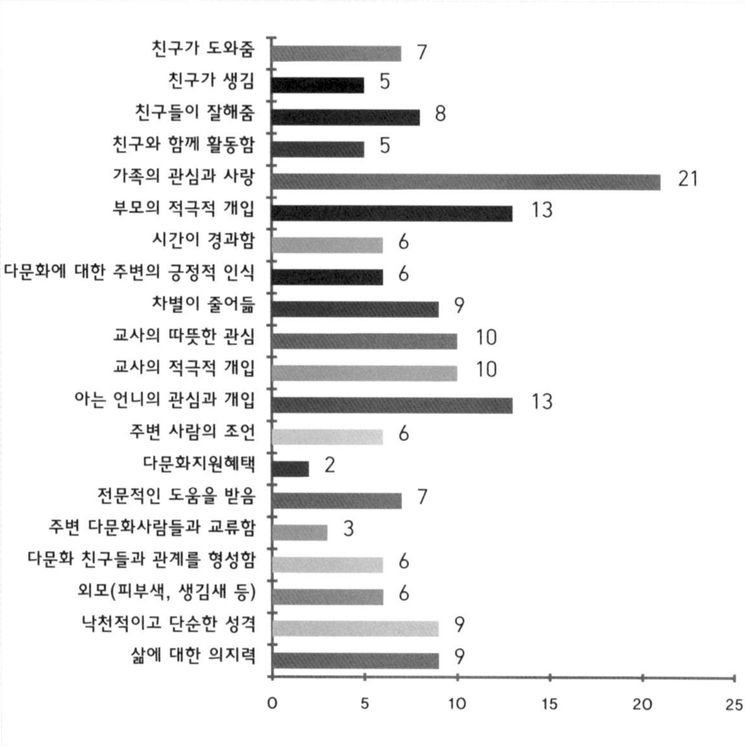

[그림 5-6] 사회적 차별로부터의 회복 및 성장하는 과정에 영향을 미친 중재적 조건

4. 사회적 차별로부터의 회복 및 성장하는 과정에 영향을 미친 작용/상호작용 전략

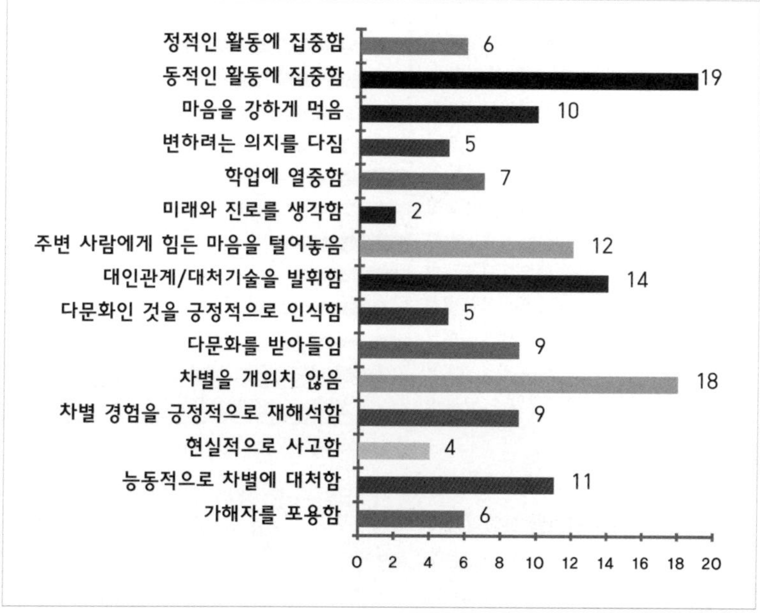

[그림 5-7] 사회적 차별로부터 회복 및 성장하는 과정에 영향을 미친 작용/상호작용 전략

5. 사회적 차별로부터 회복한 모습

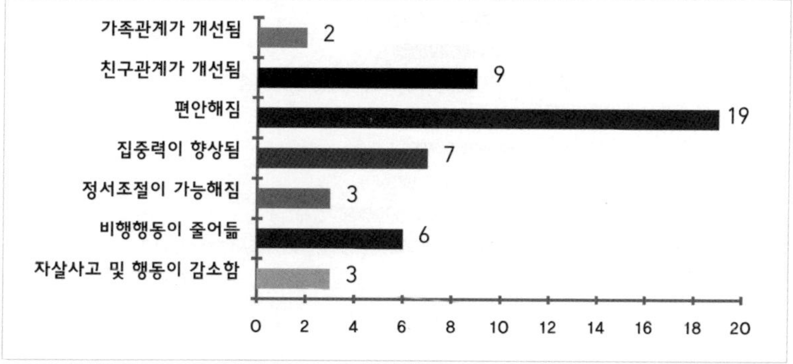

[그림 5-8] 사회적 차별로부터 회복한 모습

6. 차별로부터 성장한 모습

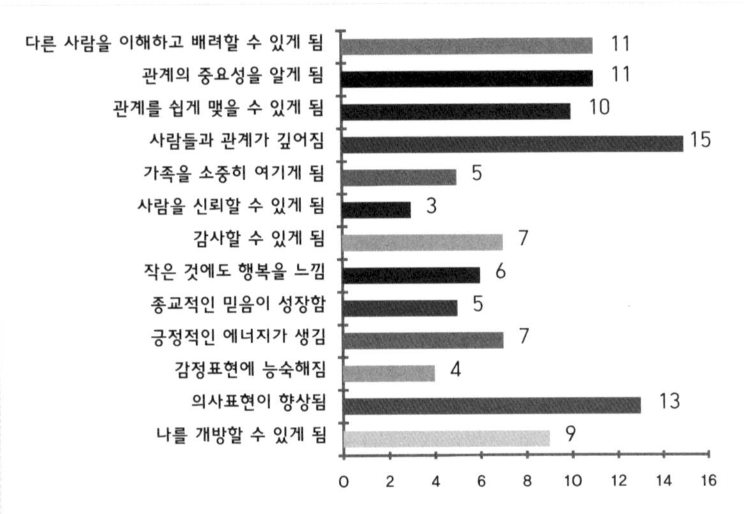

[그림 5-9] 사회적 차별로부터 성장한 모습(1)

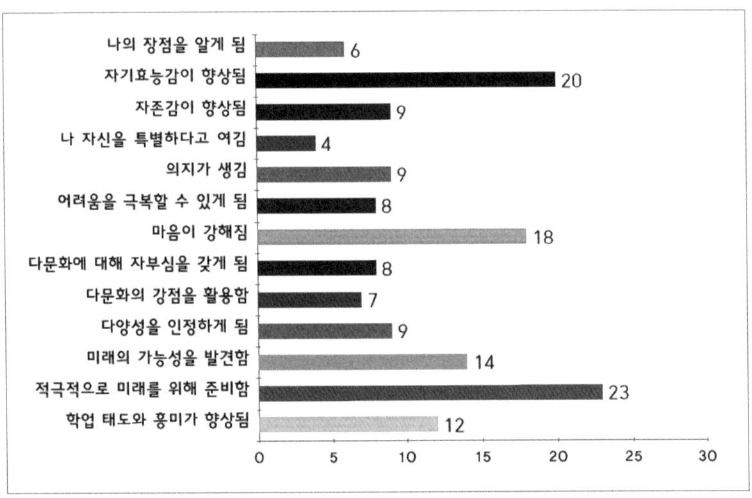

[그림 5-10] 사회적 차별로부터 성장한 모습(2)

7. 남은 과제

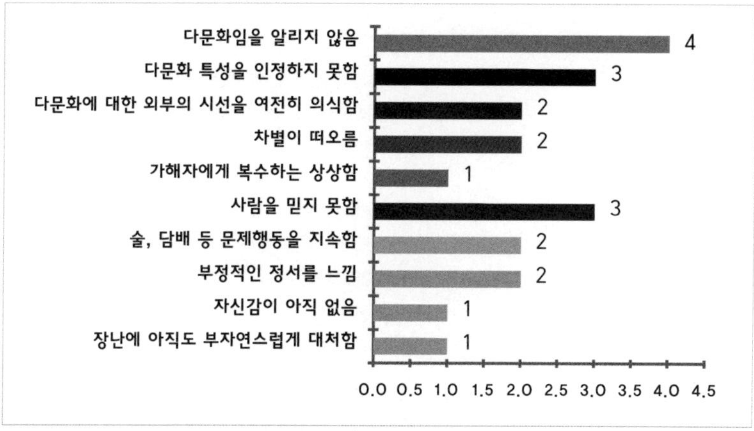

[그림 5-11] 남은 과제

| 찾아보기 |

아 | 산 | 재 | 단 | 연 | 구 | 총 | 서

1. 전환기의 중국경제
김윤환 외 | 단국대 경제학과
2. 폴란드 경제의 변천 개혁과 그 전망
김광수 | 숭실대 경제학과
3. 재소한인
이광규 외 | 서울대 인류학과
4. 소련산림과 임업
홍성천 외 | 경북대 임학과
5. 아세안의 정치경제
김국진 외 | 외교안보연구원
6. 태국의 사회변동과 경제발전
최석만 외 | 전남대 사회학과
7. 중국의 사회경제 통계분석
신한풍 외 | 고려대 통계학과
8. 중국의 정치와 경제
박두복 외 | 외교안보연구원
9. 동유럽의 개혁과 시장경제의 도입
허만 외 | 부산대 사범대학
10. 동유럽의 개혁운동
박영신 | 연세대 사회학과
11. 현대 러시아 연구
기연수 외 | 한국외대 노어과
12. 전략적 선택과 기업의 국제경쟁력
이장호 | 서강대 경영대학
13. 협동사회의 정착과 정부의 역할
이종범 외 | 고려대 행정학과
14. 한국 제조기업 생산성의 동적 분석
노부호 외 | 중앙대 경영대학
15. 분배의 정의
변형윤 외 | 서울대 경제학과
16. 도덕적 행동의 강화
이훈구 외 | 연세대 심리학과
17. 관료부패와 통제
김해동 외 | 서울대 행정대학원
18. 한국경제의 내실 있는 성장
정창영 외 | 연세대 경제학과
19. 한국국민정신운동의 역사와 발전방향
박수명 외 | 부산대 사범대학
20. 한국대학생의 가치성향과 상담효과
이영희 외 | 숙명여대 교육학과
21. 가출청소년과 학교관리체제
안창규 외 | 부산대 교육학과
22. 동북아 정세변화와 한 · 일관계
한승조 외 | 고려대 정치외교학과
23. 언론과 부정부패
정대철 외 | 한양대 신문방송학과
24. 한국의 고등학교 교육
이원호 외 | 부산대 교육학과
25. 가족과 방송
김학수 외 | 서강대 신문방송학과
26. 재정개혁의 전망과 재산세제의 개편과제
오연천 | 서울대 행정대학원
27. 청소년을 위한 전자게임 프로그램의 규제 및 평가체계 개발
박혜원 외 | 울산대 가정관리학과
28. 정신장애자 가족의 사회심리적 특성
이근후 외 | 이화여대 의과대학
29. 가족의 관계역동성과 문제인식
이광규 외 | 서울대 인류학과
30. 현대인과 한국전통음식
승정자 | 숙명여대 식품영양학과
31. 기업의 초고속정보통신망활용
안중호 | 서울대 경영학과
32. 지역발전을 위한 교육자치제의 개선방안
김남순 | 조선대 사범대학
33. 전환기의 공무원 가치관
조경호 | 울산대 행정학과
34. 지방자치와 사회복지의 과제
김영모 | 중앙대 사회복지학과
35. WTO체제하의 지방중소기업 지원정책
최명주 외 | 계명대 통상학부
36. 현대한국의 시민운동
이효선 | 중앙대 사회학과
37. 기업 세계화의 단계 및 정도의 측정
허영도 외 | 울산대 경영학과
38. 가족복지를 위한 가족주치의 시범사업의 효과
이혜리 외 | 연세대 가정의학교실
39. 한국대학생의 삶의 만족도
김재은 외 | 이화여대 교육심리학과
40. 지역경제와 지역산업구조의 개편방향
정기화 외 | 전남대 경제학부
41. 중국기업의 소유형태별 경영특성
노철화 외 | 부산대 무역학과
42. 남북한의 인성 · 사상교육
한승조 외 | 고려대 정치외교학과
43. 연계적 뇌기능 조언을 위한 의료용 멀티미디어 시스템의 설계
유선국 | 연세대 의용공학교실
44. 다민족국가의 민족문제와 한인사회
최협 외 | 전남대 인류학과
45. 저소득층지역 청소년 여가문화와 소집단 활성화
박문수 외 | 서강대 사회학과

46 삶의 질의 국제비교와 지역간 비교분석
이재기 외 | 울산대 경제학과

47 21세기 지역주민의 삶의 질
양종회 외 | 성균관대 사회학과

48 삶의 질에 대한 국가간 비교
조명한 외 | 서울대 심리학과

49 외국인 노동자의 노사관계와 사회적 적응
석현호 외 | 성균관대 사회학과

50 한국의 사법제도와 발전 모델
정종섭 | 건국대 법학과

51 고령화사회와 중상층 노인의 사회활동
조성남 외 | 이화여대 사회학과

52 한국의 서비스 시장 개방정책
한홍렬 | 한양대 경제학부

53 한국과 AFTA간의 교역증진 및 경제 협력방안
손일태 외 | 경희대 경제통상학부향

54 물류비 절감을 위한 무역업체의 정보화전략
이영수 외 | 경북대 경제통상학부

55 사회주의 체제전환과 사회정책
오정수 외 | 충남대 사회복지학과

56 남북통일 이후 농업생산체계 개편
홍성규 외 | 건국대 농업경제학과

57 국제화와 세계화
하영선 외 | 서울대 외교학과

58 IMF 개혁정책의 평가와 한국경제의 신(新) 패러다임
조동근 | 명지대 경제학과

59 구조개혁과 실업대책
박동운 | 단국대 경제무역학부

60 21세기 신노사관계
심윤종 외 | 성균관대 사회학과

61 학교에서의 집단 따돌림
이춘재 외 | 가톨릭대 심리학과

62 한국노인의 정신건강실태와 건강증진
조맹제 외 | 서울대 의과대학

63 혁명과 개혁 속의 중국 농민
김광억 | 서울대 인류학과

64 중국의 경제환경과 한국기업의 진출 전략
지용희 외 | 서강대 경영학과

65 김대중 대통령의 시스템 사고
김동환 | 중앙대 공공정책학부

66 실업과 가족해체
최일섭 외 | 서울대 사회복지학과

67 합리적 부채비율 조정방안
오상근 | 동아대 경제학과

68 한국 중산층의 생활문화
문숙재 외 | 이화여대 소비자·인간발달학과

69 계층간 갈등상태에서 최적소득세
김진욱 | 건국대 경상학부

70 글로벌 경쟁력 제고를 위한 기업전략과 조직구축
이만우 외 | 고려대 경영학과

71 의료보험과 국민연금의 관리효율화를 위한 통합방안
사공진 외 | 한양대 경제학부

72 정부개혁의 과제와 전략
박우서 외 | 연세대 행정학과

73 책임운영기관 제도에 관한 비교분석
김근세 | 가톨릭대 행정학과

74 새로운 패러다임하에서의 한국기업의 바람직한 지배구조
최운열 외 | 서강대 경영학과

75 현대 한국사회의 계층구조
양춘 외 | 고려대 사회학과

76 한국의 산업정책과 산업구조조정
강인수 | 숙명여대 경제학부

77 기업구조조정
김석진 | 경북대 경영학부

78 지식경영을 위한 인적자원 개발 및 관리체계
장영철 | 경희대 경영학부

79 뉴 비즈니스 모델
전성현 | 국민대 정보관리학부

80 중산층의 정체성과 소비문화
함인희 외 | 이화여대 사회학과

81 외국관광객 유치를 위한 마케팅 전략
박상규 | 강원대 경영학과

82 한국인의 세대별 문학의식
이동순 | 영남대 국문과

83 공공부문의 효율성 평가와 측정
김재홍 외 | 울산대 사회과학부

84 한국 청소년의 정치의식과 형성요인
김광웅 외 | 숙명여대 아동복지학과

85 한국 대학생의 정치의식
배한동 | 경북대 윤리교육과

86 산업의 정보화와 산업발전
이기동 | 계명대 통상학부

87 한국 제조업의 고용조정 분석
이종원 외 | 성균관대 경제학부

88 지식자산에 대한 경영전략적 평가모형 개발
배재학 외 | 울산대 컴퓨터·정보통신공학부

89 관광사업을 위한 한국적 이미지의 휴식복 개발
채금석 | 숙명여대 의류학과

90 한국 정치제도의 개혁
신정현 | 경희대 사회과학부

91 e비즈니스와 아웃소싱 전략
정승화 외 | 연세대 경영학과

92 집단 따돌림의 진단 및 치료방안
홍준표 | 중앙대 인간생활환경학과

93 16대 총선과 낙선운동
조기숙 | 이화여대 국제대학원

94 부동층 유권자 행태 분석
진영재 | 연세대 정치외교학과

95 사이버 공동체의 성공요인
이재관 | 숭실대 경영학부

96 온라인 소비자 행동의 이론과 실증
윤성준 | 경기대 경영학부

97 글로벌 시대 정약용 세계관의 가능성과 한계
차성환 | 한일장신대 역사사회학과

98 러시아의 체제전환 과정에서 나타난 국가의 역할과 그 전망
이상민 외 | 부산대 정치외교학과

99 남북한의 경제발전 수준과 산업구조 비교, 그리고 경제교류 협력방향
주성환 | 건국대 경제학과

100 집단따돌림과 교육해체
한준상 | 연세대 교육학과

101 공적연금제도의 효율성과 개선방안
유금록 | 군산대 행정복지학부

102 벤처기업-대기업의 성공적인 협력 모델
나중덕 | 경산대 경영학과

103 북한의 재외동포정책
조정남 외 | 고려대 정치외교학과

104 사이버 공동체 형성의 역동적 모형
장용호 | 서강대 신문방송학과

105 기업이론과 기업의 소유지배구조
김일태 외 | 전남대 경제학부

106 가축분뇨 자원화를 위한 공동이용조직에 대한 농가선호도 분석
유덕기 | 동국대 생명자원경제학과

107 개혁정책과 전문가 집단
이경원 외 | 제주대 행정학과

108 현대 한국사회의 이중가치체계
신수진 외 | 이화여대 가정관리학과

109 한국의 산업구조 변화와 기업집단 다각화 전략
김용학 외 | 연세대 사회학과

110 지식정보사회의 경제적 모형 설정 및 사례 연구
김범환 | 배제대 경영정보학부

111 변호사징계제도
오종근 | 한림대 법학부

112 인터넷 특허법
김순석 | 광주대 법학과

113 e-비즈니스 시대의 금융 및 재정정책의 새로운 패러다임
이종욱 | 서울여대 경제학과

114 청소년의 하위문화와 정체성
조성남 | 이화여대 사회학과

115 디지털금융시대의 금융구조변화와 정부규제 및 정책
이충열 | 고려대 경제학부

116 지식경영을 위한 기업의 조직설계방안
김경수 외 | 전남대 경영학과

117 전자금융의 발달과 경제정책의 새로운 패러다임
이명훈 | 명지대 경제학과

118 동아시아의 안보와 유엔체제
강성학 편저 | 고려대 정치외교학과

119 유료 치매노인 그룹홈의 개발과 관련 정책
최정신 외 | 가톨릭대 소비자·주거학과

120 소비자 지향적 문화산업 정책
홍영준 | 호남대 광고홍보학과

121 국제·국가·지방 환경규제의 연계
정준금 외 | 울산대 행정학과

122 현행 회사 합병·분할제도의 평가와 개선방안
옥무석 외 | 이화여대 법학과

123 배려지향적 도덕성과 정의지향적 도덕성
정옥분 외 | 고려대 사범대학

124 기업구조조정에 대한 채권금융기관 및 금융감독기관의 역할과 책임
이중기 | 한림대 법학과

125 실업대책으로서 한국의 법정기준근로 시간 단축
박영범 | 한성대 경제학과

126 프랑스어의 비분리성 소유개념 표현
노윤채 | 연세대 언어정보연구원

127 지방채의 효율적 관리방안
강태구 | 호원대 법행정학부

128 21세기 산업구조 변화와 과학기술정책
임채성 외 | 그리스도신학대 경영정보학부

129 인터넷 쇼핑몰 이용자의 불평행동
예종석 | 한양대 경영학부

130 한국기업의 성과급제도 현황, 효과 및 개선방안
김성수 | 서울대 경영학과

131 전자상거래와 소비자보호
서민교 외 | 경일대 인터넷국제통상학과

132 평생학습 사회에서의 인적자원개발을 위한 사회적 파트너십 구축
김영화 | 홍익대 교육학과

133 한국 공교육의 새로운 구상과 전략
권대봉 외 | 고려대 교육학과

134 한국의 정부개혁
김태룡 | 상지대 행정학과

135 지방정부 생산성 측정의 이론과 실제
이은국 외 | 연세대 행정학과

136 불가 시문학론
배규범 | 경희대 학술연구 교수

137 남북경제교류의 법적 문제
제성호 | 중앙대 법학과

138 경제위기와 청소년 발달
구인회 | 서울대 사회복지학과

139 생명과학기술의 응용과 기본권보호적 한계
정상기 외 | 한남대 법학과

140 경제발전과 정치환경의 한 · 일 비교분석
정갑영 외 | 연세대 동서문제연구원

141 한국 공교육의 진단
윤정일 외 | 서울대 교육학과

142 우리나라 지방자치 발전을 위한 자치 단체장의 역할
정성호 외 | 경기대 사회과학부

143 의료보험제도의 개혁방안
권순원 | 덕성여대 경제학과

144 중등 도덕교육의 현실과 문제
손동현 외 | 성균관대 철학과

145 사이버공동체 발전론
이명식 | 상명대 경영학과

146 남북경협 확대에 대비한 북한 담보 제도의 정비방안
박훤일 | 경희대 법과대학

147 한국 공무원 인사제도 개혁
김판석 | 연세대 행정학과

148 교사화법 교육
임칠성 외 | 전남대 국어교육과

149 세계화의 문화정치학
임혁백 외 | 고려대 정치외교학과

150 효과적인 e-SCM을 위한 의사결정 조정 시스템 모형
이원준 | 성균관대 경영학부

151 환경거버넌스
김종순 외 | 건국대 행정학과

152 자동차산업의 인적자원관리
이덕로 | 서원대 경영학부

153 한국과 영국 간 지식기반산업 비교
이명호 | 한국외대 경영학과

154 한국 벤처기업의 기술네트워킹 및 기술마케팅 전략
장영일 | 인제대 경영학부

155 회사변호사의 윤리
오승종 | 성균관대 법과대학

156 미디어교육론
이정춘 | 중앙대 신문방송학과

157 조선시대 서원과 양반
윤희면 | 전남대 역사교육과

158 환경문제와 철학
박찬국 | 서울대 철학과

159 노인보건복지 이론과 실제
김명 외 | 이화여대 보건교육학과

160 북한의 법체계
권재열 외 | 숭실대 법학과

161 생명공학기술의 안전성 확보에 관한 법적 고찰
이재협 | 경희대 법학부

162 청소년복지학
김성이 외 | 이화여대 사회복지학과

163 변화하는 세계, 변화하는 복지국가
조영훈 | 동의대 사회복지학과

164 의리의 윤리와 한국의 유교문화
김낙진 | 진주교대 도덕교육과

165 미국의 통상정책과 통상법
윤충원 | 전북대 무역학과

166 사회복지 프로그램 평가
김학주 | 경상대 사회복지학과

167 환경주의와 지속가능한 발전
정대연 | 제주대 사회학과

168 무역과 환경
김기흥 외 | 경기대 경제학부

169 산업계 유해폐기물의 위험과 관리
김금수 | 호서대 경상학부

170 백범 김구의 지적 계발과정 탐색
문용린 | 서울대 교육학과

171 태평양전쟁 발발 이후 일제의 인적 지배와 그리스도교계의 대응
윤선자 | 전남대 사학과

172 거버넌스 상황에서 갈등관리를 위한 대체적 분쟁해결제도
서순복 | 광주대 법정학부

173 시장경제의 유형과 민주주의
최배근 | 건국대 경상학부

174 일본고전소설 총론
김현정 | 국립한국전통문화학교

175 국어 교육을 위한 국어 문법론
이관규 | 홍익대 국어교육과

176 율곡의 군주론
전세영 | 부산교대 윤리교육과

177 동북아시아 환경협력
정서용 | 명지대 법학과

178 기후변화협약과 기후정책
신의순 외 | 연세대 경제학과

179 인터넷과 국제 학술정보 네트워크-하이퍼링크 분석
박한우 | 영남대 언론정보학과

180 국내 기업복지의 활성화 방안
최수찬 | 연세대 사회복지대학원

181 세계화와 인간안보
김우상 외 | 연세대 정치외교학과

182 세계문화유산 종묘 이야기
지두환 | 국민대 국사학과

183 한국 평생교육의 사회철학적 과제
곽삼근 | 이화여대 교육학과

184 강점모델
정순둘 | 이화여대 사회복지학과

185 글로벌시대의 계약법
박영복 | 한국외대 법과대학

186 배심제와 시민의 사법참여
안경환 | 서울대 법학과

187 동북아공동체
김재한 | 한림대 정치외교학과

188 정치 참여와 탈물질주의
김욱 | 배재대 정치외교학과

189 퍼지전문가회로망을 이용한 금융기관의 사이버 기업여신결정 지원시스템의 개발
권혁대 | 목원대 경영학과

190 환경정책과 환경법
송인성 | 전남대 지역개발학과

191 포스트모던 시대의 평생교육학
한숭희 | 서울대 교육학과

192 현대 한국인의 세대경험과 문화
박길성 외 | 고려대 사회학과

193 서구의 근로연계복지
김종일 | 건국대 사회복지학과

194 사회복지운동론
현외성 | 경남대 사회복지학과

195 외국의 역모기지 사례
유선종 | 건국대 부동산학과

196 옛이야기와 어린이문학
이지호 | 진주교대 국어교육학과

197 노인사회복지관광의 정책과제와 방안
김창수 | 경기대 관광학부

198 복지서비스의 민간위탁 시스템 분석
김순양 | 영남대 행정학부

199 새로운 빈곤층의 대두와 정부의 정책과제
김진욱 | 건국대 경제학과

200 문화행정론
김정수 | 한양대 행정학과

201 스칸디나비아 노인용 코하우징의 계획과 적용
최정신 외 | 가톨릭대 생활과학부

202 북한의 자연생태계
공우석 | 경희대 지리학과

203 통계로 이해하는 러시아
전홍찬 | 부산대 정치외교학과

204 사회복지법인의 경영과 회계
이동규 | 충남대 회계학과

205 의약분업 정책과정
차흥봉 | 한림대 사회복지학과

206 지역공동체와 평생교육
오혁진 | 동의대 평생교육학부

207 아동보호서비스의 실제
한미현 | 백석대 사회복지학부

208 그린마케팅
박재기 | 충남대 경영학부

209 아동권리와 아동복지
이혜원 | 성공회대 사회복지학과

210 국제 이주와 인도인 디아스포라
김경학 | 전남대 인류학과

211 질병과 의료의 사회학
조병희 | 서울대 보건대학원

212 북한이탈주민의 사회통합을 위한 지역복지실천의 모색
이기영 | 부산대 사회복지학과

213 치매노인케어론
조유향 | 초당대 간호학과

214 노인상담입문
서혜경 외 | 한림대 대학원 사회복지학과

215 '통일 이후 통일과정'으로서의 독일 통일영화
이준서 | 이화여대 독어독문학과

216 중국의 사회보장
오정수 | 충남대 사회복지학과

217 환경자원의 경제적 가치와 환경오염의 사회적 비용
김재홍 | 울산대 사회과학부

218 사회복지프로그램의 경제적 평가방법
박창제 외 | 상주대 사회복지학과

219 자유의지와 결정론
안건훈 | 강원대 철학과

220 심리학자들이 쓴 행복한 결혼의 심리학
채규만 외 | 성신여대 심리학과

221 현대 해석학 강의
양해림 | 충남대 철학과

222 한국인의 주거 빈곤과 공공주택
하성규 | 중앙대 도시 및 지역계획학과

223 IMF 경제위기와 한국 출산력의 변화
김두섭 | 한양대 사회학과

224 동아시아의 영토분쟁과 국제법
이석우 | 인하대 법학부

225 독일 복지국가와 사회복지서비스
정재훈 | 서울여대 사회사업학과

226 사회복지사를 위한 실용 비모수통계
엄명용 | 성균관대 사회복지학과

227 피해자학 연구
이윤호 | 동국대 경찰행정학과

228 광고언어창작론
박영준 외 | 부경대 국어국문학과

229 환경규제 패러다임의 전환
한철 | 한남대 법학과

230 고령사회의 노동환경변화와 고용시스템의 문제점 및 법적 대응
고준기 | 국립군산대 법학과

231 세계화와 소득불평등
이성규 외 | 울산대 사회과학부

232 유비쿼터스 사회의 이해
안중호 외 | 서울대 경영학과

233 국제환경책임법론
박병도 | 건국대 법학과

234 한국의 선거와 민주주의
윤종빈 | 명지대 정치외교학과

235 한국 시민운동의 구조와 동학
조대엽 외 | 고려대 사회학과

236 또래관계
송영혜 | 대구대 재활심리학과

237 해외 한국기업과 현지인 노동자
석현호 외 | 에스콰이아학술문화재단

238 독일 국가복지에서 민간복지단체의 역할과 의미
차성환 외 | 한일장신대 사회복지학부

239 청정공학
조정호 | 동양대 생명화학공학과

240 한국전통연희론
심상교 | 부산교육대 국어교육학과

241 정신장애와 가족
서미경 | 경상대 사회복지학부

242 빈곤통계의 작성과 활용
김주환 | 동국대 정보통계학과

243 인터넷과 한국정치
강원택 | 숭실대 정치외교학과

244 북한의 시장경제이행
정영화 외 | 서경대 법학과

245 시스템사고로 본 지속가능한 도시
문태훈 | 중앙대 도시및지역계획학과

246 실버산업과 유비쿼터스 컴퓨팅
고일상 | 전남대 경영학부

247 재활상담과 사례관리
나운환 | 대구대 직업재활학과

248 영유아교육기관에서의 장애 이해 교육
유수옥 | 우석대 유아특수교육과

249 장애의 사회적 의미와 사회통합
박수경 | 대진대 사회복지학과

250 경제분석의 수리적 기초
조인성 | 공주대 경제통상학부

251 비영리부문의 비교연구
김승현 | 서울산업대 행정학과

252 고등교육경제학
반상진 | 전북대 교육학과

253 과학윤리교육의 이론과 방법
조희형 | 강원대 과학교육학부

254 결혼이민자가족의 이해
김오남 | 대불대 사회복지학과

255 동아시아 국가의 공공부조
신동면 | 경희대 사회과학부

256 특수아동 진단 및 평가
이나미 | 대불대 특수교육과

257 계약형 사회복지와 권리옹호시스템
이명현 | 경북대 상주캠퍼스 사회복지학과

258 실내공기질 및 위해성 관리
양원호 | 대구가톨릭대 산업보건학과

259 충남 방언 문법
한영목 | 충남대 국어국문학과

260 교육권론
노기호 | 군산대 법학과

261 도시경관계획론
임승빈 | 서울대 조경 · 지역시스템공학부

262 교통의 새로운 패러다임
김형철 | 경원대 도시계획 · 조경학부

263 노인의 삶의 질 향상을 위한 주거환경디자인
천진희 | 상명대 디자인대학 실내디자인전공

264 사회복지와 문화
박병현 | 부산대 사회복지학과

265 장애인복지의 이론과 실제
이선우 | 인제대 사회복지학과

266 창의성 개발을 위한 디자인교육 콘텐츠
김선영 | 인천가톨릭대 조형예술대학 환경디자인학과

267 구성주의 사회복지 실천 기술론
고미영 | 서울신학대 사회복지학과

268 장애아교육학
김기흥 | 부산교육대 유아교육과

269 지역사회복지와 자원부문
한상진 외 | 울산대 사회학과

270 환경관리회계
육근효 | 부산외국어대 회계학부

271 인권 관점에서 보는 장애인복지
유동철 | 동의대 사회복지학과

272 정신증상
송지영 | 경희대 의과대학병원 신경정신과

273 사이버공간의 사회심리학
이성식 외 | 숭실대 정보사회학과

274 노인에 대한 사회적 돌봄과 돌봄 서비스의 질 보장
최희경 | 신라대 가족노인복지학과

275 아동 심리치료의 실제
신현균 | 전남대 심리학과

276 사회복지와 위험관리
노충래 | 이화여대 사회복지전문대학원

277 국제 탄소시장의 이해
양승룡 | 고려대 식품자원경제학과

278 타자의 초상
신문수 | 서울대 영어교육과

279 한국정치와 환경정치
나정원 | 강원대 정치외교학과

280 북한이주민
윤인진 | 고려대 사회학과

281 음주의 사회경제적 비용
정우진 외 | 연세대 보건대학원

282 지방정치와 동북아 도시거버넌스
박재욱 | 신라대 행정학과

283 노숙인 복지론
남기철 | 동덕여대 사회복지학과

284 유럽통합과정과 지역협력
이규영 | 서강대 국제대학원

285 사회복지재정 연구
지은구 | 계명대 사회과학대학 사회복지학과

286 지역사회 교육개혁을 위한 시민사회 조직의 참여
김영화 | 홍익대 교육학과

287 복지사회를 대비한 국민연금의 구조개혁
박영석 외 | 서강대 경영학부

288 한미 FTA 지재권 협상에 따른 의약품 분야 사회후생 변화
오근엽 | 충남대 무역학과

289 산업입지, 환경 그리고 지역경제
이기동 외 | 계명대 국제통상학과

290 감성지능 개발을 통한 삶의 질 향상
김경수 외 | 전남대 경영학부

291 교육복지론
이용교 외 | 광주대 사회복지학부

292 인간과 행복에 대한 철학적 성찰
박찬국 | 서울대 철학과

293 유럽연합의 사회통합 사례와 교훈
이무성 | 명지대 정치외교학과

294 민영화와 사회후생
이상호 | 전남대 경제학부

295 북한의 교육학 체계 연구
최영표 외 | 동신대 교육대학원

296 한국 지속가능발전의 구조와 변동
정대연 | 제주대 사회학과

297 우리나라의 공익 연계 마케팅에 관한 연구
임승희 | 전주대 경영학부

298 시각장애인복지론
김영일 | 조선대 특수교육과

299 그린에너지와 환경촉매
정석진 | 경희대 화학공학과

300 취약학교 초등학생을 위한 온라인 보건 교육 프로그램
박경옥 | 이화여대 보건관리학과

301 신탁제도를 통한 고령자의 보호와 지원
최수정 | 서강대 법학전문대학원

302 사회적 약자계층에 대한 실태분석 및 정책방안
이은우 외 | 울산대 경제학과

303 한류 문화와 동북아 공동체
최혜실 | 경희대 국어국문학과

304 노동유연화와 해고보호법
권혁 | 부산대 법학전문대학원

305 사회복지 위험관리의 이해
박미은 | 한남대 사회복지학과

306 의료기관의 회계와 세무
노준화 | 충남대 경영학부

307 여성인적자원의 전문성 확보를 위한 경력개발
백지연 | 이화여대 국제사무학과

308 정신병리
강선경 | 서강대 신학대학원

309 바다의 반란 적조
윤양호 | 전남대 해양기술학부

310 한국 장애인 복지 발달사
이성규 | 서울시립대 사회복지학과

311 서양예술 속의 동양 탐색
진상범 | 전북대 독어독문학과

312 한국인의 도덕성 발달 진단
문용린 | 서울대 교육학과

313 영국정치와 국가복지
고세훈 | 고려대 공공행정학부

314 인간학적 사유를 여는 중도·중복장애 교육학
이숙정 | 단국대 특수교육과

315 개별화 교육과정
이소현 | 이화여대 특수교육과

316 인간의 긍정적 성품
권석만 | 서울대 심리학과

317 지방자치와 지역여성의 전망
이혜숙 | 경상대 사회학과

318 한국 현대 노년소설 연구
전흥남 | 한려대 교양학부

319 정보격차 해소를 위한 창의적 정보교육 프로그램
이영준 외 | 한국교원대 컴퓨터교육과

320 한국 가족과 젠더
손승영 | 동덕여대 교양학부

321 한국의 복지혼합
김진욱 | 서강대 신학대학원

322 사회자본과 자원봉사
김태룡 외 | 상지대 행정학과

323 농촌교육복지연구
박삼철 | 단국대 교양학부

324 사회정체성 평가 차원에 대한 국제비교조사
이명진 | 고려대 사회학과

325 캐나다 복지국가 연구
조영훈 | 동의대 사회복지학과

326 한국의 소수자운동과 인권정책
전영평 외 | 서울대 행정대학원

327 한국과 미국의 보육서비스 전달체계와 품질 비교분석
김근세 외 | 성균관대 국정관리대학원

328 한국사회의 소득불평등과 국민 의료이용
이용재 | 호서대 사회복지학과

329 정보시대의 인간안보
조화순 | 연세대 정치외교학과

330 가족의 사회경제적 특성과 아동발달
김광혁 | 전주대 사회복지학과

331 초 · 중 · 고등학생의 학업소진 진행과정 및 경로분석
이상민 | 고려대 교육학과

332 다문화사회의 사법통역
이지은 | 이화여대 통역번역대학원

333 동아시아 지역주의
유현석 | 경희대 정치외교학과

334 환경친화적 공공시설관리와 지역공동체의 삶의 질
이소영 | 중앙대 실내디자인 · 주거환경학과

335 의료보험의 법정책
김나경 | 성신여대 법과대학

336 양극화 시대 가족해체와 청소년의 적응에 관한 한국과 미국의 비교 연구
오승환 외 | 울산대 사회복지학과

337 기업의 사회적 책임과 지역경제사회발전 연구
허영도 외 | 울산대 경영학부

338 노인의 삶의 질 향상을 위한 온라인 소셜 네트워크 구축 방안
김진우 | 연세대 경영학과

339 청소년 생활역량
윤명희 외 | 동의대 평생교육학과

340 외국인 배우자의 다양성과 국제결혼의 안정성
김두섭 | 한양대 사회학과

341 정보인권의 규범구체화
이민영 | 가톨릭대 법학과

342 한국 사회복지실천의 고유성
최성재 외 | 서울대 사회복지학과

343 스웨덴의 환경책임 실천모형
최희경 | 경북대 행정학부

344 자율운동과 주거공동체
윤수종 | 전남대 사회학과

345 한국인의 공공봉사동기
김상묵 | 서울과학기술대 행정학과

346 한국 이혼가정 아동의 성장
김혜숙 | 경인교육대 교육학과

347 동양 사상과 노인 복지
홍승표 외 | 계명대 사회학과

348 노동과 사회보장의 연계
오문완 | 울산대 법학과

349 학습장애 위험군 아동의 조기선별을 위한 읽기검사 표준화 연구
김애화 외 | 단국대 특수교육학과

350 신 · 재생에너지에 기초한 녹색성장과 사회통합
김인호 | 이화여대 법학전문대학원

351 문화교류역량과 다문화 경영이 기업 경영성과에 미치는 영향
임병학 외 | 부산외대 경영학부

352 빈곤영유아의 발달과 적응
정익중 외 | 이화여대 사회복지학과

353 민사법질서와 인권
양천수 | 영남대 법학전문대학원

354 성년후견제도와 사회복지제도의 연계
신권철 | 서울시립대 법학전문대학원

355 한국 다문화사회의 이방인
김순양 | 영남대 행정학과

356 현대 시민사회와 소비자계약법
이병준 | 한국외대 법학전문대학원

357 개인의 사회적 정보보호를 위한 공공 정보서비스 개선 연구
장항배 | 상명대 경영학과

358 여성교육투자에 대한 교육경제학적 탐색
백일우 외 | 연세대 교육학부

359 사회적 기업과 지속가능한 지역발전
임업 외 | 연세대 도시공학과

360 다문화가정 구성원에 대한 투트랙 한국어 교육방안 연구
박시균 | 군산대 국어국문학과

361 아시아의 빈곤과 한국기업의 역할
한인수 | 충남대 경영학부

362 유치원 · 초등학교 연계 환경교육
박희숙 | 공주대 유아교육학과

363 비정규 고용과 사회정책
구인회 외 | 서울대 사회복지학과

364 사생활의 자유에 관한 비교법적 연구
이창현 | 서강대 법학전문대학원

365 다중융합 환경 기반의 미디어스킨을 활용한 문화콘텐츠 디자인 적용방안에 관한 연구
오문석 외 | 광운대 미디어영상학부

366 북한이탈주민 여성의 성인식 관련 기초조사
한인영 외 | 이화여대 사회복지학과

367 노인주택 파노라마
유선종 | 건국대 부동산학과

368 시설보호 청년의 적응
정선욱 | 덕성여대 사회복지학과

369 다수 집단과 소수 집단의 심리
김혜숙 | 아주대 심리학과

370 바이오 휴머니티
권택영 | 경희대 영어학부

371 프랑스 다문화교육의 이해
이경수 | 상명대 불어교육과

372 한 · 중 서비스산업의 비교분석과 교역 확대 방안
김상호 | 리츠메이칸 아시아태평양대 국제경영학부

373 현대의학에 있어서 생명의 시간과 인간의 존엄
김학태 | 한국외대 법학전문대학원

아 | 산 | 재 | 단 | 연 | 구 | 보 | 고 | 서

1 한국인의 도덕성 연구
배해수 | 고려대 국문학과

2 산업화와 청소년 진로
이원호 | 울산대 교육학과

3 공동체의식과 시민운동
김영섭 | 한양대 행정학과

4 한국청년의 삶의 의미 충족도와 만족적 태도
안정수 | 경희대 철학과

5 중국조선족의 사회발전과 한·중관계의 위상
손장권 | 고려대 사회학과

6 해송림 "솔껍질깍지벌레"의 천적 및 주요 종의 생태
김규진 | 전남대 농생물학과

7 사회정의와 실천윤리
박종대 | 서강대 철학과

8 동구개혁의 영향
김달중 | 연세대 정치외교학과

9 한국청소년의 의식세계
김문조 | 고려대 사회학과

10 고강도 철근 콘크리트 구조의 실용화
정헌수 | 중앙대 건축학과

11 신기술의 연관형태 및 출현예측의 구조모형
권철신 | 성균관대 산업공학과

12 민간기업의 연구개발을 위한 조세정책
권영훈 | 한양대 경제학부

13 기술개발 활성화방안
송승구 | 울산대 화학공학부

14 부패의 현상과 진단
이문조 | 영남대 정치외교학부

15 연구투자의 지역적 편중화와 부산지역의 기초과학연구 활성화방안
윤웅찬 | 부산대 화학과

16 GATT의 신구 덤핑방지협정과 그 대응방안
전창원 | 동국대 무역학과

17 한국사회의 도덕성 제고를 위한 진단과 처방
황경식 | 서울대 철학과

18 새로운 노사관계 방향
이진규 외 | 고려대 경영학과

19 21세기 동북아 정세예측과 한국의 전략적 대응방안
최평길 외 | 연세대 행정학과

20 소련의 한국에 대한 정책목표분석
신승권 | 한양대 정치외교학과

21 메모리 커패시터용 $Pb(Zr_xTi_{1-x})O_3$ 강유전체 박막의 제작과 특성
장지근 외 | 단국대 전자공학과

22 러시아 국제법학의 전통
김용구 | 서울대 외교학과

23 유럽연합의 현황과 전망
김동현 외 | 성균관대 행정학과

24 중국의 정치동원
송영우 외 | 건국대 정치외교학과

25 산업적 활용을 위한 이동로보트 시스템의 개발
박민용 외 | 연세대 전자공학과

26 중국조선족의 정치사회화과정과 동화적 국민통합의 방향
전인영 외 | 이화여대 사회생활학과

27 공적부조의 이론과 실제
최일섭 외 | 서울대 사회복지학과

28 대외통상환경의 변화와 법제개편
서헌제 | 중앙대 법학과

29 기업금융의 국제화
최생림 | 한양대 경영학부

30 자동차부품공업의 노사관계
김호진 외 | 고려대 행정학과

31 산업화 과정에서의 한국가족의 실태와 전망
정창수 외 | 성균관대 사회학과

32 공무원 가치관 실태와 정립방안
배병룡 외 | 경상대 행정학과

33 해외귀국청소년의 국내적응연구
이장영 | 국민대 사회학과

34 초고속정보통신망에서 LAN서비스 제공방안
이재용 | 연세대 전자공학과

35 WTO체제의 정책적 대응
김병진 외 | 경희대 행정학과

36 유럽의 통합정치
최수경 외 | 충남대 정치외교학과

37 유기질폐기물을 이용한 고단백사료원인 조류의 생산공정
최정우 외 | 서강대 화학공학과

38 초고속정보통신망의 수용성과 정책방향
박영상 외 | 한양대 신문방송학과

39 중국의 강남사회와 한중교섭
조영록 외 | 동국대 사학과

40 세계화시대의 사회 · 문화의식
신행철 외 | 제주대 사회학과

41 국내 외국인 노동자의 문제와 대책
성규탁 외 | 연세대 사회복지학과

42 노인인력 활용정책과 프로그램
김정후 외 | 강원대 법과대학

43 한일간 학술교류 현황과 활성화방안
정홍익 외 | 서울대 행정대학원

44 계량모형에 의한 한일 경제관계의 이해
김명직 외 | 한양대 경제학부

45 직장인의 음주행태와 삶의 질
진기남 외 | 연세대 보건행정학과

46 유통정보 시스템의 구조와 설계
정용길 | 충남대 경영학과

47 남북통일 이후 사회통합을 위한 교육의 역할
안기성 외 | 고려대 교육학과

48 대중음악에 심취한 청소년들의 심리적 특성
김인경 외 | 연세대 인간행동연구소

49 멀티미디어 시스템을 활용한 교육환경의 개선방안
김한일 | 제주대 컴퓨터교육학과

50 탈냉전기 한일관계의 쟁점
최상룡 | 고려대 정치외교학과

51 자치시대 새로운 '삶의 질' 지표의 모색
김형기 외 | 경북대 경제통상학부

52 유럽통합의 역내외 협력과 갈등
이호재 외 | 고려대 정치외교학과

53 21세기를 대비한 신노사관계
김재원 | 한양대 경제학부

54 대학의 시간제학생 등록제
안규철 외 | 전남대 교육학과

55 21세기에 대비한 방송통신정책
한진만 외 | 강원대 신문방송학과

56 주민참여를 통한 혐오시설 관리운영방안
박균성 외 | 경희대 법학부

57 여성의 정치적 권리인식과 정치참여
전경옥 외 | 숙명여대 정치외교학과

58 한국인 위장질환과 식생활 · 환경요인 및 *H. pylori* 감염과의 관계
이양자 외 | 연세대 식품영양학과

59 학생과 시민의 자원봉사활동
윤정일 외 | 서울대 교육학과

60 동북아 환경문제와 지역환경협력의 모색
신연재 외 | 울산대 정치외교학과

61 노인 자원봉사활동을 통한 사회통합 프로그램 개발
김동배 | 연세대 사회복지학과

62 물류정보 시스템
김태현 | 연세대 경영학과

63 전자식 문서교환을 이용한 항공화물 운송체계
민재형 | 서강대 경영학과

64 청소년과 성
이근후 | 이화여대 의과대학

65 민족통합과 무궁화호 위성의 남북한 공동활용방안
방정배 | 성균관대 신문방송학과

66 채식주의가 20대 여성의 영양상태와 에스트로겐 대사에 미치는 영향
성미경 | 숙명여대 식품영양학과

67 가상정보공간을 통한 지역개발 활성화 전략
유재천 외 | 한림대 언론정보학부

68 조산아 관리현황 및 정책수립 방안
박상기 외 | 조선대 의과대학

69 남북한관의 의식조사와 통일교육 개선 방안
김동규 외 | 고려대 북한학과

70 동양 전통 자연사상 탐구
장동순 | 충남대 환경공학과

71 초고속정보망의 시뮬레이터 구현
한기준 | 경북대 컴퓨터공학과

72 유통원가 시스템의 유효성
정다미 | 명지대 경영학과

73 국악과 문화관광의 만남
정익준 외 | 동아대 국제관광통상학부

74 기업의 지식경영 활용사례
김창은 | 명지대 산업공학과

75 선진국과 한국의 직업교육 · 훈련제도의 특성과 한계
정주연 | 고려대 경제학과

76 제주지역 성인 여성의 자원봉사활동
이상철 외 | 제주대 사회학과

77 M&A와 문화충돌 관리
박원우 | 서울대 경영학과

78 폐금속광산 인근 주민들의 중금속 오염실태
정종학 외 | 영남대 의학과

79 북한 농촌 · 농업실태와 인력자원개발 시스템을 통한 북한 농민의 구호방안
박성열 | 건국대 교육공학과

80 중소 소매점의 경쟁력과 소매성과
채명수 외 | 한국외대 무역학과

81 고령자를 위한 쾌적한 실내온도와 착의량의 설정
정운선 | 안동대 의류학과

82 지역문화 이벤트 PR
박종민 | 경희대 언론정보학부

83 인터넷 지역정보화의 실태와 전략
유평준 외 | 연세대 행정학과

84 여성 삶의 질 향상을 위한 사회교육 활성화 방안
김양희 | 중앙대 가족복지학과

85 벤처기업과 벤처금융
강대석 외 | 충남대 무역학과

86 구조조정기에 있어서 실업대책과 사회안전망 구축
박천익 | 대구대 경제학과

87 한국 유아의 조기교육
이명조 외 | 한국외대 교육대학원

88 남북한 경제공동체 형성전략
이상만 | 중앙대 경제학과

89 지방자치회계의 투명성과 주민의 알 권리
권찬태 외 | 경북대 경영학부

90 정치지도자의 정책리더십
이해영 | 경일대 행정학과

91 경제위기와 한국인의 복지의식
신광영 외 | 중앙대 사회학과

92 북한의 노동
김강식 | 한국항공대 경영학과

93 우리나라 중소기업의 정보기술 활용 현황과 경쟁력 강화를 위한 제안
정승호 | 부산외대 정보시스템학과

94 인간배아복제의 법적 · 윤리적 문제점과 그 해결방안
최병규 | 한경대 법학부

95 가치변화에 따른 투표행태
조찬래 외 | 충남대 정치외교학과

96 인터넷 경매에서의 계약체결과 소비자 보호
이기수 외 | 고려대 법과대학

97 세계화시대 남북한 통합의 방향과 과제
윤민재 | 서울대 사회발전연구소

98 글로벌 시대 지방정부의 문화마케팅 전략
박흥식 | 중앙대 행정학과

99 대졸여성실업의 실태분석 및 대학-노동 시장 간 효율적 연계방안
이은우 외 | 울산대 사회과학부

100 그린 투어리즘의 분석
이응진 | 대구대 관광학부

101 지방자치단체장의 부정부패
오일환 | 한양대 아태지역연구센터

102 산업화가 유교체제하 중국여성의 지위에 미친 영향
천성림 | 배재대 사회과학연구소

103 움직이는 말하기
유혜숙 외 | 나사렛대 교양학부

104 장애학생을 위한 특수교육공학의 활용
김용욱 | 대구대 중등특수교육과

105 지식기반사회의 평생교육 이해와 평생교육 프로그램 개발
박성열 | 건국대 교육공학과

106 N세대의 미술교육
김동철 | 대구교육대 미술교육학과

107 노후계획과 투자
권택호 | 여수대 국제통상학과

108 영화산업
양영철 | 경성대 연극영화학부

109 동유럽의 변혁과 언론의 역활
정대수 | 경남대 정치언론학부

110 환율, 임금, 물가가 국제경쟁력 및 수출입산업에 미치는 영향
하인봉 | 경북대 경제통상학부

111 일본기업의 기술혁신 전략
위정현 | 중앙대 상경학부

112 노후보장정책과 역저당연금제도
조덕호 외 | 대구대 행정학과

113 유비쿼터스 라이프와 미래 사회
김석수 | 한남대 멀티미디어공학과

114 죽음과 관련된 생명윤리적 문제들
구인회 | 가톨릭의과대 인문사회과학교실

115 경제적 세계화와 빈곤문제, 그리고 국가
김준현 | 한일장신대 인문사회과학부

116 한국의 세계불교유산
김종명 | 한국학중앙연구원 한국학대학원

117 복지레저서비스론
고태규 | 한림대 국제학부

118 자생적 철학체계로서 인간중심철학
선우현 | 청주교대 윤리교육과

119 전략적 통합과 한반도 평화체제
김승채 | 고려대 정책대학원

120 환경사법론
전경운 | 경희대 법학부

121 인터넷 자료를 통해 본 한국의 이혼 문화와 사회복지
성정현 외 | 협성대 사회복지학과

122 유럽연합의 사회정책에 관한 연구
문진영 | 서강대 신학대학원 사회복지학과

123 여성건강의 통합적 관점
김혜원 | 관동대 간호학과

124 복잡계 네트워크 과학
강병남 | 서울대 물리천문학부

125 경제적인 3세대 전원주택 개발
박근준 | 호서대 건축공학과

126 사회복지와 인적자원개발
이상일 | 인제대 국제경상학부